应用型本科院校"十三五"规划教材/经济管理类

Taxation Laws

税 法

(第3版)

主 编 陈红梅 刘 颖
副主编 李宏卓 李 婧 杨照宇

哈尔滨工业大学出版社
HARBIN INSTITUTE OF TECHNOLOGY PRESS

内容简介

本书以2016年颁布的最新的税收法律和税收政策为依据,尤其是2016年5月1日起,全部营业税改为增值税;对各税种的基本内容进行了阐述,对各税种的计算、容易出现的问题等实务进行了详细的介绍,在每章中按照所讲授的内容给出明确的"学习目标"及"能力目标",以便学习者学以致用。本教材共分为十章,包括税法基本原理、增值税法、消费税法、关税法、资源类税法、财产行为类税法、企业所得税法、个人所得税法、税收征收管理法和税务行政法制。

本书可作为高等院校财经类及其他相关专业的税法教材,也可作为各类成人院校及企业人员的培训教材。

图书在版编目(CIP)数据

税法/陈红梅,刘颖主编. —3版. —哈尔滨:哈尔滨工业大学出版社,2016.8
应用型本科院校"十三五"规划教材
ISBN 978-7-5603-6117-8

Ⅰ.①税⋯ Ⅱ.①陈⋯②刘⋯ Ⅲ.①税法-中国-高等学校-教材 Ⅳ.①D922.22

中国版本图书馆 CIP 数据核字(2016)第 158367 号

策划编辑	杜 燕 赵文斌 李 岩
责任编辑	苗金英
出版发行	哈尔滨工业大学出版社
社　　址	哈尔滨市南岗区复华四道街10号 邮编150006
传　　真	0451-86414749
网　　址	http://hitpress.hit.edu.cn
印　　刷	哈尔滨工业大学印刷厂
开　　本	787mm×960mm 1/16 印张15.25 字数332千字
版　　次	2012年7月第1版 2016年8月第3版 2016年8月第1次印刷
书　　号	ISBN 978-7-5603-6117-8
定　　价	30.80元

(如因印装质量问题影响阅读,我社负责调换)

《应用型本科院校"十三五"规划教材》编委会

主　任　修朋月　竺培国
副主任　张金学　吕其诚　线恒录　李敬来　王玉文
委　员　（按姓氏笔画排序）
　　　　丁福庆　于长福　马志民　王庄严　王建华
　　　　王德章　刘金祺　刘宝华　刘通学　刘福荣
　　　　关晓冬　李云波　杨玉顺　吴知丰　张幸刚
　　　　陈江波　林　艳　林文华　周方圆　姜思政
　　　　庹　莉　韩毓洁　蔡柏岩　臧玉英　霍　琳

序

哈尔滨工业大学出版社策划的《应用型本科院校"十三五"规划教材》即将付梓,诚可贺也。

该系列教材卷帙浩繁,凡百余种,涉及众多学科门类,定位准确,内容新颖,体系完整,实用性强,突出实践能力培养。不仅便于教师教学和学生学习,而且满足就业市场对应用型人才的迫切需求。

应用型本科院校的人才培养目标是面对现代社会生产、建设、管理、服务等一线岗位,培养能直接从事实际工作、解决具体问题、维持工作有效运行的高等应用型人才。应用型本科与研究型本科和高职高专院校在人才培养上有着明显的区别,其培养的人才特征是:①就业导向与社会需求高度吻合;②扎实的理论基础和过硬的实践能力紧密结合;③具备良好的人文素质和科学技术素质;④富于面对职业应用的创新精神。因此,应用型本科院校只有着力培养"进入角色快、业务水平高、动手能力强、综合素质好"的人才,才能在激烈的就业市场竞争中站稳脚跟。

目前国内应用型本科院校所采用的教材往往只是对理论性较强的本科院校教材的简单删减,针对性、应用性不够突出,因材施教的目的难以达到。因此亟须既有一定的理论深度又注重实践能力培养的系列教材,以满足应用型本科院校教学目标、培养方向和办学特色的需要。

哈尔滨工业大学出版社出版的《应用型本科院校"十三五"规划教材》,在选题设计思路上认真贯彻教育部关于培养适应地方、区域经济和社会发展需要的"本科应用型高级专门人才"精神,根据前黑龙江省委书记吉炳轩同志提出的关于加强应用型本科院校建设的意见,在应用型本科试点院校成功经验总结的基础上,特邀请黑龙江省9所知名的应用型本科院校的专家、学者联合编写。

本系列教材突出与办学定位、教学目标的一致性和适应性,既严格遵照学科体系的知识构成和教材编写的一般规律,又针对应用型本科人才培养目标及与之相适应的教学特点,精心设计写作体例,科学安排知识内容,围绕应用讲授理论,做到"基础知识够用、实践技能实用、专业理论管用"。同时注意适当融入新理论、新技术、新工艺、新成果,并且制作了与本书配套的PPT多媒体教学课件,形成立体化教材,供教师参考使用。

《应用型本科院校"十三五"规划教材》的编辑出版,是适应"科教兴国"战略对复合型、应用型人才的需求,是推动相对滞后的应用型本科院校教材建设的一种有益尝试,在应用型创新人才培养方面是一件具有开创意义的工作,为应用型人才的培养提供了及时、可靠、坚实的保证。

希望本系列教材在使用过程中,通过编者、作者和读者的共同努力,厚积薄发、推陈出新、细上加细、精益求精,不断丰富、不断完善、不断创新,力争成为同类教材中的精品。

第3版前言

税法是保障国家财政收入、调控经济与社会活动,维护纳税人权益的法律手段。随着经济发展,我国的税法体系和制度也不断修订和完善,有必要根据最新的税收法律法规编写新的教程,使之能更好地满足课程教学和实际工作的需要。

本书根据应用型人才培养目标的要求,吸收了当代税法研究和税法优秀教材的精华,以最新税收法律法规为依据,针对税法教学的特点编写,突出了理论性、实用性、新颖性和可操作性。内容涵盖税法基础知识、税收实体法及税收征管法律制度三个部分,共分为十章,包括税法基本原理、增值税法、消费税法、关税法、资源类税法、财产行为类税法、企业所得税法、个人所得税法、税收征收管理法和税务行政法制。

本书于每一章篇首设置"引导案例",引导学习者探知学习的主线,增强学习的趣味性和主动性;在每章中按照所讲授的内容给出明确的"学习目标"及"能力目标",以便学习者学以致用。每一章篇末都附有"本章小结"和"思考题",为学习者检测学习效果提供便利,同时培养学生综合运用税法知识的能力。

本书由陈红梅、刘颖任主编,李宏卓、李婧、杨照宇任副主编,牟丽娟、夏艳姝参编。具体编写分工为:哈尔滨剑桥学院陈红梅编写第八章和第十章,黑龙江财经学院刘颖编写第二章和第七章,黑龙江外国语学院李宏卓编写第一章和第九章,黑龙江财经学院李婧编写第五章,哈尔滨华德学院杨照宇编写第三章、第四章第一节、第二节和第三节,哈尔滨剑桥学院牟丽娟编写第六章,哈尔滨商业大学广厦学院夏艳姝编写第四章第四节。全书由陈红梅总纂定稿。

本书在编写过程中,参考借鉴了税法方面的相关书籍,在此向相关作者表示衷心感谢!

由于编者水平有限,加之编写时间较紧,且税法本身也处在修订和发展之中,因此教材编写的难度相当大,故书中难免存在疏漏,敬请同行专家和广大读者不吝赐教。

编 者
2016年7月

目　　录

第一章　税法基本原理 ·· 1
　第一节　税收的概念及特征 ·· 2
　第二节　税法基本理论 ·· 4
　第三节　税法构成要素 ·· 7
　第四节　我国现行税法体系 ·· 9
第二章　增值税法 ·· 14
　第一节　增值税概述 ·· 14
　第二节　增值税基本法律内容 ·· 17
　第三节　增值税应纳税额的计算 ··· 32
　第四节　出口货物退(免)税 ·· 44
第三章　消费税法 ·· 55
　第一节　消费税概述 ·· 56
　第二节　纳税义务人与征税范围 ··· 58
　第三节　税目税率 ··· 59
　第四节　计税依据 ··· 67
　第五节　应纳税额的计算 ·· 70
　第六节　征收管理 ··· 76
第四章　关税法 ··· 79
　第一节　关税概述 ··· 80
　第二节　关税的税制要素 ·· 84
　第三节　关税的计算 ·· 86
　第四节　征收管理 ··· 89
第五章　资源类税法 ··· 93
　第一节　资源税 ·· 94

第二节 城镇土地使用税 97
第三节 土地增值税 102

第六章 财产行为类税法 111
第一节 房产税 112
第二节 契税 117
第三节 车船税 120
第四节 印花税 123

第七章 企业所得税法 133
第一节 企业所得税概述 134
第二节 企业所得税基本法律内容 135
第三节 企业所得税应纳税额计算 140

第八章 个人所得税法 160
第一节 个人所得税概述 161
第二节 纳税义务人和税目 161
第三节 税率和计税依据 169
第四节 应纳税额的计算 174
第五节 税收减免 180
第六节 征收管理 182

第九章 税收征收管理法 188
第一节 税收征收管理法概述 189
第二节 税务管理 193
第三节 税款征收 199
第四节 法律责任 207

第十章 税务行政法制 214
第一节 税务行政处罚 215
第二节 税务行政复议 220
第三节 税务行政诉讼 225
第四节 税务行政赔偿 230

参考文献 234

Chapter 1

税法基本原理

【学习目标】
1. 掌握税收的概念;
2. 掌握税法的定义、税收法律关系的构成;
3. 掌握税法构成要素;
4. 熟悉税法的分类;
5. 熟悉我国现行税法体系;
6. 了解我国现行税制结构;
7. 了解我国税制改革的趋势。

【能力目标】
1. 能够准确把握税收基本特征;
2. 正确计算超额累进税率。

【引导案例】
2015年,一家公路建设工程公司承接了县境内高速公路路段建设施工工程。施工期间,该公司从当地收购了13万多立方米的河沙、鹅卵石作为路基建设材料。据此,县地税局依照省地税局有关文件规定,核定该公司应上缴资源税255 864.96元,并责令其限期缴纳。

该公司接到县地税局下达的税务处理决定后,认为河沙、鹅卵石不属于《中华人民共和国资源税暂行条例》及其实施细则所列举的应税矿产品,因此它们不是资源税纳税人,不应缴纳资源税。在足额缴纳255 864.96元税款后向该县地税局上级主管机关提出了税务行政复议申请。

县地税局上级主管局作出了维持县地税局原税务处理决定的复议决定。于是,该公司向县人民法院提起行政诉讼,要求法院撤销县地税局作出的原税务处理决定,退还其已经缴纳的资源税税款 255 864.96 元。

县人民法院经审理后,认定县地税局适用税收法律错误,依法作出了撤销县地税局原税务处理决定的判决。

第一节 税收的概念及特征

一、税收的概念

税收(Taxation)是政府为了满足社会公共需要,凭借政治权力,按照法定标准强制、无偿地向单位和个人取得财政收入的一种形式。税收的本质特征具体体现为税收制度,而税法则是税收制度的表现形式。理解税收的内涵需要从以下五个方面来把握:

1. 税收是国家财政收入的最主要形式

在现代经济社会,国家财政收入的形式多种多样,如税收、债务、收费、罚款等,其中税收是大部分国家取得财政收入的最主要、最普遍和最可靠的形式,也是各国财政主要的收入来源。我国自1994年税制改革以来,税收收入占财政收入的比重基本维持在90%以上。

2. 行使征税权的主体是国家

征税的主体是国家,除了国家之外,任何单位和团体都无权征税。税收又称为国家税收,是国家为了履行其向社会提供公共产品职能的需要而存在的,它随着国家的产生而产生,并随着国家的消亡而消亡。因此,行使征税权的主体必然是国家,税收法律由国家制定,征税活动由国家组织进行,税收收入由国家支配管理。由于政府是国家的具体形式和现实体现,因此征税权具体由代表国家的政府行使。

3. 国家征税的依据是政治权力

国家征税依据的是政治权力或者说是公共权力。这种公共权力是社会全体成员集体让渡或授予给政府的,政府凭借这种权力征收税款。这种政治权力凌驾于财产权力之上,没有国家的政治权力为依托,国家征税就无法实现。而与公共权力相对应的必然是公共产品的提供和管理的义务。所以国家一般具有双重身份,既是社会公共产品的提供者,又是公共财产的所有者。

4. 国家课征税款的目的是满足社会公共需要

国家在履行其公共职能的过程中必然要有一定的公共支出。公共产品是社会全体成员共同享用的产品或劳务。与私人产品相比,公共产品具有不可分割性及收益的非竞争性。公共产品提供的特殊性决定了公共支出一般情况下不可能由公民个人、企业采取自愿出价的方式,而只能采用由国家(政府)强制征税的方式,由经济组织、单位和个人来负担。国家征税的目的是满足提供社会公共产品的需要,以及弥补市场失灵、促进公平分配等的需要。同时,国家征税也要受到所提供公共产品规模和质量的制约。

5. 税收必须借助法律形式实施

由于征税会引起经济组织或个人一部分利益的减少,因此必然会使国家与纳税义务人之间发生利益冲突,这就决定了税收必须借助于法律这一形式来实施。国家只有运用法律的权威性,才能把税收秩序有效地建立起来;也只有通过法律形式,才能保证国家及时、足额地取得税收收入。

二、税收的特征

税收作为凭借国家政治权力所进行的特殊分配,具有自己鲜明的特征。税收同国家取得财政收入的其他方式相比,具有无偿性、强制性和固定性等形式特征。

1. 税收的无偿性

税收的无偿性或不直接返还性,即国家或政府征税后,税款作为政府财政收入,用于提供各种物品或劳务,满足各种社会需要,不再直接归还给纳税义务人。这种无偿性的特征是由于征税过程和税款使用过程的分离而产生的。由于这两个过程的分离和彼此独立,也使得每个纳税义务人从政府支出中所获利益与所纳税款在价值量上不一定相等,由此在形式上体现为不直接返还性。无偿性是税收的关键特征,它使税收明显地区别于国债等财政收入形式,决定了税收是国家筹集财政收入的主要手段,并成为调节经济和矫正社会分配不公的有力工具。

2. 税收的强制性

税收的强制性指税收是国家凭借政治权力,通过法律形式对社会产品进行的强制性分配,而非纳税人的一种自愿交纳,纳税人必须依法纳税,否则会受到法律制裁。强制性是国家权力在税收上的法律体现,是国家取得税收收入的根本前提。它也是与税收的无偿性特征相对应的一个特征。正因为税收具有无偿性,才需要通过税收法律的形式规范征纳双方的权利和义务,对纳税人而言,依法纳税既是一种权利,更是一种义务。

3. 税收的固定性

税收的固定性是指国家通过法律形式,预先规定实施征税的范围和标准,以便征纳双方共同遵守。这种固定性首先表现在国家通过法律,把对什么征税、征多少税和向谁征税等问题在征税之前就明确下来,而不是任意确定;其次,征税的标准必须是统一的;最后,税收征纳关系以法律为依据,并且在一定时期内是相对稳定的。税收的固定性是国家财政收入的需要,国家的存在、国家机器的正常运转及国家行使其职能都需要稳定可靠的财政收入,财政收入的这种固定性,要求财政收入的重要来源——税收也必须具有固定性。

税收无偿性、强制性和固定性,是古今中外一切税收的共性,它们是相互联系、相辅相成、密不可分的。其中,无偿性是其核心,强制性是其基本保障,固定性是对无偿性和强制性的一种规范和约束。

第二节 税法基本理论

一、税法的定义

税收制度的确立总是以法律形式来加以体现的,这种法律就是税法,它是国家与纳税义务人之间权利与义务关系的规范。

二、税收法律关系

税收法律关系是税法所确认和调整的国家与纳税义务人之间在税收分配过程中形成的权力义务关系。国家征税与纳税人纳税形式上表现为利益分配关系,但经过法律明确其双方的权利与义务后,这种关系实质上已上升为一种特定的法律关系。了解税收法律关系,对于正确理解国家税法的本质,严格依法纳税、依法征税都具有重要的意义。

(一)税收法律关系的构成

任何法律关系都是由权利主体、权利客体、法律关系的内容三要素构成的,税收法律关系也不例外,其三要素之间互相联系、不可分割,形成统一的整体。

1. 税收法律关系的主体

法律关系的主体是指法律关系的参加者。税收法律关系的主体即税收法律关系中享有权利和承担义务的当事人。在我国,税收法律关系的主体包括征纳双方,一方是代表国家行使征税职责的国家行政机关,包括国家各级税务机关、海关和财政机关;另一方是履行纳税义务的人,包括法人、自然人和其他组织,在华的外国企业、组织、外籍人、无国籍人,以及在华虽然没有机构、场所但有来源于中国境内所得的外国企业或组织。

2. 税收法律关系的客体

客体即税收法律关系主体的权利、义务所共同指向的对象,也就是征税对象。例如,所得税法律关系客体就是生产经营所得和其他所得,财产税法律关系客体即是财产,流转税法律关系客体就是货物销售收入或劳务收入。

3. 税收法律关系的内容

税收法律关系的内容即权利主体所享有的权利和所应承担的义务,是税收法律关系中最实质的东西,是税法的灵魂。作为征税一方的国家税务主管机关,其权利主要有:依法征税、进行税务检查、对违章者进行处罚;其义务主要有:宣传、辅导解读税法,把征收的税款及时解缴国库,依法受理纳税义务人对税收争议的申述等。

(二)税收法律关系的产生、变更与消灭

税法是引起税收法律关系的前提条件,但税法本身并不能产生具体的税收法律关系。税收法律关系的产生、变更和消灭必须有能够引起税收法律关系产生、变更或消灭的客观情况，也就是由税收法律事实来决定的。税收法律事实可以分为税收法律事件和税收法律行为，税收法律事件是指不以税收法律关系权力主体的意志为转移的客观事件。例如，自然灾害可以导致税收减免，从而改变税收法律关系的内容。税收法律行为是指税收法律关系主体在正常意志支配下做出的活动。例如，纳税人开业经营即产生税收法律关系，纳税人转业或停业即造成税收法律关系的变更或消灭。

三、税法的原则

税法的原则反映税收活动的根本属性，是税收法律制度建立的基础。税法原则包括税法基本原则和税法适用原则。

（一）税法基本原则

税法基本原则是统领所有税收规范的根本准则，为包括税收立法、执法、司法在内的一切税法活动所必须遵守。

1. 税收法定原则

税收法定原则又称为税收法定主义，是指税法主体的权利义务必须由法律加以规定，税法的各类构成要素皆必须且只能由法律予以明确。税收法定主义贯穿于税收立法和执法的全部领域，其内容包括税收要件法定原则和税务合法性原则。税收要件法定原则是指有关纳税人、课税对象、课税标准等税收要件必须以法律形式作出规定，且有关课税要素的规定必须尽量明确。税务合法性原则是指税务机关按法定程序依法征税，不得随意减征、停征或免征，无法律依据不征税。

2. 税收公平原则

一般认为税收公平原则包括税收横向公平和纵向公平，即税收负担必须根据纳税人的负担能力分配，负担能力相等，税负相同；负担能力不等，税负不同。税收公平原则源于法律上的平等性原则，所以许多国家的税法在贯彻税收公平原则时，都特别强调"禁止不公平对待"的法理，禁止对特定纳税人给予歧视性对待，也禁止在没有正当理由的情况下对特定纳税人给予特别优惠。

3. 税收效率原则

税收效率原则包含两方面内容，一是指经济效率，二是指行政效率。前者要求税法的制定要有利于资源的有效配置和经济体制的有效运行，后者要求提高税收行政效率，节约税收征管成本。

4. 实质课税原则

实质课税原则指应根据客观事实确定是否符合课税要件，并根据纳税人的真实负担决定纳税人的税负，而不能仅考虑相关外观和形式。

(二)税法的适用原则

税法适用原则是指税务行政机关和司法机关运用税收法律规范解决具体问题所必须遵循的准则。税法适用原则并不违背税法基本原则,而且在一定程度上体现着税法基本原则。但是与其相比,税法适用原则含有更多的法律技术性准则,更为具体化。包括:

1. 法律优位原则

其基本含义为法律的效力高于行政立法的效力。法律优位原则在税法中的作用主要体现在处理不同等级税法的关系上。法律优位原则明确了税收法律的效力高于税收行政法规的效力,对此还可以进一步推论为税收行政法规的效力优于税收行政规章的效力。效力低的税法与效力高的税法发生冲突,效力低的税法无效。

2. 法律不溯及既往原则

法律不溯及既往原则是绝大多数国家所遵循的法律程序技术原则。其基本含义为:一部新法实施后,对新法实施之前人们的行为不得适用新法,而只能沿用旧法。在税法领域内坚持这一原则,目的在于维护税法的稳定性和可预测性,使纳税人能在知道纳税结果的前提下作出相应的经济决策,税收的调节作用也会较为有效。

3. 新法优于旧法原则

新法优于旧法原则也称后法优于先法原则,其含义为:新法、旧法对同一事项有不同规定时,新法的效力优于旧法。其作用在于避免因法律修订带来新法、旧法对同一事项有不同的规定而给法律适用带来混乱,为法律的更新与完善提供法律上的保障。新法优于旧法原则在税法中普遍适用,但是当新税法与旧税法处于普通法与特别法的关系时,以及某些程序性税法引用"实体从旧、程序从新"原则时,可以例外。

4. 特别法优于普通法的原则

其含义为对同一事项两部法律分别定有一般和特别规定时,特别规定的效力高于一般规定的效力。特别法优于普通法原则打破了税法效力等级的限制,即居于特别法地位的级别较低的税法,其效力可以高于作为普通法的级别较高的税法。

5. 实体从旧、程序从新原则

这一原则的含义包括两个方面:一是实体税法不具备溯及力,即在纳税义务的确定上,以纳税义务发生时的税法规定为准,实体性的税法规则不具有向前的溯及力。二是程序性税法在特定条件下具备一定的溯及力,即对于新税法公布实施之前发生,却在新税法公布实施之后进行税款征收程序的纳税义务,原则上新税法具有约束力。

6. 程序优于实体原则

程序优于实体原则是关于税收争讼法的原则,其基本含义为在诉讼发生时税收程序法优于税收实体法。程序优于实体原则是为了确保国家课税权的实现,不因争议的发生而影响税款的及时、足额入库。

第三节　税法构成要素

　　税法构成要素是指各种单行税法具有的共同的基本要素的总称。首先,税法构成要素既包括实体性的,也包括程序性的;其次,税法构成要素是所有完善的单行税法都共同具备的,仅为某一税法所单独具有而非普遍性的内容,不构成税法要素,如扣缴义务人。税法的构成要素一般包括总则、纳税义务人、征税对象、税目、税率、纳税环节、纳税期限、纳税地点、减税免税、罚则、附则等项目。

一、总则

　　主要包括立法依据、立法目的、适用原则等。

二、纳税义务人

　　纳税人又叫纳税主体,是税法规定的直接负有纳税义务的单位和个人。任何一个税种首先要解决的就是国家对谁征税的问题,如我国个人所得税、增值税、消费税、营业税、资源税以及印花税等暂行条例的第一条规定的都是该税种的纳税义务人。

　　与纳税人紧密联系的两个概念是代扣代缴义务人和代收代缴义务人。前者是指虽不承担纳税义务,但依照有关规定,在向纳税人支付收入、结算货款、收取费用时有义务代扣代缴其应纳税款的单位和个人。如出版社代扣作者稿酬所得的个人所得税等。后者是指虽不承担纳税义务,但依照有关规定,在向纳税人收取商品或劳务时,有义务代收代缴其应纳税款的单位和个人。

三、征税对象

　　征税对象又叫课税对象、征税客体,指税法规定对什么征税,是征纳税双方权利义务共同指向的客体或标的物,是区别一种税与另一种税的重要标志。如消费税的征税对象是消费税条例所列举的应税消费品,房产税的征税对象是房屋等。征税对象是税法最基本的要素,因为它体现着征税的最基本界限,决定着某一种税的基本征税范围,同时,征税对象也决定了各个不同税的名称。如消费税、土地增值税、个人所得税等,这些税种因征税对象不同,性质不同,税名也就不同。

四、税率

　　税率是对征税对象的征收比例或征收额度。税率是计算税额的尺度,也是衡量税负轻重的重要标志。我国现行的税率主要有:

1. 比例税率

即对同一征税对象,不分数额大小,规定相同的征收比例。我国的增值税、营业税、城市维护建设税、企业所得税等采用的都是比例税率。比例税率在适用中又可分为三种具体形式:

(1)单一比例税率,是指对同一征税对象的所有纳税人都适用同一比例税率。

(2)差别比例税率,是指对同一征税对象的不同纳税人适用不同的比例征税。我国现行税法又分别按产品、行业和地区的不同将差别比例税率划分为以下三种类型:一是产品差别比例税率,即对不同产品分别适用不同的比例税率,同一产品采用同一比例税率,如消费税、关税等;二是行业差别比例税率,即对不同行业分别适用不同的比例税率;三是地区差别比例税率,即区分不同的地区分别适用不同的比例税率,同一地区采用同一比例税率,如我国城市维护建设税等。

(3)幅度比例税率,是指对同一征税对象,税法只规定最低税率和最高税率,各地区在该幅度内确定具体的适用税率。

2. 定额税率

定额税率又称固定税率,这种税率是根据课税对象的计量单位直接规定固定的征税数额,税额的多少只同课税对象的实物数量有关,同价格无关,它适用于从量计征的税种。定额税率在表现形式上分为单一定额税率和差别定额税率两种形式。差别定额税率有以下表现形式:地区差别定额税率,如资源税、土地使用税、耕地占用税;分类分项定额税率,如车船税。

3. 累进税率

累进税率是指同一课税对象随着数量的增加,征收比例也随之升高的税率。累进税率的累进依据是指对课税对象划分级数时其数额的具体表现形式,累进税率中一般有绝对额和相对率两种表示课税对象数额的形式,因此累进税率的累进依据也分为绝对额和相对率两种形式。凡累进税率,无论是按绝对额累进还是按相对率累进,在累进方法上都可以分为全累税率和超累税率。全累税率是指纳税义务人的全部纳税对象都按照与之相应的那一级的税率计算应纳税额;超累税率是对课税对象数额超过前级数额的部分,分别按照各自对应的累进税率计征税款,按规定划分为超额累进税率和超率累进税率。

(1)超额累进税率。

超额累进税率是把征税对象划分为若干等级,对每个等级部分分别规定相应税率,分别计算税额,各级税额之和为应纳税额。采用速算扣除数计算应纳税额的公式是:

$$应纳税额=应税所得×适用税率-速算扣除数$$

工资薪金所得应交的个人所得税的税率是执行3%至45%的七级超额累进税率。超额累进税率是各国普遍采用的一种税率。

(2)超率累进税率。

以征税对象数额的相对率划分为若干级距,分别规定相应的差别税率,相对率每超过一个级距的,对超过的部分就按高一级的税率计算征税。目前,采用这种税率的有土地增值税。

五、纳税环节

纳税环节主要指税法规定的征税对象在从生产到消费的流转过程中应当缴纳税款的环节。如流转税在生产和流通环节纳税,所得税在分配环节纳税等。纳税环节有广义和狭义之分。广义的纳税环节指全部课税对象在再生产中的分布情况。如资源税分布在资源生产环节,商品税分布在生产或流通环节,所得税分布在分配环节等。狭义的纳税环节特指应税商品在流转过程中应纳税的环节。商品从生产到消费要经历诸多流转环节,各环节都存在销售额,都可能成为纳税环节。

六、纳税期限

纳税期限是指纳税义务人发生纳税义务后缴纳税款的期限,是纳税义务人向国家缴纳税款的法定期限。

七、纳税地点

纳税地点是指纳税义务人申报缴纳税款的地点。明确纳税地点,一是为了避免对同一应税收入、应税行为重复征收或漏征税款,二是为了保证各地财政按规定取得收入。

八、税收减免

税收减免是对某些纳税义务人或课税对象的鼓励或照顾措施。减税是从应征税款中减征部分税款;免税是免征全部税款。

九、罚则

罚则主要是指对纳税人违反税法的行为采取的处罚措施。

十、附则

附则一般都规定与该法紧密相关的内容,比如该法的解释权、生效时间等。

第四节 我国现行税法体系

一、税法体系概述

从法律角度来讲,一个国家在一定时期内、一定体制下以法定形式规定的各种税收法律、法规的总和称之为税法体系。从税收工作的角度讲,所谓"税法体系"往往称为"税收制度"。一个国家的税收制度是指在既定的管理体制下设置的税种以及与这些税种和征收、管理有关的、具有法律效力的各级成文法律、行政法规、部门规章等的总和。换句话说,税法体系就是通常说的税收制度(简称税制)。

税收制度的内容主要有三个层次:一是不同的要素构成税种。构成税种的要素主要包括:纳税人、征税对象、税目、税率、纳税环节、纳税期限、减税免税等。二是不同的税种构成税收制度。构成税收制度的具体税种,国与国之间差异较大,但一般都包括所得税、流转税及其他一些税种。三是规范税款征收程序的法律法规,如税收征收管理法等。

二、我国现行税法体系

国家税收制度的确立,要根据本国的具体政治经济条件。所以,各国的政治经济条件不同,税收制度也不尽相同,具体征税办法也各有千秋、千差万别。就一个国家而言,在不同的时期,由于政治经济条件和政治经济目标不同,税收制度也有着或大或小的差异。

(一)税收实体法体系

我国的现行税制就其实体法而言,是新中国成立后经过几次较大的改革逐步演变而来的,按征税对象大致分为五类:

1. 流转税类

流转税类包括增值税、消费税、营业税和关税。主要在生产、流通或者服务业中发挥调节作用。

2. 所得税类

所得税类包括企业所得税、个人所得税。主要是在国民收入形成后,对生产经营者的利润和个人的纯收入发挥调节作用。

3. 财产和行为税类

财产和行为税类包括房产税、车船税、印花税、契税,主要是对某些财产和行为发挥调节作用。

4. 资源税类

资源税类包括资源税、土地增值税和城镇土地使用税。主要是对因开发和利用自然资源差异而形成的级差收入发挥调节作用。

5. 特定目的税类

特定目的税类包括固定资产投资方向调节税、筵席税、城市维护建设税、车辆购置税、耕地占用税和烟叶税,主要是为了达到某特定目的,对特定对象和特定行为发挥调节作用。

上述税种中的关税由海关负责征收管理,其他税种由税务机关负责征收管理。耕地占用税和契税,1996年以前由财政机关的农税部门征收管理,1996年财政部农税管理机构划归国家税务总局,部分省市机构相应划转,这些税种就改由税务部门征收,部分省市仍由财政机关征收。

上述税种,除企业所得税、个人所得税是以国家法律的形式发布实施外,其他各税种都是经全国人民代表大会授权立法,由国务院以暂行条例的形式发布实施的。这19个税收法律、法规组成了我国的税收实体法体系。

（二）税收程序法体系

除税收实体法外,我国对税收征收管理适用的法律制度,是按照税收管理机关的不同而分别规定的。

（1）由税务机关负责征收的税种的征收管理,按照全国人大常委会发布实施的《税收征收管理法》执行。

（2）由海关机关负责征收的税种的征收管理,按照《海关法》及《进出口关税条例》等有关规定执行。

上述税收实体法和税收征收管理的程序法的法律制度构成了我国现行税法体系。

三、我国税收制度的变革

中华人民共和国成立六十多年来,随着国家政治、经济形势的发展,税收制度的建立与发展经历了一个曲折的过程。从总体上来看,六十多年来我国税制改革的发展大致经历了三个历史时期:第一个时期是从1949年到1957年,即国民经济恢复和社会主义改造时期,这是新中国税制建立和巩固的时期。第二个时期是从1958年到1978年党的第十一届中央委员会第三次全体会议召开之前,这是我国税制曲折发展的时期。第三个时期是1978年党的十一届三中全会召开之后的新时期,这是我国税制建设得到全面加强、税制改革不断前进的时期。

我国现行税制基本上是在1994年税制改革时期形成的,经过多年的税收实践,尤其是2003年以来的新一轮税制的改革和完善,我国已基本形成了一套科学合理的税制体系。

（一）1994年税制改革

1994年税制改革的主要内容是:第一,全面改革了流转税制,实行了以比较规范的增值税为主体,消费税、营业税并行,内外统一的流转税制。第二,改革了企业所得税制,将过去对国营企业、集体企业和私营企业分别征收的多种所得税合并为统一的企业所得税。第三,改革了个人所得税制,将过去对外国人征收的个人所得税、对中国人征收的个人收入调节税和个体工商户所得税合并为统一的个人所得税。第四,对资源税、特定目的税、财产税、行为税作了大幅度的调整,如扩大了资源税的征收范围,开征了土地增值税,取消了盐税、奖金税、集市交易税等7个税种,并将屠宰税、筵席税的管理权下放到省级地方政府,新设了遗产税和证券交易税。

（二）2003年以来的新一轮税制改革和完善

2003年,相关部门按照十六届三中全会提出的"简税制、宽税基、低税率、严征管"原则,积极稳定地推进税制收入调节改革,建立健全税收政策扶持体系,加强和改善税收宏观调控,加快税收法制建设步伐,充分发挥税收职能作用,促进了税收收入持续快速增长和经济社会的协调发展。

2004年6月30日,财政部、国家税务总局下发了《关于取消除烟叶外的农业特产税的通知》。2005年12月29日,第十届全国人民代表大会常务委员会第十九次会议决定,自2006年1月1日起,废止1958年6月3日通过的《中华人民共和国农业税条例》。

2006年4月1日起,对我国现行消费税的税目、税率及相关政策进行了调整。

2008年1月1起施行的新企业所得税法,结束了我国长期以来执行《中华人民共和国企业所得税暂行条例》和《外商投资企业和外国企业所得税法》两套内外有别的企业所得税税法的历史。

2009年1月1日起,修订后的《中华人民共和国增值税暂行条例》、《中华人民共和国消费税暂行条例》和《中华人民共和国营业税暂行条例》开始施行。

2010年10月,国务院发布的《国务院关于统一内外资企业和个人城市维护建设税和教育费附加制度的通知》,决定统一内外资企业和个人城市维护建设税以及教育费附加制度。

本章小结

税收是国家为向社会提供公共产品,凭借政治权力,按照法定标准,向单位和个人强制地、无偿地征收而取得的财政收入。税收同国家取得财政收入的其他方式相比,具有无偿性、强制性和固定性的特征。

税法是国家制定的用以调整国家与纳税义务人之间在征纳税方面权利与义务关系的法律规范的总称。税收法律关系是税法所确认和调整的国家与纳税义务人之间在税收分配过程中形成的权力义务关系。

税收法律关系由权利主体、权利客体、法律关系的内容三要素构成。税法的构成要素一般包括总则、纳税义务人、征税对象、税目、税率、纳税环节、纳税期限、纳税地点、减税免税、罚则、附则等项目。

我国现行税法体系由税收实体法和税收程序法构成,它包括税收法律、税收法规和税务规章。我国现行税制结构是以流转税和所得税并重为双主体,其他税种配合发挥作用的税制体系。

思 考 题

一、关键概念

税收

税法

税收法律关系

税目

税率

二、简答题

1. 简述税收的特征。
2. 简述税率的形式及区别。
3. 简述按课税对象税法的分类。
4. 简述我国现行税法体系。
5. 简述我国税制改革的趋势。

三、计算题

王某取得劳务报酬收入100 000元,免征额为2 000元,税率为20%;若规定计税依据超过20 000~30 000元的部分,加征3成;超过30 000~40 000元的部分,加征5成;超过40 000元的部分,加征10成。则王某应缴纳多少个人所得税。

【参考答案】

应纳税额=20 000×20%+(30 000-20 000)×20%×(1+30%)+(40 000-30 000)×20%×(1+50%)+(100 000-2 000-40 000)×20%×(1+100%)=32 800(元)

Chapter 2 第二章

增值税法

【学习目标】
1. 了解一般纳税人认定的标准;
2. 理解增值税的征税范围;
3. 熟悉增值税税率和征收率;
4. 熟悉有关增值税专用发票的管理规定;
5. 掌握增值税的计算和免抵退的计算。

【能力目标】
1. 实地调研增值税的缴纳及申报情况;
2. 具备根据纳税人发生的经济业务进行增值税计算的能力,并能进行案例分析。

【引导案例】
许多企业都将自己生产的产品用于企业内部,如用于非应税项目、职工福利等;还有的用于企业外部非销售行为,如用于对外投资、利润分配、无偿捐赠等。企业购进的货物有用于企业内部的,也有用于企业外部的。上述各种情况,是否涉及增值税? 如果涉及增值税,涉税处理是否一致?

第一节 增值税概述

一、增值税的概念

（一）增值税的定义

增值税是对在我国境内销售货物或者提供加工、修理修配劳务、销售服务、无形资产或不动产,以及进口货物的单位和个人,就其销售货物或提供应税劳务的增值额和货物进口金额为计税依据而征收的一种流转税。

(二)增值额的含义

增值额是指从事工业制造、商业经营和提供劳务过程中新创造的那部分价值。

1. 理论上讲

增值额是企业在生产经营过程中新创造的那部分价值,即相当于商品价值($C+V+M$)中的$V+M$部分。C即商品生产过程中所消耗的生产资料转移的价值;V即工资,是劳动者为自己创造的价值;M即剩余价值或盈利,是劳动者为社会创造的价值。增值额是劳动者新创造的价值,因此$V+M$就是理论上作为增值税征税对象的增值额。在我国增值额相当于净产值或国民收入部分,包括工资、利息、利润、租金和其他属于增值性的收入。

2. 从商品生产经营全过程来看

增值额是该货物经历的生产到流通的各个环节所创造的增值额之和,也就是该项货物的最终销售价值,见表2.1。

表2.1 某商品最后销售价格与各环节增值额关系表

环节 \ 项目	制造环节	批发环节	零售环节	合计
销售额	50	200	300	
增值额	50①	150②	100	300

①假定本环节均为增值额,无物质消耗,都是该环节自己新创造的价值。
②每环节的增值额为本环节销售额减去购进成本,即上一环节的销售额后的余额。

3. 从一个生产经营单位来看

增值额是指该单位销售货物或提供劳务的收入额扣除非增值性项目价值后的余额,非增值性项目相当于物化劳动,如转移到商品价值中的原材料、燃料、动力、包装物、低值易耗品和固定资产折旧等。

二、增值税的特点

1. 税不重征

增值税只对增值额征税,即对货物或劳务销售额中没有征过税的那部分增值额征税,对销售额中属于转移过来的、以前环节已征过税的那部分销售额则不再征税,从而有效地排除了重复征税因素。

2. 道道征税

增值税就各个生产流通环节道道征税,是一种多环节连续性课征的税种。它的征收范围可以延伸到生产、流通的各个领域,体现普遍征收的原则。同时,一种商品从生产到最后消费,每经过一道环节就征一道税,因此从生产经营的全过程来看,增值税具有道道征税的特点。

3. 实行价外税制度

在计税时,作为计税依据的销售额中不包含增值税税额,把税款同价格分开,使企业的成本核算不受税收的影响。另外实行价外计税,为使用专用发票抵扣法奠定了基础。

4. 增值税是间接税

增值税虽然是一种价外税,但也属于流转税,其税收负担会随着生产、流通逐步向前推移,最终转由消费者负担。其纳税人是生产经营者,但负税人是消费者,所以增值税是一种间接税。其税负是与价格一起转嫁给消费者的。

三、增值税的类型

各国实行的增值税都是以法定增值额为课税对象的。法定增值额和理论增值额往往不相一致,其主要区别在于对购入固定资产的处理上。即对于纳税人生产产品所耗费的生产资料中的非固定资产项目,如外购原材料、燃料、零部件、动力、包装物一律允许扣除,但对于购入的固定资产是否允许扣除,如何扣除,则不尽相同。按照增值税对外购固定资产处理方式的不同,可将其划分为三种类型:

(一)生产型增值税

生产型增值税不允许扣除任何固定资产的价款。作为课税基数的法定增值额除包括纳税人新创造的价值外,还包括当期计入成本的外购固定资产价款部分,即法定增值额相当于当期工资、租金、利息、利润等理论增值额和折旧额之和。从整个国民经济来看,这一课税基数相当于国民生产总值,所以称为生产型增值税。

(二)收入型增值税

收入型增值税对外购置固定资产价款只允许当期计入产品价值的折旧费部分。作为课税基数的法定增值额,相当于当期工资、利息、利润、租金等理论增值额。从整个国民经济来看,这一课税基数相当于国民收入,所以称为收入型增值税。

(三)消费型增值税

消费型增值税是允许将当期购入的固定资产价款一次全部扣除。作为课税基数的法定增值额,相当于纳税人当期的全部销售额扣除外购的全部生产资料价款后的余额。从整个国民经济来看,这一课税基数仅限于消费资料价值的部分,仅限于当期生产销售的所有消费品,所以称为消费型增值税。

我国在开征增值税时采用的是生产型增值税,目前采用的是消费型增值税。

四、增值税计税方法

增值税是以增值额作为计税依据征收的一种税,所以从定义来看应纳增值税额等于增值额乘以适用税率,这只是增值税计算的基本方法。从理论上讲,为实现对增值额征税的目的,增值税的计税方法可以分为直接计算法和间接计算法。

(一)直接计算法

直接计算法是先计算出应税货物或劳务的增值额,然后用增值额乘以适用税率求出应纳税额。其增值税计算公式为

$$应纳增值税额 = 增值额 \times 适用税率$$

直接计税法因计算法定增值额的方法不同分为"加法"和"减法"两种。

1. 加法

加法是指纳税人在纳税期内将各个增值项目相加,计算出增值额,再乘以适用税率计算应纳增值税。其增值额基本计算公式为

$$增值额 = 工资 + 利息 + 租金 + 利润 + 其他增值项目$$

2. 减法

减法是指纳税人在纳税期内销售应税货物(或劳务)的全部销售额,减去非增值项目金额,如外购原材料、燃料、动力等后的余额作为增值额。其增值额计算公式为

$$增值额 = 全部销售额 - 非增值项目金额$$

(二)间接计算法

间接计算法即税款抵扣法,先用销售额乘以适用税率计算出销项税额,然后减去进项税额的计算方法。其增值税计算公式为

$$应纳增值税额 = 销售额 \times 适用税率 - 非增值项目已纳税额 = 销项税额 - 进项税额$$

这种方法比较简便易行,计算准确,目前为大多数国家所采用。

我国目前所采用的增值税计算方法为购进抵扣法(或发票抵扣法),即在计算进项税额时,按当期购进商品已纳税额计算。实际征收中,采用凭增值税专用发票和其他合法扣税凭证注明税款进行抵扣的方法计算应纳增值税额。

第二节 增值税基本法律内容

一、增值税的纳税人

(一)增值税纳税人的一般规定

增值税纳税人是指在中国境内销售货物或者进口货物、提供应税劳务和销售服务、无形资产或者不动产(以下称应税行为)的单位和个人。所谓中国境内,是指销售货物的起运地或所在地在中国境内,提供应税劳务和应税服务的发生地在中国境内。

(1)单位。一切从事销售或进口货物、提供应税劳务和应税行为的单位,包括企业、行政单位、事业单位、军事单位、社会团体及其他单位。

(2)个人。凡从事货物销售或进口货物、提供应税劳务和应税行为的个人,包括个体经营

者及其他个人,可以是中国公民,也可以是外国公民。

(3)承租人和承包人。企业租赁或承包给他人经营的,以承租人或承包人为纳税人。

(4)进口货物的收货人或办理报关手续的单位和个人。

(5)扣缴义务人。境外的单位或个人在境内销售货物或提供应税劳务而在境内未设有经营机构的,其应纳税款以代理人为扣缴义务人;没有代理人的,以购买者为扣缴义务人。

(二)增值税纳税人的分类

1. 增值税纳税人分类依据

根据纳税人会计核算是否健全以及企业规模的大小,增值税纳税人划分为一般纳税人和小规模纳税人。衡量企业规模大小一般以年销售额为依据。

2. 分类的目的

对增值税纳税人进行分类,是为了配合增值税专用发票的管理。专用发票既是增值税纳税人纳税的依据,又是纳税人据以扣税的凭证。我国增值税实施面广、情况复杂,纳税人多且会计核算水平参差不齐,为保证对专用发票的正确使用和安全管理,有必要对增值税纳税人进行了分类。

这两类纳税人在税款计算方法、适用税率及管理办法上都有所不同。对一般纳税人实行凭发票抵扣的计税方法;对小规模纳税人规定简便易行的计税方法和征收管理办法。因此要求增值税一般纳税人会计核算健全,并能够准确核算销项税额、进项税额和应纳税额。

(三)一般纳税人和小规模纳税人的认定

1. 一般纳税人和小规模纳税人具体划分标准(表2.2)

表2.2 一般纳税人和小规模纳税人具体划分标准

项 目	小规模纳税人	一般纳税人
从事货物生产或提供应税劳务的纳税人	年应税销售额在50万元(含)以下的	年应税销售额在50万元以上的
从事货物批发或零售的纳税人	年应税销售额在80万元(含)以下的	年应税销售额在80万元以上的
提供应税行为	年应税销售额在500万元(含)以下的	年应税销售额在500万元以上的
年应税销售额超过小规模纳税人标准的其他个人	按小规模纳税人纳税	—
非企业性单位	可选择按小规模纳税人纳税	—
不经常发生应税行为的企业		
年应税销售额超过规定标准但不经常发生应税行为的单位和个体工商户		

年应税销售额达到一般纳税人标准的,是"必须"申请认定一般纳税人;没有达到标准的小规模纳税人和新开业的纳税人,"可以"申请一般纳税人认定。

2. 不办理一般纳税人资格认定的纳税人

(1)个体工商户以外的其他个人(指自然人)。

(2)选择按照小规模纳税人纳税的非企业性单位。

(3)选择按照小规模纳税人纳税的不经常发生增值税应税行为的企业。

二、增值税征税范围

(一)增值税征税范围一般规定

增值税征税范围包括销售货物、提供劳务、提供应税行为和进口货物四个环节,此外,加工和修理修配也属于增值税的征税范围。增值税征税范围具体规定:

1. 销售货物

销售货物是指有偿转让货物的所有权。有偿是指从购买方取得货款、货物或其他经济利益。货物是指除土地、房屋和其他建筑物等一切不动产之外的有形动产,包括电力、热力和气体在内。

销售有形动产缴纳增值税,而转让无形资产和销售不动产缴纳营业税。

2. 提供的加工、修理修配劳务

加工是指受托加工货物,即委托方提供原料及主要材料,受托方按照委托方的要求制造货物并收取加工费的业务;修理修配是指受托对损伤和丧失功能的货物进行修复,使其恢复原状和功能的业务。

提供的加工、修理修配劳务是指有偿提供加工和修理修配劳务,但不包括单位或个体工商户聘用的员工为本单位或雇主提供的加工和修理修配劳务。

3. 提供应税行为

(1)销售服务。销售服务,是指提供交通运输服务、邮政服务、电信服务、建筑服务、金融服务、现代服务、生活服务。

(2)销售无形资产。销售无形资产是指转让无形资产所有权或者使用权的业务活动。无形资产,是指不具实物形态,但能带来经济利益的资产,包括技术、商标、著作权、商誉、自然资源使用权和其他权益性无形资产。

(3)销售不动产。销售不动产,是指转让不动产所有权的业务活动。不动产,是指不能移动或者移动后会引起性质、形状改变的财产,包括建筑物、构筑物等。

4. 进口的货物

进口货物是申报进入我国海关境内的货物,确定一项货物是否属于进口货物,必须看其是否办理了报关进口手续。一般来说,境外产品要输入境内,必须向我国海关申报进口,并办理报关手续。只要是报关进口的应税货物,无论其是国外生产制造的,还是我国已出口而转销国内的货物;无论是进口者自行采购或国外捐赠的货物,还是进口者自用或作为贸易或其他用途等,均属于增值税征税范围,均应按照规定缴纳进口环节的增值税。

二、增值税征税范围

(一)征税范围的具体规定

1. 属于征税范围的项目

(1)货物期货(包括商品期货和贵金属期货),应征收增值税,在期货的实物交割环节纳税;证券期货、外汇期货等金融期货,应征收营业税。

(2)银行销售金银的业务。

(3)典当业的死当物品销售业务和寄售业代委托人销售寄售物品的业务。

(4)电力公司向发电企业收取的过网费,应征收增值税。

2. 不属于征税范围的项目

(1)供应或开采未经加工的天然水(如水库供应农业灌溉用水,工厂自采地下水用于生产),不征收增值税。

(2)转让企业全部产权涉及的应税货物的转让,不征收增值税。

(3)代购货物行为,凡同时具备以下条件的,不征收增值税。

①受托方不垫付资金。

②销售方将发票开具给委托方,并由受托方将该发票转交给委托方。

③受托方按销售方实际收取的销售额和销项税额与委托方结算货款,并另收取手续费。如果是代理进口货物,则为海关代征的增值税额。

(4)本建设单位和从事建筑安装业务的企业附设工厂、车间在建筑现场制造的预制构件,凡直接用于本单位或本企业建筑工程的,不征收增值税。

(5)对增值税纳税人收取的会员费收入,不征收增值税。

(二)征税范围的特殊行为

1. 视同销售货物行为

销售货物的重要标志是有偿转让货物所有权。但在实际生产经营活动中,会出现转让货物不发生所有权转移或者不是直接以有偿形式进行,有些形式的货物转移行为都要视同销售征收增值税。视同销售货物行为主要包括:

(1)将货物交付他人代销。

(2)销售代销货物。

(3)设有两个以上机构并实行统一核算的纳税人,将货物从一个机构移送至其他机构用于销售,但相关机构设在同一县(市)的除外。

(4)将自产或委托加工的货物用于非增值税应税项目。

(5)将自产、委托加工或购买的货物作为投资,提供给其他单位或个体经营者。

(6)将自产、委托加工或购买的货物分配给股东或投资者。

(7)将自产、委托加工的货物用于集体福利或个人消费。
(8)将自产、委托加工或购买的货物无偿赠送他人。

2. 兼营行为

纳税人兼营销售货物、劳务、服务、无形资产或者不动产,适用不同税率或者征收率的,应当分别核算适用不同税率或者征收率的销售额;未分别核算的,从高适用税率。

纳税人兼营免税、减税项目的,应当分别核算免税、减税项目的销售额;未分别核算的,不得免税、减税。

3. 混合销售

一项销售行为如果既涉及服务又涉及货物,为混合销售。从事货物的生产、批发或者零售的单位和个体工商户的混合销售行为,按照销售货物缴纳增值税;其他单位和个体工商户的混合销售行为,按照销售服务缴纳增值税。

从事货物的生产、批发或者零售的单位和个体工商户,包括以从事货物的生产、批发或者零售为主,并兼营销售服务的单位和个体工商户在内。

(三)征税范围的其他特殊规定

1. 增值税的法定免税项目

(1)农业生产者销售的自产农产品。

农业是指种植业、养殖业、林业、牧业、水产业。免征增值税的农业产品必须符合两个条件:一是农业生产者自己生产的初级农业产品;二是农业生产者自己销售的初级农业产品。

(2)避孕药品和用具。

(3)古旧图书是指向社会收购的古书和旧书。

(4)直接用于科学研究、科学试验和教学的进口仪器、设备。

(5)外国政府、国际组织无偿援助的进口物资和设备。

(6)由残疾人的组织直接进口供残疾人专用的物品。

(7)销售的自己使用过的物品。自己使用过的物品是指其他个人自己使用过的物品。

农业生产者销售自产农产品免税,但是外购农产品销售不免税,而应按照规定税率13%征税。

2. 营业税改征增值税试点过渡政策的免征增值税规定

(1)个人转让著作权。

(2)残疾人个人提供应税服务。

(3)航空公司提供飞机播洒农药服务。

(4)试点纳税人提供技术转让、技术开发和与之相关的技术咨询、技术服务。

(5)符合条件的节能服务公司实施合同能源管理项目中提供的应税服务。

(6)自2014年1月1日至2018年12月31日,试点纳税人提供的离岸服务外包业务。

(7)台湾航运公司从事海峡两岸海上直航业务在大陆取得的运输收入。

(8)台湾航空公司从事海峡两岸空中直航业务在大陆取得的运输收入。

(9)美国 ABS 船级社在非营利宗旨不变、中国船级社在美国享受同等免税待遇的前提下，在中国境内提供的船检服务。

(10)随军家属就业。

(11)军队转业干部就业。

(12)城镇退役士兵就业。

(13)失业人员就业。

(14)试点纳税人提供的国际货物运输代理服务。

(15)世界银行贷款粮食流通项目投产后的应税服务。

(16)中国邮政集团公司及其所属邮政企业提供的邮政普遍服务和邮政特殊服务。

(17)青藏铁路公司提供的铁路运输服务。

3. 未达到起征点的免征

纳税人销售额未达到规定的增值税起征点的，免征增值税；达到起征点的按规定全额计算缴纳增值税。销售额是指不含税销售额。增值税起征点只适用于个人。增值税起征点的幅度规定如下：

(1)按期纳税的，为月销售额 5000-20 000 元(含本数)。

(2)按次纳税的，为每次(日)销售额 300-500 元(含本数)。

起征点的调整由财政部和国家税务总局规定。省、自治区、直辖市财政厅(局)和国家税务局应当在规定的幅度内，根据实际情况确定本地区适用的起征点，并报财政部和国家税务总局备案。

对增值税小规模纳税人中月销售额未达到 2 万元的企业或非企业性单位，免征增值税。2017 年 12 月 31 日前，对月销售额 2 万元(含本数)至 3 万元的增值税小规模纳税人，免征增值税。

三、增值税税率和征收率

(一)增值税税率和征收率的基本规定

根据确定增值税税率的基本原则，我国增值税设置了一档基本税率和一档低税率，此外还有对出口货物实施的零税率，见表 2.3。

表 2.3 增值税税率表

纳税人	应税行为	具体范围		增值税税率
小规模纳税人	包括原增值税纳税人和营改增纳税人,从事货物销售,提供增值税加工、修理修配劳务,以及营改增各项应税服务			征收率 3%
原增值税纳税人	销售或者进口货物(另有列举的货物除外);提供加工、修理修配劳务			17%
	1. 粮食、食用植物油、鲜奶			13%
	2. 自来水、暖气、冷气、热气、煤气、石油液化气、天然气、沼气、居民用煤炭制品			
	3. 图书、报纸、杂志			
	4. 饲料、化肥、农药、农机(整机)、农膜			
	5. 国务院规定的其它货物			
	6. 农产品(指各种动、植物初级产品);音像制品;电子出版物;二甲醚;食用盐			
	出口货物			0%
一般纳税人	交通运输服务	陆路运输服务	铁路运输服务	11%
			其他陆路运输服务	
		水路运输服务	程租业务	
			期租业务	
		航空运输服务	航空运输的湿租业务	
		管道运输服务	无运输工具承运业务	
	邮政服务	邮政普遍服务	函件	11%
			包裹	
		邮政特殊服务	邮政特殊服务	
		其他邮政服务	其他邮政服务,是指邮册等邮品销售、邮政代理等业务活动。	
	电信服务	基础电信服务	基础电信服务	11%
		增值电信服务	增值电信服务	6%

纳税人		服务类别			税率
一般纳税人	销售服务	建筑服务	工程服务	工程服务	11%
			安装服务	安装服务	
			修缮服务	修缮服务	
			装饰服务	装饰服务	
			其他建筑服务	其他建筑服务	
		金融服务	贷款服务	贷款	6%
				融资性售后回租	
			直接收费金融服务	直接收费金融服务	
			保险服务	人身保险服务	
				财产保险服务	
			金融商品转让	金融商品转让	
				其他金融商品转让	
		现代服务	研发和技术服务	研发服务	6%
				合同能源管理服务	
				工程勘察勘探服务	
				专业技术服务	
			信息技术服务	软件服务	6%
				电脑设计及测试服务	
				信息系统服务	
				业务流程管理服务	
				信息系统增值服务	
			文化创意服务	设计服务	6%
				知识产权服务	
				广告服务	
				会议展览服务	

				航空服务	航空地面服务	6%
一般纳税人	销售服务	现代服务	物流辅助服务		通用航空服务	
				港口码头服务		
				货运客运场站服务		
				打捞救助服务		
				装卸搬运服务		
				仓储服务		
				收派服务	收件服务	
					分拣服务	
					派送服务	
			租赁服务	融资租赁服务	有形动产融资租赁服务	17%
					不动产融资租赁服务	11%
				经营租赁服务	有形动产经营租赁服务	17%
					不动产经营租赁服务	11%
			鉴证咨询服务	认证服务		6%
				鉴订服务		
				咨询服务		
			广播影视服务	广播影视节目(作品)制作服务		6%
				广播影视节目(作品)发行服务		
				广播影视节目(作品)播映服务		

一般纳税人	销售服务	现代服务	商务辅助服务	企业管理服务	6%
				经纪代理服务	货物运输代理服务
					代理报关服务
				人力资源服务	
				安全保护服务	
			其他现代服务	其他现代服务	6%
		生活服务	文化体育服务	文化服务	6%
				体育服务	
			教育医疗服务	教育服务	
				医疗服务	
			旅游娱乐服务	旅游服务	
				娱乐服务	
			餐饮住宿服务	餐饮服务	
				住宿服务	
			居民日常服务		
			其他生活服务		
			文化体育服务	文化服务	
				体育服务	
			教育医疗服务	教育服务	
				医疗服务	
			旅游娱乐服务	旅游服务	
				娱乐服务	
			餐饮住宿服务	餐饮服务	
				住宿服务	
			居民日常服务		
			其他生活服务		

一般纳税人	销售无形资产	技术	专利技术	6%
			非专利技术	
		商标		
		著作权		
		商誉		
		其他权益性无形资产		
		自然资源使用权	海域使用权	
			探矿权	
			采矿权	
			取水权	
			其他自然资源使用权	
			土地使用权	11%
	销售不动产	建筑物		11%
		构筑物		

出口零税率不同于免税。免税往往指某一环节的免税;而零税率是指整体税负为零,意味着出口环节免税且退还以前纳税环节的已纳税款,这就是所谓的"出口退税"。

(二)增值税税率和征收率特殊规定(表2.4)

表2.4 增值税税率和征收率特殊规定

销售情形	税务处理	
	小规模纳税人	一般纳税人
销售自己使用过的固定资产	减按2%征收率征收	1.按规定不得抵扣且未抵扣进项税额的固定资产,按简易办法依3%征收率减按2%征收 2.按规定已抵扣进项税额的,按照适用税率征收
	注:无法确定销售额的,以固定资产净值为销售额	
销售自己使用过的除固定资产以外的物品	按3%征收率征收	按适用税率征收
销售旧货	减按2%征收率征收	按简易办法依3%征收率减按2%征收

旧货是指进入二次流通的具有部分使用价值的货物(含旧汽车、旧摩托车、旧游艇),但不包括自己使用过的物品。

适用税率,指固定资产购进时增值税专用发票上注明的税率,一般情况为17%,低税率范围的农机等为13%。

上述销售货物行为,按简易办法征收的应开具普通发票。

(三)一般纳税人按照简易办法依3%征收率征收的规定

1. 销售自产的下列货物,可选择简易计税办法依照3%征收率征收

(1)县级及县级以下小型水力发电单位生产的电力。

小型水力发电单位是指各类投资主体建设的装机容量为5万(含)千瓦的小型水力发电单位。

(2)建筑用和生产建筑材料所用的砂、土、石料。

(3)以自己采掘的砂、土、石料或其他矿物连续生产的砂、土、石料(不含黏土实心砖、瓦)。

(4)用微生物、微生物代谢产物、动物毒素、人或动物的血液或组织制成的生物制品。

(5)自来水。

对属于一般纳税人的自来水公司销售自来水按简易办法依照6%征收率征收增值税,不得抵扣其购进自来水取得增值税扣税凭证上注明的增值税税款。

(6)商品混凝土(仅限于以水泥为原料生产的水泥混凝土)。

一般纳税人选择简易办法计算缴纳增值税后,36个月内不得变更。可自行开具增值税专用发票。

2. 销售货物属于下列情形之一的,暂按简易计税办法依照3%征收率征收

(1)寄售商店代销寄售物品(包括居民个人寄售的物品在内)。

(2)典当业销售死当物品。

(3)经国务院或国务院授权机关批准的免税商店零售的免税品。

一般纳税人选择简易办法计算缴纳增值税后,36个月内不得变更。可自行开具增值税专用发票。

四、征收管理

(一)纳税义务发生时间

纳税义务发生时间是纳税人发生应税行为应当承担纳税义务的起始时间。

(1)销售货物、提供应税劳务或者应税服务的纳税义务发生时间为收讫销售款或者取得索取销售款的凭据的当天,按销售结算方式的不同,具体确定为:

①采取直接收款方式销售货物,不论货物是否发出,均为收到销售额或取得索取销售额的凭据的当天。

②采取托收承付和委托银行收款方式销售货物,为发出货物并办妥托收手续的当天。

③采取赊销和分期收款方式销售货物,为按合同约定的收款日期的当天,无书面合同或者书面合同没有约定收款日期的,为货物发出的当天。

④采取预收货款方式销售货物,为货物发出的当天,但生产销售生产工期超过12个月的

大型机械设备、船舶、飞机等货物,为收到预收款或者书面合同约定的收款日期的当天。

⑤纳税人提供建筑服务、租赁服务采取预收款方式的,其纳税义务发生时间为收到预收款的当天。

⑥纳税人从事金融商品转让的,为金融商品所有权转移的当天。

⑦委托其他纳税人代销货物,为收到代销单位的代销清单或者收到全部或者部分货款的当天;未收到代销清单及货款的,其纳税义务发生时间为发出代销货物满180天的当天。

⑧销售应税劳务,为提供劳务同时收讫销售额或取得索取销售款的凭据的当天。

⑨纳税人发生视同销售货物行为(将货物交付他人代销和销售代销货物除外),为货物移送的当天。

⑩纳税人发生视同提供应税行为的,其纳税义务发生时间为应税行为完成的当天。

(2)进口货物,为报关进口的当天。

(3)先开具发票的,为开具发票的当天。

(4)增值税扣缴义务发生时间为纳税人增值税纳税义务发生的当天。

(二)纳税期限

增值税的纳税期限分别为1日、3日、5日、10日、15日、1个月或者1个季度,以1个季度为纳税期限的规定仅适用于小规模纳税人。纳税人的具体纳税期限,由主管税务机关根据纳税人应纳税额的大小分别核定;不能按照固定期限纳税的,可以按次纳税。

纳税人以1个月或者1个季度为1个纳税期的,自期满之日起15日内申报纳税;以1日、3日、5日、10日或者15日为1个纳税期的,自期满之日起5日内预缴税款,于次月1日起15日内申报纳税并结清上月应纳税款。

纳税人进口货物,应当自海关填发税款缴纳书之日起15日内缴纳税款。

(三)纳税地点

(1)固定业户的纳税地点。

①固定业户应当向其机构所在地主管税务机关申报纳税。总机构和分支机构不在同一县(市)的,应当分别向各自所在地主管税务机关申报纳税;经国家税务总局或其授权的税务机关批准,也可由总机构汇总向总机构所在地主管税务机关申报纳税。

②固定业户到外县(市)销售货物或者提供应税劳务的,应当向其机构所在地主管税务机关申请开具外出经营活动税收管理证明,向其机构所在地主管税务机关申报纳税。未开具证明的,应当向销售地或者劳务发生地主管税务机关申报纳税;未向销售地或者劳务发生地主管税务机关申报纳税的,由其机构所在地主管税务机关补征税款。

(2)非固定业户的纳税地点。非固定业户销售货物或者提供应税劳务,应当向销售地或者劳务发生地主管税务机关申报纳税;未向销售地或者劳务发生地主管税务机关申报纳税的,其机构所在地或者居住地主管税务机关补征税款。

(3)进口货物,应当由进口人或其代理人向报关地海关申报纳税。

(4)其他个人提供建筑服务,销售或者租赁不动产,转让自然资源使用权,应向建筑服务发生地、不动产所在地、自然资源所在地主管税务机关申报纳税。

(5)扣缴义务人应当向其机构所在地或者居住地主管税务机关申报缴纳其扣缴的税款。

五、增值税专用发票的使用及管理

增值税实行凭国家印发的增值税专用发票注明的税款进行抵扣的制度。专用发票不仅是纳税人经济活动中的重要商业凭证,而且是兼记销货方销项税额和购货方进项税额进行税款抵扣的凭证,对增值税的计算和管理起着决定性的作用,因此,正确使用增值税专用发票是十分重要的。

(一)增值税专用发票概述

1. 专用发票的联次

增值税专用发票的基本联次统一规定为三联:

(1)第一联为发票联,作为购买方核算采购成本和增值税进项税额的记账凭证。

(2)第二联为抵扣联,作为购买方报送主管税务机关认证和留存备查凭证。

(3)第三联为记账联,作为销售方核算销售收入和增值税销项税额的记账凭证。

2. 专用发票领购使用范围

一般纳税人凭《发票领购簿》、IC卡和经办人身份证明领购专用发票。

增值税专用发票(简称专用发票)只限于增值税的一般纳税人领购使用,增值税的小规模纳税人和非增值税纳税人不得领购使用。

一般纳税人有下列情形之一者,不得领购使用专用发票:

(1)会计核算不健全,即不能按会计制度和税务机关的要求准确核算增值税的销项税额、进项税额和应纳税额数据及其他有关增值税税务资料的。

(2)有《税收征管法》规定的税收违法行为,拒不接受税务机关处理的。

(3)有以下行为之一,经税务机关责令限期改正而仍未改正者:

①虚开增值税专用发票。

②私自印制专用发票。

③向税务机关以外的单位和个人买取专用发票。

④借用他人专用发票。

⑤未按规定开具专用发票。

⑥未按规定保管专用发票和专用设备。

⑦未按规定申请办理防伪税控系统变更发行。

⑧未按规定接受税务机关检查。

有上述情形的,如已领购使用专用发票,主管税务机关应暂扣其结存的专用发票和IC卡。

(二)专用发票开具

1. 专用发票开具范围

一般纳税人销售货物或者提供应税劳务,应向购买方开具专用发票。

下列情形不得开具专用发票:

(1)商业企业一般纳税人零售的烟、酒、食品、服装、鞋帽(不包括劳保专用的部分)、化妆品等消费品。

(2)销售免税货物或免征增值税的应税行为。

(3)销售旧货。

(4)向消费者个人销售服务、无形资产或不动产。

小规模纳税人销售应税项目需要开具专用发票的,可向主管税务机关申请代开。

2. 专用发票的开具要求

(1)项目齐全,与实际交易相符。

(2)字迹清楚,不得压线、错格。

(3)发票联和抵扣联加盖财务专用章或发票专用章。

(4)按照增值税纳税义务时间开具。

对不符合上述要求的专用发票,购买方有权拒收。

一般纳税人销售货物或者提供应税劳务可汇总开具专用发票。汇总开具专用发票的,同时使用防伪税控系统开具《销售货物或者提供应税劳务清单》,并加盖财务专用章和发票专用章。

3. 专用发票的作废处理

专用发票的作废处理有即时作废和符合条件作废两种。即时作废是指开具时发现有误的;符合条件作废是指一般纳税人在开具专用发票当月,发生销货退回或者销售折让、开票有误等情形,收到退回的发票联、抵扣联符合作废条件的。

符合作废条件是指同时具有下列情形:

(1)收到退回的发票联、抵扣联时间未超过销售方开票当月。

(2)销售方未抄税且未记账。

(3)购买方未认证或者认证结果为"纳税人识别号认证不符"、"专用发票代码、号码认证不符"。

作废专用发票须在防伪税控系统中将相应数据电文按"作废"处理,在纸质专用发票(含未打印的专用发票)各联次上注明"作废"字样,全联次留存。

4. 红字专用发票开具

增值税一般纳税人开具增值税专用发票后,发生销货退回或销货折让、开票有误等情形但不符合作废条件,应按规定开具红字专用发票。纳税人销售货物并向购买方开具增值税专用发票后,由于购货方在一定时期内累计购买货物达到一定数量,或者由于市场价格下降等原因,销货方给予购货方相应的价格优惠或补偿等折扣、折让行为,销货方也可按规定开具红字增值税专用发票。

第三节 增值税应纳税额的计算

一、一般纳税人应纳税额的计算

一般纳税人应纳税额计算分析如图2.1所示。

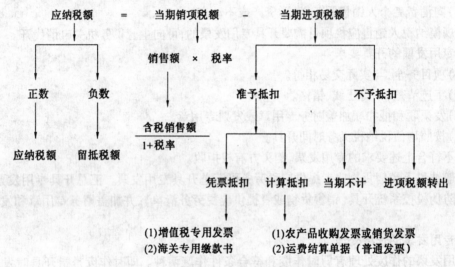

图2.1 一般纳税人应纳税额计算分析图

(一)销项税额计算

1. 销项税额的概念

销项税额是指纳税人销售货物或者提供应税劳务,按照销售额或者应税劳务收入和规定的税率计算并向购买方收取的增值税税额。

销项税额的含义:

(1)销项税额是计算出来的,对销售方来讲,在没有抵扣其进项税额前,销项税额还不是其应纳增值税额,而是销售货物或应税劳务的整体税负。

(2)销售额是不含销项税额的销售额,从购买方收取的,体现了价外税性质。

销项税额的计算公式为

$$销项税额 = 销售额 \times 适用税率$$

$$或 = 组成计税价格 \times 适用税率$$

2. 销售额的一般规定

销售额是指纳税人销售货物或者提供应税劳务向购买方收取的全部价款和价外费用,但是不包括收取的销项税额。

价外费用是指价外向购买方收取的手续费、补贴、基金、集资费、返还利润、奖励费、违约金(延期付款利息)、包装费、包装物租金、储备费、优质费、运输装卸费、代收款项、代垫款项及其他各种性质的价外收费。但下列项目不包括在内:

(1)受托加工应征消费税的消费品所代收代缴的消费税。

(2)同时符合以下条件的代垫运费:

①承运者的运费发票开具给购货方的。

②纳税人将该项发票转交给购货方的。

(3)同时符合以下条件代为收取的政府性基金或者行政事业性收费:

①由国务院或财政部批准设立的政府性基金,由国务院或省级人民政府及财政、价格主管部门批准设立的行政事业性收费。

②收取时开具省级以上财政部门印制的财政票据。

③所收款项全额上缴财政。

(4)纳税人销售货物的同时代办保险而向购买方收取的保险费,以及向购买方收取的代购买方缴纳的车辆购置税、牌照费。

凡随同销售货物或提供应税劳务向购买方收取的价外费用,无论其会计制度如何核算,均应并入销售额计算应纳税额。对增值税一般纳税人向购买方收取的价外费用和逾期包装物押金,应视为含税收入,在征税时换算成不含税收入再并入销售额。

3. 销售额的特殊规定

(1)含税销售额的换算。现行增值税实行价外税,即纳税人向购买方销售货物或应税劳务所收取的价款中不应包含增值税税款,开具增值税专用发票时发票上分别注明价款和税款。在实际工作中,常常会出现一般纳税人开具普通发票,而不开具增值税专用发票,这时就将价款和税款合并定价收取,这样就会形成含税销售额。在计算应纳税额时,需要将含税销售额换算为不含税销售额,其计算公式为

$$不含税销售额 = 含税销售额 \div (1+适用税率)$$

商业企业零售价、普通发票注明的销售额、价税合并收取的金额、价外费用、包装物押金、建筑安装合同上的货物金额(主要涉及销售自产货物并提供建筑业劳务的合同)视为含税收入。

【例2.1】 某增值税一般纳税人销售钢材一批,开具增值税专用发票,销售额为20 000元,税额3 400元,另开一张普通发票收取包装费117元。

要求:计算该业务的计税销售额。

$$\text{不含税销售额} = 20\,000 + 117 \div (1 + 17\%) = 20\,100(\text{元})$$

(2)视同销售行为销售额确定。由于视同销售行为中某些行为不是以资金的形式反映出来,因此会出现无销售额的现象。另外,有时纳税人销售货物或应税劳务的价格明偏低且无正当理由。对上述情况,主管税务机关有权按下列顺序确定其销售额:

①按纳税人当月同类货物的平均销售价格确定。

②按纳税人最近时期同类货物的平均销售价格确定。

③按组成计税价格确定。组成计税价格的公式为

a. 只征收增值税的货物:

$$\text{组成计税价格} = \text{成本} + \text{利润} = \text{成本} \times (1 + \text{成本利润率})$$

其中,成本利润率为10%。

b. 既征收增值税又征收消费税的货物:

$$\text{组成计税价格} = \text{成本} + \text{利润} + \text{消费税} =$$
$$\text{成本} \times (1 + \text{成本利润率}) + \text{消费税}$$
$$\text{或} = \text{成本} \times (1 + \text{成本利润率}) \div (1 - \text{消费税税率})$$

从价定率征收消费税的货物,其组成计税价格公式中的成本利润率,为《消费税若干具体问题的规定》中规定的成本利润率成本,是指销售自产货物的为实际生产成本。销售外购货物的为实际采购成本。

【例2.2】 某针织厂为一般纳税人,于5月将自产的A型内衣100件无偿捐赠给灾区,无同类产品的销售额,每件成本为30元;将自产的B型内衣作为职工福利发给本厂职工,共发放300件,同类内衣不含税销售价格为50元/件。

要求:计算该厂内衣的计税销售额。

A型、B型内衣的计税销售额 = $100 \times 30 \times (1 + 10\%) + 300 \times 50 = 18\,300(\text{元})$

(3)混合销售的销售额。从事货物的生产、批发或者零售的单位和个体工商户的混合销售行为,按照销售货物缴纳增值税;其他单位和个体工商户的混合销售行为,按照销售服务缴纳增值税。

4. 特殊销售方式下的销售额

(1)采取折扣方式销售,见表2.5。

表 2.5　折扣方式销售额计算

销售行为	折扣折让原因	折扣折让发生时间	税务处理
折扣销售（又称商业折扣，仅限于价格折扣）	为促销多卖(如:购买5件,销售价格折扣10%；购买10件,折扣20%等)	在实现销售时同时发生的	1.如果销售额和折扣额在同一张发票上分别注明的,可按折扣后的余额作为销售额计算增值税 2.如果将折扣额另开发票,不论其在财务上如何处理,均不得从销售额中减除折扣额
实物折扣	(如买一赠一)	在实现销售时同时发生的	实物款额不能从货物销售额中减除,且该实物应按"视同销售货物"中的"赠送他人"计算征收增值税
销售折扣（又称现金折扣）	为及早收回货款(如:10天内付款,货款折扣2%；20天内付款,折扣1%；30天内全价付款)	发生在销货之后	销售折扣不得从销售额中减除
销售折让	因已售产品品种、质量等原因而给予购货方的补偿	发生在销货之后	销售折让可以从销售额中减除

【例2.3】　某增值税一般纳税人的大型商场周末实行促销"买一赠一"活动,购买一件西服赠送一件衬衫,共销售西服1 200件,每件西服的含税销售价格为468元,同时赠送衬衫1 200件,该衬衫的含税市场价格为117元/件。

要求:计算商场此次促销活动的计税销售额。

实行"买一赠一"活动在增值税上,赠送的产品按照视同销售缴纳增值税。

计税销售额 = [468÷(1+17%)+117÷(1+17%)]×1 200 = 600 000(元)

(2)采取以旧换新方式销售。以旧换新是指纳税人在销售自己的货物时,有偿收回旧货物的行为。根据税法规定,采取以旧换新方式销售货物的,应按新货物的同期销售价格确定销售额,不得扣减旧货物的收购价格。

对金银首饰以旧换新业务,可以按销售方实际收取的不含增值税的全部价款征收增值税。

(3)采取还本销售方式销售。还本销售是指纳税人在销售货物后,到一定期限由销售方一次或分次退还给购货方全部或部分价款。采取还本销售方式销售货物,其销售额就是货物的销售价格,不得从销售额中减除还本支出。

(4)采取以物易物方式销售。以物易物是一种较为特殊的购销活动,是指购销双方不是以货币结算,而是以同等价款的货物相互结算,实现货物购销的一种方式。以物易物双方都应作购销处理,以各自发出的货物核算销售额并计算销项税额,以各自收到的货物按规定核算购货额并计算进项税额。应注意,在以物易物活动中,应分别开具合法的票据,如收到的货物不能取得相应的增值税专用发票或其他合法票据的,不能抵扣进项税额。

(5)包装物押金是否计入销售额(见表2.6)。

表2.6 包装物押金与租金的区别

经济业务		税务处理
包装物押金	单独记账核算的,时间在1年以内,又未过期的	不并入销售额征税
	对因逾期未收回包装物不再退还的押金	按所包装货物的适用税率计算销项税额
	对收取1年以上的押金,无论是否退还	均并入销售额征税
	从1995年6月1日起,对销售除啤酒、黄酒外的其他酒类产品而收取的包装物押金,无论是否返还以及会计上如何核算	均应并入当期销售额征税
包装物租金		在销货时作为价外费用并入销售额计算销项税额

"逾期"是指按合同约定实际逾期或以1年为期限。在将包装物押金并入销售额征税时,需要先将该押金换算为不含税价,再并入销售额征税。

【例2.4】某白酒生产企业(增值税一般纳税人)销售一批白酒,取得含税销售额23 400元,同时收取包装物押金2 000元。

要求:计算该批白酒计税销售额。

销售白酒的包装物押金,不管在会计上如何记账及是否逾期,在收取的时候均应并入当期销售额征税。

计税销售额$=23\ 400\div(1+17\%)+2\ 000\div(1+17\%)=21\ 709.40$(元)

5. "营改增"有关销售额的其他相关规定

(1)航空运输企业的销售额,不包括代收的机场建设费和代售其他航空运输企业客票而代收转付的价款。

(2)自本地区试点实施之日起,试点纳税人中的一般纳税人提供的客运场站服务,以其取得的全部价款和价外费用,扣除支付给承运方运费后的余额为销售额,其从承运方取得的增值税专用发票注明的增值税,不得抵扣。

(3)试点纳税人提供知识产权代理服务、货物运输代理服务和代理报关服务,以其取得的全部价款和价外费用,扣除向委托方收取并代为支付的政府性基金或者行政事业性收费后的余额为销售额。

向委托方收取的政府性基金或者行政事业性收费,不得开具增值税专用发票。

(4)试点纳税人中的一般纳税人提供国际货物运输代理服务,以其取得的全部价款和价外费用,扣除支付给国际运输企业的国际运输费用后的余额为销售额。

(5)试点纳税人从全部价款和价外费用中扣除价款,应当取得符合法律、行政法规和国家税务总局规定的有效凭证。否则,不得扣除。

6.销项税额扣减规定

一般纳税人因销货退回或折让而退还给购买方的增值税额,按规定开具红字增值税专用发票的,应从发生销货退回或折让当期的销项税额中扣减。如未按规定开具红字增值税专用发票的,增值税额不得从销项税额中扣减。

(二)进项税额的计算

纳税人购进货物或者接受应税劳务所支付或者负担的增值税额为进项税额。进项税额是与销项税额相对应的另一个概念。在开具增值税专用发票的情况下,销售方收取的销项税额,就是购买方支付的进项税额。对于任何一个一般纳税人而言,由于其在经营活动中,既会发生销售货物或提供应税劳务,又会发生购进货物或接受应税劳务,因此,每一个一般纳税人都会有收取的销项税额和支付的进项税额。增值税的核心就是用纳税人收取的销项税额抵扣其支付的进项税额,其余额为纳税人实际应缴纳的增值税税额。这样,进项税额作为可抵扣的部分,对于纳税人实际纳税多少就产生了举足轻重的作用。

1.准予从销项税额中抵扣的进项税额

根据《税法》的规定,准予从销项税额中抵扣的进项税额,限于下列增值税扣税凭证上注明的增值税税额和按规定的扣除率计算的进项税额。

(1)凭票抵扣。凭票抵扣,即取得法定扣税凭证,并符合税法抵扣规定的进项税额。包括:

①从销售方取得的增值税专用发票上注明的增值税额。

②从海关取得的海关进口增值税专用缴款书上注明的增值税额。

纳税人进口货物,凡已缴纳了进口环节增值税的,不论其是否已经支付货款,其取得的海关完税凭证均可作为增值税进项税额抵扣凭证。

(2)计算抵扣。计算抵扣是没有取得法定扣税凭证,但符合税法抵扣政策,准予计算抵扣的进项税额,如外购免税农产品的进项税额。购进农产品,按农产品收购发票或者销售发票上注明的农产品买价和13%的扣除率计算进项税额,从当期销项税额中扣除。其进项税额的计算公式为

$$准予抵扣的进项税额 = 买价 \times 扣除率 = 买价 \times 13\%$$

"农产品"是指直接从事植物的种植、收割和动物的饲养、捕捞的单位和个人销售的自产农业产品,免征增值税。

买价,包括纳税人购进农产品收购发票或者销售发票上注明的价款和按规定缴纳的税额。

(3) "营改增"后原增值税纳税人进项税额的抵扣政策。

①原增值税一般纳税人接受试点纳税人提供的应税服务,取得的增值税专用发票上注明的增值税额为进项税额,准予从销项税额中抵扣。

②原增值税一般纳税人接受境外单位或者个人提供的应税服务,按照规定应当扣缴增值税的,准予从销项税额中抵扣的进项税额。

③原增值税一般纳税人自用的应征消费税的摩托车、汽车、游艇,其进项税额准予从销项税额中抵扣。

④原增值税一般纳税人取得的试点小规模纳税人由税务机关代开的增值税专用发票,按增值税专用发票注明的税额抵扣进项税额。

⑤原增值税一般纳税人购进货物或者接受加工修理修配劳务,用于《应税服务范围注释》所列项目的,不属于非增值税应税项目,其进项税额准予从销项税额中抵扣。

【例2.5】 增值税一般纳税人的甲服装制造厂,业务需要购进运货用卡车2辆,取得机动车销售统一发票上注明价款共42万元;购进管理部门用小轿车1辆,取得机动车机动销售统一发票上注明价款30万元。

要求:计算该服装制造厂就该项购进业务可以抵扣增值税进项税额。

纳税人购进自用的应征消费税的汽车,其购进的增值税进项税额不得抵扣,所以购进的小轿车不可以抵扣购进的增值税进项税额;机动车统一发票属于可以作为增值税进项税额抵扣的凭证,同时机动车统一销售发票与增值税专用发票一样,发票上均为价税分开记录,注明的价款为不含增值税价款。

$$可以抵扣的进项税额 = 42 \times 17\% = 7.14(万元)$$

2. 不得从销项税额中抵扣的进项税额

(1) 进项税额不得从销项税额中抵扣的范围。

①没有取得合法扣税凭证。

纳税人购进货物或者应税劳务,取得的增值税扣税凭证不符合法律、行政法规或者国务院税务主管部门有关规定的,其进项税额不得从销项税额中抵扣。这里所称的扣税凭证是指增值税专用发票、海关进口增值税专用缴款书、农产品收购发票和农产品销售发票以及运输费用结算单据。

②取得了合法的抵扣凭证,但不能抵扣进项税额的。

a. 用于简易计税方法、非增值税应税项目、免税项目、集体福利或者个人消费的购进货物或者应税劳务。非增值税应税项目是指提供非增值税应税劳务、转让无形资产、销售不动产和不动产在建工程。个人消费包括纳税人的交际应酬消费。

b. 非正常损失的购进货物及相关的应税劳务或者交通运输业服务。

非正常损失是指因管理不善造成货物被盗窃、发生霉烂变质等损失,不包括自然灾害损失。

c. 非正常损失的在产品、产成品所耗用的购进货物(不包括固定资产)、应税劳务或者交通运输业服务。

d. 国务院财政、税务主管部门规定的纳税人自用消费品。

e. 第 a～d 项规定的货物的运输费用和销售免税货物的运输费用。

f. 接受的旅客运输服务。

纳入抵扣范围的固定资产是指机械、运输工具以及其他与生产经营有关的设备、工具、器具,其中个人消费的应征消费税的小汽车、摩托车和游艇不属于可以抵扣的范畴。房屋、建筑物等不动产不属于增值税抵扣范围的固定资产。因为销售房屋、建筑物缴纳营业税,不缴纳增值税。

【例2.6】 位于甲市的洪华制鞋厂(增值税一般纳税人)由于山洪暴发损失了一批去年购入的原材料(原材料的进项税额已经抵扣),原材料的总的账面成本为20万元,损毁部分的原材料的账面成本为2万元。

要求:计算该损毁部分原材料转出的进项税额。

外购的原材料的损失是由自然灾害造成的,在损毁的环节不需要作增值税进项税额转出的处理。

$$转出的进项税额=0$$

(2)不得从销项税额中抵扣的进项税额的计算。

①在购进货物或应税劳务时,对进项税额已经进行了抵扣,由于其已改变了用途,不得从销项税额中抵扣其进项税额。此时作进项税额转出处理。

a. 不得抵扣的进项税额=货物采购成本×适用税率

b. 如果购进货物是免税农产品

不得抵扣的进项税额=农产品采购成本÷(1-13%)×13%

上述货物采购成本、农产品采购成本不包含运费成本。

c. 购进货物负担的运费成本

不得抵扣的进项税额=运费成本×11%

【例2.7】 某企业(增值税一般纳税人)因管理不善毁损一批以往购入的材料(该材料已经抵扣了增值税的进项税额),该批原材料账面成本为24 400元(含运费400元)。

要求:计算该批材料当期应转出的进项税额。

当期应转出的进项税额=(24 400-400)×17% +400×11% =
4 080+44=4 124(元)

【例2.8】 增值税一般纳税人的食品加工企业由于管理不善造成仓库漏雨损毁了一批往期从农民手中购进的大豆,该批大豆的账面价值为87 900元,其中含运费900元。

要求:计算该批损毁的大豆转出的进项税额。

转出的进项税额=(87 900-900)÷(1-13%)×13%+900×11%=13 099(元)

②一般纳税人兼营免税项目或非增值税应税劳务而无法划分不得抵扣的进项税额的,按下列公式计算:

$$\text{不得抵扣的进项税额} = \text{当月无法划分的全部进项税额} \times \frac{\text{当月免税项目销售额、非增值税应税劳务营业额合计}}{\text{当月全部销售额、营业额合计}}$$

【例2.9】 某制药厂(增值税纳税人)3月份销售抗生素药品117万元(含税),销售免税药品50万元,当月购入生产用原材料一批,取得增值税专用发票上注明税款6.8万元,抗生素药品和免税药品无法划分耗料情况。

要求:计算该制药厂当月不得抵扣的进项税额。

$$\text{不得抵扣的进项税额} = 6.8 \times \frac{50}{117 \div (1+17\%) + 50}$$

(3)进项税额其他扣减规定。

①进货退出或者折让。因购进货物退出或折让而收回的增值税额,应从发生购进货物退出或折让当期的进项税额中扣减。

②商业企业向供货方收取的返还收入。自2004年7月1日起,对商业企业向供货方收取的与商品销售量、销售额挂钩的(如以一定比例、金额、数量计算)各种返还收入,均应按照平销返利行为的有关规定冲减当期增值税进项税额。应冲减进项税额的计算公式为

当期应冲减进项税额=当期取得的返还资金÷(1+所购货物适用增值税税率)×所购货物适用增值税税率

商业企业向供货方收取的各种返还收入,一律不得开具增值税专用发票。

【例2.10】 某家电商场为一般纳税人,2011年8月销售某品牌彩电100台,每销售一台彩电返利234万元,返利款已存入银行;同时商场向该厂家收取进场费和促销费4万元。

判断上述收入应如何纳税;对返利收入进行相关税务处理。

收取返利收入应冲减进项税额,收取的进场费和促销费应征营业税。

收取返利收入应冲减的进项税额=100×234÷(1+17%)×17%=3 400元

3. 进项税额不足抵扣处理

由于增值税实行购进扣税法,有时企业当期购进的货物很多,在计算应纳税额时会出现当期销项税额小于当期进项税额不足抵扣的情况。根据税法规定,当期进项税额不足抵扣的部分可以结转下期继续抵扣。

4. 进项税额抵扣的时间限定

(1)增值税一般纳税人取得2010年1月1日以后开具的增值税专用发票、货物运输业增值税专用发票,应在开具之日起180日内到税务机关办理认证,并在认证通过的次月申报期内,向主管税务机关申报抵扣进项税额。

(2)实行海关进口增值税专用缴款书(以下简称海关缴款书)"先比对后抵扣"管理办法

的增值税一般纳税人取得 2010 年 1 月 1 日以后开具的海关缴款书,应在开具之日起 180 日内向主管税务机关报送《海关完税凭证抵扣清单》(包括纸质资料和电子数据)申请稽核比对。

未实行海关缴款书"先比对后抵扣"管理办法的增值税一般纳税人取得 2010 年 1 月 1 日以后开具的海关缴款书,应在开具之日起 180 日后的第一个纳税申报期结束以前,向主管税务机关申报抵扣进项税额。

【例 2.11】 某生产企业为增值税一般纳税人,适用增值税税率 17%,5 月份发生有关生产经营业务如下:

(1)销售甲产品给某大商场,开具增值税专用发票,取得不含税销售额 80 万元;另外,开具普通发票,取得销售甲产品的送货运输费收入 5.55 万元。

(2)销售乙产品,开具普通发票,取得含税销售额 29.25 万元。

(3)将试制的一批应税新产品用于本企业基建工程,成本价为 20 万元,成本利润率为 10%,该新产品无同类产品市场销售价格。

(4)销售使用过的进口摩托车 5 辆,开具普通发票,每辆取得含税销售额 1.04 万元;该摩托车原值每辆 0.9 万元。

(5)取得甲产品逾期包装物押金收入 14.04 万元。

(6)购进货物取得增值税专用发票,注明支付的货款 60 万元、增值税 10.2 万元;另外取得货物运输业增值税专用发票,支付购货的运费 6 万元,增值税 0.66 万元。

(7)向农业生产者购进免税农产品一批,支付收购价 30 万元,支付给运输单位的运费(含增值税)5.55 万元,取得货物运输业增值税专用发票。本月将 60% 零售给消费者并取得含税收入 35.03 万元(以上相关票据均符合税法的规定)。

(8)本月发现上月验收入库的农产品,由于保管不善腐烂变质,其成本 4 450 元(其中运费 100 元)。

计算该企业 5 月应缴纳的增值税税额。

①销售甲产品的销项税额:
$$80 \times 17\% + 5.85 \div (1 + 17\%) \times 17\% = 14.45(万元)$$

②销售乙产品的销项税额:
$$29.25 \div (1 + 17\%) \times 17\% = 4.25(万元)$$

③自用新产品的销项税额:
$$20 \times (1 + 10\%) \times 17\% = 3.74(万元)$$

④销售使用过的摩托车应纳税额:
$$1.04 \div (1 + 4\%) \times 4\% \times 50\% \times 5 = 0.1(万元)$$

41

⑤逾期包装物押金应纳税额：

$$14.04 \div (1+17\%) \times 17\% = 2.04(万元)$$

⑥零售农产品销项税额：

$$35.03 \div (1+13\%) \times 13\% = 4.03(万元)$$

⑦外购货物应抵扣的进项税额：

$$10.2 + 0.66 = 10.86(万元)$$

⑧外购免税农产品应抵扣的进项税额：

$$30 \times 13\% + 5.55 \div (1+11\%) \times 11\% = 4.46(万元)$$

⑨外购农产品发生非正常损失应转出的进项税额：

$$[(4\ 450 - 100) \div (1-13\%) \times 13\% + 100 \times 11\%] \div 10\ 000 = 0.661(万元)$$

⑩该企业5月份应缴纳的增值税额：

$$14.45 + 4.25 + 3.74 + 0.1 + 2.04 + 4.03 - (10.86 + 4.46 - 0.661) = 13.951(万元)$$

二、小规模纳税人应纳税额的计算

小规模纳税人销售货物或者应税劳务，按照销售额和条例规定的3%的征收率计算应纳税额，不得抵扣进项税额。实行简易计税办法计算应纳税额，其公式为

$$应纳税额 = 销售额 \times 征收率$$

小规模纳税人的销售额是销售货物或提供应税劳务向购买方收取的全部价款和价外费用，但是不包括按3%的征收率收取的增值税税额，其含义与一般纳税人销售额含义一致。

由于小规模纳税人在销售货物或应税劳务时，只能开具普通发票，取得的销售收入均为价税合计金额，即含税销售额。因此，小规模纳税人在计算应纳税额时，必须将含税销售额换算为不含税的销售额后才能计算应纳税额。小规模纳税人不含税销售额的换算公式为

$$不含税销售额 = 含税销售额 \div (1 + 征收率)$$

【例2.12】 增值税小规模纳税人的甲企业，2015年2月发生销售业务取得销售额30 000元，购买税控收款机取得增值税专用发票上注明增值税税额500元。

要求：计算甲企业2月份应缴纳增值税。

$$应缴纳增值税 = 30\ 000 \div (1+3\%) \times 3\% - 500 = 373.79(元)$$

【例2.13】 甲建筑公司（增值税小规模纳税人）承包了一栋办公楼的施工工程，承包价款1 000万元，其中包括提供的自产辅助材料的价款200万元。

要求：计算甲建筑公司该项业务应该缴纳增值税。

销售自产货物并同时提供建筑业劳务的行为属于特殊的混合销售行为，对建筑业的劳务及销售的货物应该分别缴纳营业税和增值税。

$$销售自产材料应缴纳增值税 = 200 \div (1+3\%) \times 3\% = 5.83(万元)$$

三、增值税特殊计算

一般纳税人按简易计税办法依 3% 征收率减按 2% 征收、小规模纳税人减按 2% 征收率征收时,计算公式如下:

$$应纳增值税 = 售价 \div (1+3\%) \times 2\%$$

【例 2.14】 增值税一般纳税人的甲企业 2014 年 10 月销售一批自己使用过的摩托车,销售价款共 40 000 元,该批摩托车的购进原价为 120 000 元。

要求:计算销售该批摩托车应该缴纳的增值税。

增值税一般纳税人销售自己使用过的不得抵扣且未抵扣进项税额的固定资产,按照简易计税办法依 4% 征收率减半征收增值税。增值税一般纳税人购进自己使用的消费税应税消费品摩托车不可以抵扣购进的增值税的进项税额。

$$应纳增值税 = 40\ 000 \div (1+3\%) \times 2\% = 769.23(元)$$

四、进口货物应纳税额的计算

纳税人进口货物,按照组成计税价格和条例规定的税率计算应纳税额,在进口环节不得抵扣发生在我国境外的各种税款。

$$应纳税额 = 组成计税价格 \times 税率$$

$$组成计税价格 = 关税完税价格 + 关税$$

$$或 = 关税完税价格 + 关税 + 消费税 = \frac{关税完税价格 + 关税}{1-消费税税率}$$

其中:关税 = 关税完税价格 × 关税税率

按照《海关法》和《进出口关税条例》的规定,一般贸易下进口货物的关税完税价格以海关审定的成交价格为基础的到岸价格作为完税价格。所谓成交价格是一般贸易项下进口货物的买方为购买该项货物向卖方实际支付或应当支付的价格;到岸价格,包括货价,加上货物运抵我国关境内输入地点起卸前的包装费、运费、保险费和其他劳务费等费用构成的一种价格。

进口货物一律使用组成计税价格计算增值税。进口货物的税率为 17% 和 13%,不使用征收率。企业进口货物时,在进口环节缴纳的增值税,将成为货物在国内生产、销售环节的进项税额。

【例 2.15】 某商场 10 月进口一批货物。该批货物在国外的买价 40 万元,另该批货物运抵我国海关前发生的包装费、运输费、保险费等共计 20 万元。货物报关后,商场按规定缴纳了进口环节的增值税并取得了海关开具的完税凭证。假定该批进口货物在国内全部销售,取得不含税销售额 100 万元。货物进口关税税率 15%,增值税税率 17%。

要求:计算该批货物进口环节、国内销售环节分别应缴纳的增值税税额。

(1) 关税的组成计税价格:40+20=60(万元)
(2) 应缴纳进口关税:60×15%=9(万元)
(3) 进口环节应纳增值税的组成计税价格:60+9=69(万元)
(4) 进口环节应缴纳增值税的税额:69×17%=11.73(万元)
(5) 国内销售环节的销项税额:100×17%=17(万元)
(6) 国内销售环节应缴纳增值税税额:17-11.73=5.27(万元)

第四节 出口货物退(免)税

我国的出口货物退(免)税是指在国际贸易业务中,对我国报关出口的货物退还或免征其在国内各生产和流转环节按税法规定缴纳的增值税和消费税,即对增值税出口货物实行零税率,对消费税出口货物免税。

增值税出口货物的零税率,从税法上理解有两层含义:一是对本道环节生产或销售货物的增值部分免征增值税;二是对出口货物前道环节所含的进项税额进行退付。对货物出口的不同情况国家在遵循"征多少、退多少"、"未征不退和彻底退税"基本原则的基础上,制定了不同的税务处理办法。

一、出口货物退(免)税基本政策

(一)出口免税并退税

出口免税是指对货物在出口销售环节不征增值税、消费税,这是把货物出口环节与出口前的销售环节都同样视为一个征税环节;出口退税是指对货物在出口前实际承担的税收负担,按规定的退税率计算后予以退还。

(二)出口免税不退税

出口免税与上述第(一)项含义相同。出口不退税是指适用这个政策的出口货物因在前一道生产、销售环节或进口环节是免税的,因此,出口时该货物的价格中本身就不含税,也无须退税。

(三)出口不免税也不退税

出口不免税是指对国家限制或禁止出口的某些货物的出口环节视同内销环节。照常征税;出口不退税是指对这些货物出口不退还出口前其所负担的税款。适用这个政策的主要是税法列举限制或禁止出口的货物,如天然牛黄、麝香、白银等。

二、出口货物退(免)税的适用范围

对出口的凡属于已征或应征增值税、消费税的货物,除国家明确规定不予退(免)税的货

物和出口企业从小规模纳税人购进并持普通发票的部分货物外,都是出口货物退(免)税的货物范围,均应予以退还已征增值税和消费税或免征应征的增值税和消费税。可以退(免)税的出口货物一般应具备以下四个条件:

(1)必须是属于增值税、消费税征税范围的货物。

(2)必须是报关离境的货物。所谓报关离境,即出口,就是货物输出海关,这是区别货物是否应退(免)税的主要标准之一。凡是报关不离境的货物,不论出口企业以外汇结算还是以人民币结算,也不论企业在财务上和其他管理上作何处理,均不能视为出口货物予以退(免)税。

(3)必须是在财务上作销售处理的货物。出口货物只有在财务上作销售后,才能办理退税。

(4)必须是出口收汇并已核销的货物。

三、出口货物的退税率

出口货物的退税率,是出口货物的实际退税额与退税计税依据的比例。我国现行出口货物的增值税退税率有17%、16%、15%、13%、9%、5%、3%等几档。

四、出口货物退税的计算

出口货物只有在适用既免税又退税的政策时,才会涉及如何计算退税的问题。由于各类出口企业对出口货物的会计核算办法不同,有对出口货物单独核算的,也有对出口和内销的货物统一核算成本的。为了与出口企业的会计核算办法相一致,我国《出口货物退(免)税管理办法》规定了两种退税计算办法:第一种办法是"免、抵、退"办法,主要适用于自营和委托出口自产货物的生产企业;第二种办法是"先征后退"办法,目前主要用于收购货物出口的外(工)贸企业。

(一)"免、抵、退"税的计算方法

生产企业自营或委托外贸企业代理出口自产货物,除另有规定外,增值税一律实行免、抵、退税管理办法。

实行免、抵、退税管理办法的"免"税,是指对生产企业出口的自产货物,在出口时免征本企业生产销售环节增值税;"抵"税,是指生产企业出口自产货物所耗用的原材料、零部件、燃料、动力等所含应予退还的进项税额,抵顶内销货物的应纳税额;"退"税是指生产企业出口的自产货物在当月内应抵顶的进项税额大于应纳税额时,对未抵顶完的部分予以退税。其具体计算方法与计算公式为

第一步:免税

免征生产销售环节增值税,即出口货物不计销项税额。

第二步:剔税

在计算免抵退税时,考虑退税率低于征税率,需要计算当期免抵退税不得免征和抵扣税额,从进项税额中剔除出去,需要作进项税额转出处理,计入出口产品的销售成本。

免、抵、退税额的计算:

$$\text{当期免抵退税不得免征和抵扣税额} = \text{出口货物离岸价} \times \text{外汇人民币牌价} \times (\text{出口货物征税率} - \text{出口货物退税率}) - \text{免抵退税不得免征和抵扣税额抵减额}$$

其中:

$$\text{免抵退税不得免征和抵扣税额抵减额} = \text{免税购进原材料价格} \times (\text{出口货物征税率} - \text{出口货物退税率})$$

此步骤是为了剔除一部分进项税额来减少免抵退税额,以体现退税率低于征税率的后果。同时针对本环节使用免税原材料在购进时无进项税额,因此未曾作过抵扣,而不影响增值税进项税额的因素,故对不可免抵退税额进行修正。

第三步:抵税

用出口退税额抵顶内销货物应纳税额。

$$\text{当期应纳税额} = \text{当期内销货物的销项税额} - (\text{当期进项税额} - \text{当期免抵退税不得免征和抵扣税额}) - \text{上期留抵税额}$$

当期应纳税额≥0 时,应当缴纳增值税,不涉及退税,但涉及免抵税额。

当期应纳税额<0 时,继续以下计算。

第四步:退税

首先计算免抵退税额(最高限额):

$$\text{免抵退税额} = \text{出口货物离岸价} \times \text{外汇人民币牌价} \times \text{出口货物退税率} - \text{免抵退税额抵减额}$$

其中:

$$\text{当期免抵退税不得免征和抵扣税额} = \text{免税购进原材料价格} \times \text{出口货物退税率}$$

其次,确认出口退税,并确认退税之外的免抵税额:

①如当期期末留抵税额≤当期免抵退税额,则:

当期应退税额=当期期末留抵税额

当期免抵税额=当期免抵退税额-当期应退税额

②如当期期末留抵税额>当期免抵退税额,则:

当期应退税额=当期免抵退税额

当期免抵税额=0

出口免抵退税中"退"的是外销的进项税额的一部分,企业外销货物的进项税额在出口退税计算中分为三部分:一部分作为不可抵扣进项税作进项税额转出,转入外销货物成本,影响企业所得税;一部分作为免抵税额抵减了内销货物的应纳税额外负担,需要缴纳城建税;一部分成为应退增值税。

【例2.16】 某自营出口的生产企业为增值税一般纳税人,出口货物的征税税率为17%,退税税率为11%。2016年4月的有关经营业务为:从国内市场购进原材料一批,取得的增值税专用发票注明的价款1 950万元、税款331.5万元,增值税发票已通过税务机关认证。进料加工业务免税进口料件,海关暂免征税予以放行,组成计税价格100万元。上月末留抵税款50万元,本月内销货物不含税销售额1 200万元,本月出口进料加工货物的销售额折合人民币1 000万元。试计算该企业当期的"免、抵、退"税额。

(1)当期免抵退税不得免征和抵扣税额=1 000×(17%-11%)-100×(17%-11%)=54(万元)

(2)当期应纳税额=1 200×17%-(331.5-54)-50=-123.5(万元)

(3)出口货物免抵退税额=1 000×11%-100×11%=99(万元)

(4)按规定,如当期期末留抵税额123.5万元≥当期免抵退税额99万元

当期应退税额=99(万元)

当期免抵税额=0

当期留抵税额=123.5-99=24.5(万元)

(二)"先征后退"的计算方法

1.外贸企业以及实行外贸企业财务制度的工贸企业收购货物出口,其出口销售环节的增值税免征;其收购货物的成本部分,因外贸企业在支付收购货款的同时也支付了生产经营该类商品的企业已纳的增值税款,因此,在货物出口后按收购成本与退税税率计算退税退还给外贸企业,征、退税之差计入企业成本。

外贸企业出口货物增值税的计算应依据购进出口货物增值税专用发票上所注明的进项金额和退税税率计算。

应退税额=外贸收购不含增值税购进金额×退税率

2.外贸企业收购小规模纳税人出口货物增值税的退税规定:

(1)凡从小规模纳税人购进持普通发票特准退税的抽纱、工艺品等12类出口货物。同样实行销售出口货物的收入免税,并退还出口货物进项税额的办法。由于小规模纳税人使用的是普通发票,其销售额和应纳税额没有单独计价,小规模纳税人应纳的增值税也是价外计征的,这样,必须将合并定价的销售额先换算成不含税价格,然后据以计算出口货物退税。其计算公式为:

应退税额=[普通发票所列(含增值税)销售金额]÷(1+征收率)×规定的退税率

(2)凡从小规模纳税人购进税务机关代开的增值税专用发票的出口货物按以下公式计算退税:

应退税额=增值税专用发票注明的金额×规定的退税率

3. 外贸企业委托生产企业加工出口货物的退税规定：

外贸企业委托生产企业加工收回后报关出口的货物，按购进国内原辅材料的增值税专用发票上注明的进项金额，依原辅材料的退税税率计算原辅材料应退税额。支付的加工费，凭受托方开具货物的退税税率，计算加工费的应退税额。

外销免税不计销项税额；进项税额分为两部分：一部分转入外销成本，一部分形成出口退税。

进项税额转出=外贸收购不含增值税购进金额×(征税率-退税率)

【例2.17】 某进出口公司2016年3月出口美国平纹布2 000米，进货增值税专用发票列明单价20元/平方米，计税金额40 000元，退税税率13%，其应退税额：

$$2\ 000×20×13\% = 5\ 200(元)$$

【例2.18】 某进出口公司2016年4月购进某小规模纳税人抽纱工艺品200打(套)全部出口，普通发票注明金额6 000元；购进另一小规模纳税人西服500套全部出口，取得税务机关代开的增值税专用发票，发票注明金额5 000元，退税税率6%，该企业的应退税额：

$$6\ 000÷(1+6\%)×6\% +5\ 000×6\% =639.62(元)$$

本 章 小 结

增值税是对中国居民来源于中国境内外的一切所得和非中国居民来源于境内的所得征收的一种税。它具有实行分类征收、累进税率与比例税率并用、费用扣除额较宽、计算简便的特点。

增值税是对在我国境内销售货物、提供应税劳务和应税行为，以及进口货物的单位和个人，就其销售货物或提供应税劳务的增值额和货物进口金额为计税依据而征收的一种流转税。它是价外税和间接税，具有税不重征、道道征税等特点。

增值税对外购固定资产处理方式的不同，可划分为三种类型：生产型增值税、收入型增值税和消费型增值税。我国在开征增值税时采用的是生产型增值税，目前采用的是消费型增值税。

增值税纳税人是指在中国境内销售货物或者进口货物、提供应税劳务和销售服务、无形资产或者不动产的单位和个人。根据纳税人会计核算是否健全以及企业规模的大小，增值税纳税人划分为一般纳税人和小规模纳税人。

增值税征税范围包括销售货物、提供劳务、提供应税行为和进口货物四个环节，此外，加工和修理修配也属于增值税的征税范围。

增值税税率有五档，17%，13%，11%，6%、0。增值税征收率为3%。

增值一般纳税人实行税款抵扣法计算应纳税额计算公式为

应纳税额=当期销项税额-当期进项税额

小规模纳税人实行简易计税办法计算应纳税额，其公式为

应纳税额=销售额×征收率

不含税销售额=含税销售额÷(1+征收率)

对货物出口的不同情况,国家在遵循"征多少、退多少"、"未征不退和彻底退税"基本原则的基础上,制定了下列出口货物退(免)税基本政策:出口免税并退税、出口免税不退税和出口不免税也不退税。

我国《出口货物退(免)税管理办法》规定了两种退税计算办法:第一种办法是"免、抵、退"办法,主要适用于自营和委托出口自产货物的生产企业;第二种办法是"先征后退"办法,目前主要用于收购货物出口的外(工)贸企业。

思 考 题

一、单项选择题

1. 以下关于增值税视同销售行为的说明正确的是(   )。

   A. 购进的货物用于非增值税应税项目应该作增值税视同销售处理

   B. 购进的货物用于个人消费属于增值税的视同销售的行为

   C. 位于同一县市的实行统一核算的两个机构间的货物移送应该作视同销售处理

   D. 购进的货物用于无偿赠送给其他单位属于增值税视同销售行为

2. 下列描述中,不属于增值税混合销售行为的基本特征的是(   )。

   A. 既涉及货物销售又涉及应税行为

   B. 发生在同一项销售行为中

   C. 同时从一个购买方取得货款

   D. 从不同购买方收取货款

3. 以下收入应该计算缴纳增值税的是(   )。

   A. 增值税纳税人收取的会员费收入

   B. 农业生产者销售自产农产品收入

   C. 避孕药品和用具的销售收入

   D. 从事货物期货收入

4. 增值税一般纳税人发生以下业务不需要缴纳增值税的是(   )。

   A. 将自产的货物捐赠给西部贫困县的儿童

   B. 将购进的货物用于企业的办公楼的建设

   C. 将委托加工收回的货物用于交际应酬

   D. 以自产的货物作为分红分配给投资者

5. 以下关于增值税纳税人适用税率的说明正确的是(   )。

   A. 增值税的基本税率为17%、13%、11%和6%,增值税一般纳税人适用

   B. 增值税小规模纳税人一般情况下适用的征收率为3%

C.增值税一般纳税人销售自己使用过的物品统一适用4%的征收率减半征收增值税

D.增值税一般纳税人和小规模纳税人销售旧货的增值税计算公式是一样的

6.以下关于特殊销售方式下的增值税一般纳税人的销售额的确定,说法不正确的是(　　)。

A.采取以旧换新方式销售货物的,应按新货物的同期销售价格确定销售额,不得扣减旧货物的收购价格

B.采取还本销售方式销售货物,其销售额就是货物的销售价格,不得从销售额中减除还本支出

C.采取以物易物方式销售的,交易双方都应作购销处理,以各自发出的货物核算销售额并计算销项税额

D.发生销售折让的,可以按照折让后的货款为销售额

7.以下增值税一般纳税人购进货物取得增值税专用发票,可以抵扣增值税进项税额的是(　　)。

A.购进的货物用于避孕药品的生产

B.购进的货物用于职工食堂使用

C.购进的货物服务于动产的安装使用

D.购进的货物由于管理不善被盗

8.增值税一般纳税人支付的下列运费,不允许计算扣除进项税额的是(　　)。

A.销售自产小轿车支付的运输费用

B.外购气体支付的运输费用

C.外购职工福利用品的运输费用

D.向小规模纳税人购买免税农产品的运输费用

9.以下关于商业企业向供货方收取的各种返还收入的发票的开具情况说明正确的是(　　)。

A.一律开具增值税专用发票

B.一律不得开具增值税专用发票

C.可以开具普通发票也可以开具增值税专用发票

D.以上说明均不正确

10.甲超市(增值税一般纳税人)直销某饮料厂的碳酸饮料系列,2016年4月份购进该厂的碳酸饮料一批,取得增值税专用发票注明增值税1 700元。购进的碳酸饮料在该月全部销售,因此取得饮料厂的与销售量挂钩的返还收入2 000元。此项业务,对甲超市的税务处理说明正确的是(　　)。

A.返还收入缴纳营业税100元,可以抵扣增值税的进项税1 700元

B.返还收入不缴纳营业税,可以抵扣增值税的进项税额为1 700元

C. 返还收入计算冲减增值税的进项税额,可以抵扣增值税的进项税额为 1 360 元
D. 返还收入计算冲减增值税的进项税额,可以抵扣增值税的进项税额为 1 409.40 元

11. 某商店为增值税小规模纳税人,2015 年 9 月取得零售商品收入总额为 12.36 万元,该商店 2015 年 9 月应该缴纳的增值税为( )万元。
 A. 2.10 B. 1.80 C. 0.49 D. 0.36

12. 某具有进出口经营权的企业为增值税小规模纳税人,2016 年 2 月从国外进口小轿车一辆,关税完税价格 85 500 元人民币,假定关税税率 20%,消费税税率 5%,其进口环节应纳增值税为( )元。
 A. 3 078 B. 3 240 C. 17 442 D. 18 360

13. 以下关于进口货物增值税的征收管理说明不正确的是( )。
 A. 进口货物的增值税由海关代征
 B. 个人携带或者邮寄进境自用物品的增值税,连同关税一并计征
 C. 进口货物的增值税纳税义务发生时间为报关进口的当天
 D. 进口货物的纳税期限为自海关填发进口增值税专用缴款书之次日起 15 日内缴纳税款

14. 某生产企业为增值税一般纳税人 2016 年 6 月外购原材料取得防伪税控机开具的增值税专用发票,注明进项税额 137.7 万元并通过主管税务机关认证。当月内销货物取得不含税销售额 350 万元,外销货物取得收入 100 万美元(美元与人民币的比价为 6.5∶1),该企业适用增值税税率 17%,出口退税率为 13%。该企业 6 月应退的增值税为( )。
 A. 52.2 B. 84.5 C. 135.1 D. 137.7

15. 增值税一般纳税人发生下列业务取得的运输发票不可以抵扣增值税进项税额的为( )。
 A. 销售钢材一批,卖方承担运费,从运输公司取得运输发票
 B. 购进办公用电脑一批,取得运输公司开具运输发票
 C. 销售避孕药品,卖方承担运费,从运输公司取得运输发票
 D. 购进免税农产品,发生运费,从运输公司取得运输发票

16. 对于发出代销商品超过一定天数仍未收到代销清单及货款的,视同销售实现,一律征收增值税,其纳税义务发生时间为发出代销商品满( )的当天。
 A. 30 天 B. 90 天 C. 180 天 D. 1 年

二、多项选择题

1. 以下属于增值税纳税人的有( )。
 A. 进口卷烟的单位
 B. 专门从事货物运输的运输公司
 C. 提供汽车修理劳务的汽车修理厂
 D. 个体工商户的食杂店

2. 下列纳税人不属于增值税一般纳税人的有( )。
   A. 年应税销售额未超过小规模纳税人标准的企业
   B. 个体工商户以外的其他个人
   C. 非企业性单位
   D. 不经常发生增值税应税行为的企业
3. 以下关于小规模纳税人的认定标准说法正确的有( )。
   A. 从事货物生产或者提供应税劳务的纳税人,年应征增值税销售额在50万元以下的认定为小规模纳税人
   B. 从事货物生产或者提供应税劳务为主,并兼营货物批发或者零售的纳税人,年应征增值税销售额在80万元以下的认定为小规模纳税人
   C. 年应税销售额超过小规模纳税人标准的其他个人按小规模纳税人纳税
   D. 非企业性单位、不经常发生应税行为的企业可选择按小规模纳税人纳税
4. 增值税一般纳税人销售以下货物,适用增值税13%的有( )。
   A. 食用植物油　　B. 天然气　　　C. 电子出版物　　D. 农机零件
5. 增值税一般纳税人销售货物向购买方收取的下列费用应该计入增值税价外费用的有( )。
   A. 手续费　　　　　　　　　　B. 滞纳金
   C. 违约金　　　　　　　　　　D. 代购买方缴纳的车辆购置税
6. 以下可能成为增值税纳税人的视同销售行为的销售额的有( )。
   A. 纳税人最近时期同类货物的平均销售价格
   B. 其他纳税人最近时期同类货物的平均销售价格
   C. 组成计税价格
   D. 税务机关核定的最低计税价格
7. 增值税一般纳税人购进货物(取得增值税专用发票),用于以下项目,不允许抵扣购进的增值税的进项税额的有( )。
   A. 外购的货物用于动产的在建工程
   B. 外购的货物用于交际应酬
   C. 外购的货物用于增值税免税产品的生产
   D. 外购的货物用于厂房的建设
8. 以下发票可以成为抵扣增值税进项税额的合法凭证的有( )。
   A. 增值税专用发票　　　　　　B. 公路内河货物运输业统一发票
   C. 机动车销售统一发票　　　　D. 海关填报的专用缴款书
9. 以下关于适用增值税的征收率的说明正确的有( )。
   A. 小规模纳税人销售自己使用过的固定资产减按2%征收率征收增值税
   B. 小规模纳税人销售自己使用过的除固定资产以外的物品,应按3%的征收率征收增值税

C.增值税一般纳税人销售旧货,按照简易办法依照4%征收率减半征收增值税

D.小规模纳税人销售旧货,适用的计算公式为:销售额=含税销售额÷(1+3%);应纳税额=销售额×2%

10.关于进口环节增值税的纳税人纳税时间及纳税地点、纳税期限的说明正确的有( )。

A.进口货物增值税纳税义务发生时间为报关进口的当天

B.进口货物增值税的纳税地点为报关地海关

C.进口货物的增值税纳税期限为自海关进口增值税专用缴款书之日起15日内缴纳税款

D.进口货物增值税的纳税人为进口人或者代理人

11.除另有规定外,以下出口的货物适用免税但不予退税的税收政策的有( )。

A.来料加工复出口的货物　　　B.避孕药品和用具、古旧图书

C.农业生产者销售的自产农产品　D.农业生产者销售的饲料

12.以下关于增值税纳税义务发生时间说明正确的有( )。

A.采取直接收款方式销售货物,不论货物是否发出,均为收到销售款或者取得索取销售款凭证的当天

B.采取托收承付和委托银行收款方式销售货物,为发出货物的当天

C.销售应税劳务,为提供劳务同时收讫销售款或者取得索取销售款的凭据的当天

D.采取赊销方式销售货物的,为货物发出的当天

13.根据《增值税暂行条例》的规定,增值税的纳税期限包括( )。

A.1 日　　　　B.10 日　　　　C.1 个月　　　　D.1 个季度

14.下列情况中不能开具增值税专用发票的有( )。

A.购货方购进免税药品要求开具专用发票

B.消费者个人购进电脑要求开具专用发票

C.商业企业零售化妆品

D.增值税一般纳税人境内易货贸易

15.我国的出口货物税收政策分为以下三种形式( )。

A.出口免税并退税

B.出口免税不退税

C.出口不免税也不退税

D.出口退税不免税

16.增值税专用发票的基本联次包括( )。

A.发票联　　　B.记账联　　　C.抵扣联　　　D.存根联

17.以下属于《增值税暂行条例》规定的免税项目的是( )。

A.古旧图书

B.残疾人的组织直接进口供残疾人专用的物品

C. 增值税一般纳税人销售自己使用过的物品
D. 少数民族文字出版物

三、计算分析题

1. 某服装厂（增值税一般纳税人）位于市区，2016年6月发生下列业务：

(1) 取得增值税专用发票上注明的价款40 000元，税额6 800元，支付采购运费500元，取得货物运输发票。

(2) 进口一种面料，关税完税价格36 000元，关税税率为5%，支付从港口到厂区运费2 000元，取得国际货运代理发票。

(3) 用面料生产300件连衣裙，单位成本每件40元；将200件委托某商厦代销，当月月末收到商厦代销清单，注明售出100件，商厦与该厂结算的含税金额15 000元，另向商厦支付不含税结算金额20%的代售手续费。

(4) 产600件西服，单位成本每件100元，成本中外购比例60%（假设成本中不含运费），将其中100件发给本厂职工作为福利，将其中400件以每件180元的不含税批发价批发给某集团企业，30件因保管不善损毁。

当月取得的相关票据符合税法规定，并在当月通过认证和抵扣。

根据上述资料计算：

(1) 该企业进口环节应该交纳的各项税额合计
(2) 该企业当期可从销项税额中抵扣的全部进项税
(3) 该企业当期内销销项税额
(4) 该企业当期应向税务机关交纳的增值税

2. 某增值税一般纳税人大型综合性的生产企业，2016年5月发生以下业务：

(1) 从小规模纳税人处购进一批生产用原材料，取得税务机关代开的增值税专用发票注明价款5万元；支付运杂费1.51万元，取得货物运输发票注明运费金额1.25万元，保险费0.05万元，建设基金0.06万元，装卸费0.15万元。

(2) 为免税产品的生产购入原材料一批，取得增值税专用发票上注明的销售额为10万元，税额1.7万元。

(3) 销售给商场一批货物，开具的增值税专用发票上注明的销售额为100万元，商场尚未付款提货。

(4) 从国外进口生产用原材料一批，取得海关开具的海关缴款书上注明已缴纳增值税8.5万元。

(5) 由于管理不善损毁了上月购进的免税农产品一批，损毁部分的账面价值为2.61万元（该免税农产品已经计算抵扣增值税的进项税额）。

(6) 转让闲置的2013年购进的旧设备一台，账面原值为18万元，已经计提折旧8.37万元，转让价格为10万元。

根据以上资料计算该企业5月份应该缴纳的增值税。（有关涉税凭证合法且已经税务机关认证并在当月抵扣，该企业非增值税转型试点企业）

第三章 Chapter 3

消费税法

【学习目标】
1. 了解消费税的特点和意义;
2. 掌握消费税的纳税义务人和征税范围;
3. 了解消费税的税目及税率;
4. 掌握消费税的计税依据;
5. 熟练掌握消费税税额的计算方法;
6. 了解消费税的纳税时间、地点。

【能力目标】
1. 能够完成各种消费品的计税依据及应纳税额的计算;
2. 能够完成消费税的申报并进行案例分析。

【引导案例】
　　某酿酒厂是年缴纳增值税、消费税过千万元的国有骨干企业,主要产品为白酒、酒精及饮料。2015年10月初,市国税局直属征收分局在审查其纳税申报时,发现纳税情况异常,特点是消费税应纳税额与上年同期相比下降很大。10月21日,征收分局派人员对其该年1月至9月纳税情况进行了检查。
　　通过检查产品销售账,发现各应征消费产品依法定税率计算的应纳税额与申报数额一致,但酒精产品的销售收入达2 158万元,与2013年同期相比,增长了38%,增幅较大。税务人员又对产品账进行了检查,白酒产量比去年同期增长了11%,酒精产量比去年同期增长了13.8%,增长幅度不大。企业生产的食用酒精全部计入产成品——食用酒精账户,2014年1月至9月份结转食用酒精销售成本102万元,结转工业酒精及医用酒精销售成本996万元,合计结转酒精销售成本 1 098 万元,与酒精产品销售收入明显不符。由此推断,企业存在混淆酒类产品销售与酒精产品的问题。税务人员对包括该厂门市部在内的 8 个购货单位 16 份销货发票进行外调,发现开给本厂门市部的两份大额发票记账联与发票联产品名称不符,记账联为"食用酒精",发票联为"粮食白酒"。

该企业混淆产品销售收入、逃避纳税的问题终于查清。销售明细账的"门市部"账户记载 2014 年 1 月至 10 月食用酒精销售收入 537 万元,实际为粮食白酒销售收入,共少计消费税 107.4 万元。该酒厂将高税率白酒按低税率酒精记销售,少记消费税,根据《中华人民共和国税收征收管理法》第 40 条规定,属偷税行为。征收分局决定除令其补缴消费税 107.4 万元外,并处 1 倍罚款。

第一节 消费税概述

一、消费税的概念

消费税是指对消费品和特定的消费行为按消费流转额征收的一种商品税。

消费税是一个常见税种。目前,世界上已有 100 多个国家开征了消费税或类似消费税,如美国的产品税、韩国的特种消费税、德国的联邦消费税等,都属于现代消费税的范畴。

我国的消费税是 1994 年税制改革在流转税中新设置的一个税种,纳税人是我国境内生产、委托加工、零售和进口《中华人民共和国消费税暂行条例》规定的应税消费品的单位和个人。消费税实行价内税,只在应税消费品的生产、委托加工和进口环节缴纳,在以后的批发、零售等环节,不用再缴纳消费税。税款最终由消费者承担,因此销售税是典型的间接税。

二、消费税的作用

(一)体现国家政策,调整消费和产业结构

消费税是一种间接税,税负可以转嫁,消费税通过税负转嫁传导机制,必将影响消费者的消费支付能力和消费选择决策,让消费者面对的价格提高进而可以平抑过高或超前的消费需求,抑制一些有害的消费,并引导消费方向,促使消费者形成符合时代性要求的消费观念和消费习惯。因此消费税的立法,如课税对象的选择、税率高低的设计、征税环节的确定等集中体现了国家的消费政策和产业政策,从而影响消费结构,促进消费结构合理化。并且通过调节消费需求影响生产结构,进而促进产业结构的合理化。

(二)筹集财政资金,增加财政收入

消费税是以应税消费品的销售额或销售数量及组成计税价格为计税依据,税额会随着销售额的增加而不断增长,同时只要消费品实现销售,也会产生缴纳消费税的义务。因此,消费税对及时、足额保证财政收入,起着重要的作用。一些发达国家消费税收入占各税收入的比例约20%~30%,发展中国家约30%~40%,有的在40%以上。中国消费税中仅烟类、酒类两项产品的消费税税金即占各税总收入的10%以上,加上其他消费品的税收,可占25%以上。可见,消费税是各国财政收入的重要支柱。

(三)调节社会成员收入,促进公平分配

目前,我国收入分配差距较大,不利于和谐社会的建立。为此,除了通过征收累进型的个人所得税,以调节居民个人之间的收入差距外,开征消费税也具有相当重要的意义。消费税实行对人们日常消费的基本生活用品和企业正常的生产消费物品不征税,而对高收入者更多消费的奢侈品和超前消费的物品征高税的原则,使得消费税具有独特的收入再分配功能,可以在一定程度上削弱和缓解各国普遍存在的贫富悬殊和分配不公问题。

(四)减少资源消耗,引导保护环境

随着可持续发展理论得到国际社会日益广泛的认同,环境保护问题备受各国政府的重视。税收作为政府用以调节社会经济生活的一种重要工具和手段,在保护环境方面发挥着越来越重要的作用。我国消费税将木制一次性筷子、实木地板等纳入消费税征税范围,有利于增强人们的环境意识、调整消费结构和节约木材资源。同时提高大排量汽车的消费税率,降低小排量汽车税率,体现出对生产和使用小排量汽车的鼓励政策,对进一步增强消费税调节功能,促进环境保护和资源节约,更好地引导有关产品的生产和消费具有重要意义。

三、我国消费税的特点

消费税是以应税消费品为课税对象的一种税,在应税产品的选择、税率的设计等方面,与其他流转税相比具有以下特点:

(一)消费税的课税对象具有一定的选择性

我国消费税的课税对象是部分消费品,而不是对所有消费品都征收消费税。消费税的征税项目由税法明确列举,主要有烟、酒、化妆品、护肤护发品、贵重首饰及珠宝玉石、成品油、汽车等15个税目,有的税目中又包括若干子税目。除税法明确列举的商品以外,不征收消费税。

(二)消费税的征税环节具有单一性

我国消费税是在生产(包括委托加工)、流通或消费的某一环节征收,只征收一次,纳税人是在我国境内从事生产、委托加工、进口、销售上述商品的单位和个人。这样,既可以减少纳税人的数量,降低税款征收费用和税源流失的风险,又可以防止重复征税。

(三)消费税征收方法具有灵活性

消费税的计税方法一般比较灵活,针对不同应税消费品的具体情况,规定多种计税办法,以便于核算、计征,减少税务成本。我国现行消费税对一部分价格变化较大,且便于按价格核

57

算的应税消费品,采用了从价定率计征的办法,对一部分价格变动小,且品种、规格比较单一的大宗应税消费品,采用了从量定额的计税方法。对烟、酒等部分应税消费品实行从价和从量计税的复合税制,既按数量计征一道消费税,又按价格计征一道消费税。

(四)消费税采用产品差别税率

消费税具有调节消费的作用,为了有效体现国家政策,消费税按照产品不同来设置税目,分别制定高低不同的税率或税额,并且不同征税项目的税负差异较大:从价计征的,税率从3%到50%不等;从量计征的,如汽油、啤酒等,从每升0.2元到每吨240元不等;对于白酒、卷烟等采用从价征收,又同时采用从量征收。另外,消费税的税负是较重的,而且有提高的趋势。

(五)消费税是价内税,税负具有转嫁性

消费税实行价内征收,即消费税是产品价格的组成部分。消费税是对消费应税消费品的课税。我国消费税直接以应税消费品的生产经营者为纳税人,于生产制造环节、进口环节或零售环节缴纳税款,并成为商品价格的一个组成部分向购买者收取。消费税无论是在哪个环节征收,消费品价格中所含的消费税最终要转嫁到消费者身上,消费者为税负的最终负担者。

第二节 纳税义务人与征税范围

一、纳税义务人

根据《中华人民共和国消费税暂行条例》第一条和《中华人民共和国消费税实施细则》第二条规定,在中华人民共和国境内生产、委托加工和进口本条例规定的消费品的单位和个人,以及国务院确定的销售本条例规定的消费品的其他单位和个人,为消费税的纳税人。

"单位"是指国有企业、集体企业、私有企业、股份制企业、外商投资企业和外国企业、其他企业和行政单位、事业单位、军事单位、社会团体及其他单位。

"个人"是指个体经营者及其他个人。

"中华人民共和国境内"是指生产、委托加工和进口应税消费品的起运地或所在地在境内。

具体来讲,消费税的纳税人可以分为以下几种情况:

生产应税消费品的纳税人,主要是指从事应税消费品生产的各类企业、单位和个体经营者。生产应税消费品用于销售的,于销售时缴纳消费税。生产应税消费品自己使用而没有对外销售的,按其不同用途区别对待:将生产的应税消费品用于连续生产应税消费品的,不征收消费税;将生产的应税消费品用于生产非应税消费品和在建工程、管理部门、非生产机构、提供劳务,以及用于馈赠、赞助、集资、广告、样品、职工福利、奖励等方面的,于消费品移送使用时缴纳消费税。

委托加工应税消费品的纳税人,委托加工应税消费品以委托方为纳税人,由受托方代收代缴消费税。委托加工的消费品在提货时已缴纳消费税的,若委托方对外销售,不再缴纳消费税;若委托方用于连续生产应税消费品,所纳税款允许按规定扣除。

进口应税消费品的纳税人,由货物进口人或代理人在报关进口时缴纳消费税。

金银首饰、钻石饰品消费税的纳税人,为在我国境内从事商业零售金银首饰、钻石及钻石饰品的单位和个人。消费者个人携带、邮寄进境的金银首饰,以消费者个人为纳税人。经营单位进口的金银首饰,在进口时不缴纳消费税,待其在国内零售时再缴纳。

二、征税范围

消费税征税范围具有选择性,它只选择一部分消费品和消费行为征收,而不是对所有的消费品和消费行为都征收消费税。通过选择征收范围,消费税可表现出很强的灵活性和导向作用。我国现行税法规定,消费税的征收对象有烟、酒、成品油、小汽车、摩托车、化妆品、贵重首饰和珠宝玉石、鞭炮和焰火、高尔夫球及球具、高档手表、游艇、木制一次性筷子、实木地板、电池、涂料15个税目。

按照性质不同来划分,这些消费品可分为五种类型:

第一类是过度消费会对人类健康、社会秩序和生态环境等方面造成危害的特殊消费品,如烟、酒、鞭炮和焰火等。

第二类是奢侈品和非生活必需品,如贵金属和珠宝玉石、化妆品、游艇、高档手表、高尔夫球及球具等。对这类消费品征税,可以调节高收入者的消费支出。

第三类是资源类消费品,如成品油、木质一次性筷子、实木地板等。对这类消费品征税,可以抑制消费,节约资源。

第四类是高能耗及高档消费品,如小轿车、摩托车等。

第五类是具有一定财政意义的产品,如汽车轮胎、护肤护发品等。

第三节 税目税率

一、税目

根据《消费税暂行条例》规定,2014年12月调整后,现行消费税共有15个税目。其中,部分税目还规定了若干子目。

(一)烟

即以烟叶为原料加工生产的产品。不论使用何种辅料,均属于本税目的征收范围。该税目征税范围包括卷烟、雪茄烟和烟丝三个子目。

1. 卷烟

卷烟是指将各种烟叶切成烟丝,按照配方要求均匀混合,加入糖、酒、香料等辅料,用白色盘纸、棕色盘纸、涂布纸或烟草薄片经机器或手工卷制的普通卷烟和雪茄型卷烟。卷烟分为甲类卷烟和乙类卷烟。甲类卷烟是每标准条(200 支)销售价格在 70 元(含 70 元)以上的卷烟。乙类卷烟是指每标准条(200 支)销售价格在 70 元(含 70 元)以下的卷烟。不同包装规格卷烟的销售价格均按每标准条(200 支)折算。

2. 雪茄烟

雪茄烟指以晾晒烟为原料或者以晾晒烟和烤烟为原料,用烟叶或卷烟纸、烟草薄片作为烟支内包皮,再用烟叶作为烟支外包皮,经机器或手工卷制而成的烟草制品。按内包皮所用材料的不同可分为全叶卷雪茄烟和半叶卷雪茄烟。其征收范围包括各种规格、型号的雪茄烟。

3. 烟丝

烟丝指将烟叶切成丝状、粒状、片状、末状或其他形状,再加入辅料,经过发酵、储存,不经卷制即可供销售的烟草制品。烟丝的征收范围包括以烟叶为原料加工生产的不经卷制的散装烟,如斗烟、莫合烟、烟末、水烟、黄红烟丝等。

(二)酒

酒是酒精度在 1 度以上的各种酒类饮料。酒精又名乙醇,是指用蒸馏或合成方法生产的酒精度在 95 度以上的无色透明液体。该税目征税范围包括粮食白酒、薯类白酒、黄酒、啤酒、其他酒五个子目。

1. 粮食白酒

粮食白酒是指以高粱、玉米、大米、糯米、大麦、小麦、青稞等各种粮食为原料,经过糖化、发酵后,采用蒸馏方法酿制的白酒。

2. 薯类白酒

薯类白酒是指以白薯(红薯、地瓜)、木薯、马铃薯、芋头、山药等各种干鲜薯类为原料,经过糖化、发酵后,采用蒸馏方法酿制的白酒。用甜菜酿制的白酒,比照薯类白酒征税。

3. 黄酒

黄酒是指以糯米、粳米、籼米、大米、黄米、玉米、小麦、薯类等为原料,经加温、糖化、发酵、压榨酿制的酒。由于工艺、配料和含糖量的不同,黄酒分为干黄酒、半干黄酒、半甜黄酒、甜黄酒 4 类。黄酒的征收范围包括各种原料酿制的黄酒和酒精度超过 12 度(含 12 度)的土甜酒。

4. 啤酒

啤酒是指以大麦或其他粮食为原料,加入啤酒花,经糖化、发酵、过滤酿制的含有二氧化碳的酒。啤酒按照杀菌方法的不同,可分为熟啤酒和生啤酒或鲜啤酒。啤酒的征收范围包括各种包装和散装的啤酒。无醇啤酒比照啤酒征税。对啤酒源、菠萝啤酒应按啤酒征收消费税。"果啤"属于啤酒,应征消费税。对饮食业、商业、娱乐业举办的啤酒屋(啤酒坊)利用啤酒生产设备生产的啤酒,应当征收消费税。

甲类啤酒,是指每吨出厂价格(含包装物及包装物押金,但不包括供重复使用的塑料周转箱的押金)在3 000元(含3 000元,不含增值税)以上的以及娱乐和自制的啤酒。

乙类啤酒,是指每吨出厂价格(含包装物及包装物押金,但不包括供重复使用的塑料周转箱的押金)在3 000元以下的。

5. 其他酒

其他酒是指除粮食白酒、薯类白酒、黄酒、啤酒以外,酒精度在1度以上的各种酒,其征收包括糠麸白酒、其他原料白酒、土甜酒、复制酒、果木酒、汽酒、药酒等。对企业以白酒和酒精为酒基加入果汁、香料、色素、药材、补品、糖、调料等配制或泡制的酒,不按"其他酒"子目中的"复制酒"征税,一律按照酒基所用原料确定白酒的适用税率。酒基所用原料无法确定的一律按粮食白酒的税率征收消费税。对以黄酒为酒基生产的配制或泡制酒,仍按"其他酒"的税率征收消费税。

(三)化妆品

本税目征收范围包括各类美容、修饰类化妆品及高档护肤类化妆品和成套化妆品。

1. 化妆品

化妆品是指日常生活中用于修饰美化人体表面的用品。化妆品品种较多,所用原料各异,按其类别划分,可分为美容和芳香两类。美容类有香粉、口红、指甲油、胭脂、眉笔、兰眼油、眼睫毛及成套化妆品等;芳香类有香水、香水精等。

2. 成套化妆品

成套化妆品是指各种用途的化妆品配套盒装而成的系列化妆品,一般采用精制的金属或塑料盒包装,具有多功能性的使用方便的特点。

舞台、戏剧、影视演员化妆用的上妆油、卸妆油、油彩,不属于本税目的征收范围。

(四)贵重首饰及珠宝玉石

本税目征收范围包括:各种金银珠宝首饰和经采掘、打磨、加工的各种珠宝玉石。

1. 金银珠宝首饰

金银珠宝首饰包括:凡以金、银、白金、宝石、珍珠、钻石、翡翠、珊瑚、玛瑙等高贵稀有物质以及其他金属、人造宝石等制作的各种纯金银首饰及镶嵌首饰(含人造金银、合成金银首饰等)。

2. 珠宝玉石

珠宝玉石的种类包括:钻石、珍珠、松石、青金石、欧泊石、橄榄石、长石、玉、石英、玉髓、石榴石、锆石、尖晶石、黄玉、碧玺、金绿玉、绿柱石、刚玉、琥珀、珊瑚、煤玉、龟甲、合成刚玉、合成宝石、双合石、玻璃仿制品。

宝石坯是经采掘、打磨、初级加工的珠宝玉石半成品,因此,对宝石坯应按规定征收消费税。

(五)鞭炮和焰火

鞭炮和焰火的征收范围包括各种鞭炮、焰火。通常分为13类,即喷花类、旋转类、旋转升空类、火箭类、吐珠类、线香类、小礼花类、烟雾类、造型玩具类、爆竹类、摩擦炮类、组合烟花类、礼花弹类。

1. 鞭炮

鞭炮又称爆竹,是用多层纸密裹火药,接以药引线制成的一种爆炸品。

2. 焰火

焰火是指烟火剂,一般系包扎品,内装药剂,点燃后烟火喷射,呈各种颜色,有的还变幻成各种景象。体育上用的发令纸、鞭炮引线,不按本税目征收。

(六)成品油

本税目包括汽油、柴油、石脑油、溶剂油、航空煤油、润滑油、燃料油七个子目,航空煤油暂缓增收。

1. 汽油

汽油是轻质石油产品的一大类。由天然或人造原油经蒸馏所得的直馏汽油组分、二次加工汽油组分及其他高辛烷值组分按一定的比例调和而成。按生产装置可分为直馏汽油和裂化汽油等类。经调和后制成的各种汽油,主要用做汽油发动机燃料。本税目征收范围包括:辛烷不小于66的各种汽油。以汽油、汽油组分调和生产的甲醇汽油、乙醇汽油也属于本税目征收范围。

2. 柴油

柴油是轻质石油产品的一大类。由天然或人造原油经减压蒸馏在一定温度下切割的馏分,或于二次加工柴油组分按一定比例调和而成。主要用做转速不低于960转/分的压燃式高速柴油发动机燃料。本税目征收范围包括:原油或其他原料加工生产的倾点或凝点在-50号至30号的可用做柴油发动机燃料的各种轻质油和以柴油组分为主、经调和精制可用做柴油发动机燃料的非标油。以柴油、柴油组分调和生产的生物柴油也属于本税目征收范围。

3. 石脑油

石脑油又叫轻汽油、化工轻油,是以石油加工生产的或二次加工汽油经加氢精制而成的用于化工原料的轻质油。石脑油的征收范围包括除汽油、柴油、煤油、溶剂油以外的各种轻质油。非标汽油、重整生成油、拔头油、戊烷原料油、轻裂解料(减压柴油VGO和常压柴油AGO)、重裂解料、加氢裂化尾油、芳烃抽余油均属轻质油,属于石脑油征收范围。

4. 溶剂油

溶剂油是以原油或其他原料加工生产的用于涂料、油漆、食用油、印刷油墨、皮革、农药、橡胶、化妆品生产和机械清洗、胶粘行业的轻质油。溶剂油的征收范围包括各种溶剂油。橡胶填充油、溶剂油原料,属于溶剂油征收范围。

5. 航空煤油

航空煤油也叫喷气燃料,是以原油或其他原料加工生产的用于喷气发动机和喷气推进系统中作为能源的各种轻质油。航空煤油的征收范围包括各种航空煤油。

6. 润滑油

润滑油是用原油或其他原料加工生产的用于内燃机、机械加工过程的润滑产品。润滑油分为矿物性润滑油、植物性润滑油、动物性润滑油和化工原料合成润滑油。

另外,用原油或其他原料加工生产的用于内燃机、加工过程的润滑产品均属于润滑油征税范围。

7. 燃料油

燃料油也称重油、渣油,是用原油或其他原料加工生产,主要用做电厂发电、锅炉用燃料、加热炉燃料、冶金和其他工业炉燃料。燃料油征收范围包括蜡油、船用重油、常压重油、减压重油、180CTS 燃料油、7 号燃料油、糠醛油、工业燃料、4—6 号燃料油。

(七)摩托车

本税目征税范围包括轻便摩托车和摩托车。

1. 轻便摩托车

最大设计车速不超过 50 千米/时、发动机气缸总工作容积不超过 50 毫升的两轮机动车。

2. 摩托车

最大设计车速超过 50 千米/时、发动机气缸总工作容积超过 50 毫升、空车重量不超过 400 千克(带驾驶室的正三轮车及特种车的空车重量不受此限)的两轮和三轮机动车。

最大设计车速不超过 50 千米/时、发动机气缸总工作容量不超过 50 毫升的三轮机动车,不征收消费税。取消气缸容积 250 毫升(不含)以下的小排量摩托车消费税。

(八)小汽车

汽车是指由动力驱动,具有 4 个或 4 个以上车轮的非轨道承载的车辆。本税目征税范围包括符合规定标准和各类乘用车的中轻型商用客车。

1. 乘用车

本税目征收范围包括含驾驶员座位在内最多不超过 9 个座位(含)的,在设计和技术特性上用于载运乘客和货物的各类乘用车。用排气量小于 1.5 升(含)的乘用车底盘(车架)改装、改制的车辆属于乘用车征收范围。

2. 中轻型商用客车

本税目征收范围包括含驾驶员座位在内的座位数在 10 至 23 座(含 23 座)的在设计和技术特性上用于载运乘客和货物的各类中轻型商用客车。用排气量大于 1.5 升的乘用车底盘(车架)或用中轻型商用客车底盘(车架)改装、改制的车辆属于中轻型商用客车征收范围。

车身长度大于 7 米(含),并且座位在 10 至 23 座(含)以下的商用客车,不属于中轻型商用客车征税范围,不征收消费税。

对于购进乘用车或中轻型商用客车整车改装生产的汽车,应按规定征收消费税。含驾驶员人数(额定载客)为区间值的(如 8~10 人;17~26 人)小汽车,按其区间值下限人数确定征收范围。

电动汽车不属于本税目征收范围;货车或厢式货车改装生产的商务车、卫星通讯车等专用汽车不征消费税。沙滩车、雪地车、卡丁车、高尔夫车不属于消费税征收范围,不征收消费税。

(九)高尔夫球及球具

高尔夫球及球具是指从事高尔夫球运动所需的各种专用装备,包括高尔夫球、高尔夫球杆及高尔夫球包(袋)等。本税目征收范围包括高尔夫球、高尔夫球杆、高尔夫球包(袋),以及杆头、杆身和握把。

高尔夫球是指重量不超过 45.93 克、直径不超过 42.67 毫米的高尔夫球运动比赛、练习用球;高尔夫球杆是指被设计用来打高尔夫球的工具,由杆头、杆身和握把三部分组成;高尔夫球包(袋)是指专用于盛装高尔夫球及球杆的包(袋)。

(十)高档手表

高档手表是指销售价格(不含增值税)每只在 10 000 元(含)以上的各类手表。本税目征收范围包括符合以上标准的各类手表。

(十一)游艇

游艇是指长度大于 8 米小于 90 米,船体由玻璃钢、钢、铝合金、塑料等多种材料制作,可以在水上移动的水上浮载体。按照动力划分,游艇分为无动力艇、帆艇和机动艇。本税目征收范围包括艇身长度大于 8 米(含)小于 90 米(含),内置发动机,可以在水上移动,一般为私人或团体购置,主要用于水上运动和休闲娱乐等非牟利活动的各类机动艇。

(十二)木制一次性筷子

木制一次性筷子,又称卫生筷子,是指以木材为原料经过锯段、浸泡、旋切、刨切、烘干、筛选、打磨、倒角、包装等环节加工而成的各类一次性使用的筷子。本税目征收范围包括各种规格的木制一次性筷子。未经打磨、倒角的木制一次性筷子属于本税目征税范围。

(十三)实木地板

实木地板是指以木材为原料,经锯割、干燥、刨光、截断、开榫、涂漆等工序加工而成的块状或条状的地面装饰材料。本税目征收范围包括各类规格的实木地板、实木指接地板、实木复合地板及用于装饰墙壁、天棚的侧端面为榫、槽的实木装饰板。未经涂饰的素板属于本税目征税范围。

(十四)电池

自 2015 年 2 月 1 日起对电池(铅蓄电池除外)征收消费税;对无汞原电池、金属氢化物镍蓄电池(又称"氢镍蓄电池或镍氢蓄电池)、锂原电池、锂离子蓄电池、太阳能电池、燃料电池、全钒液流电池免征消费税。2015年12月13日前对铅蓄电池缓征消费税;自2016年1月1日起,对铅蓄电池按4%税率征收消费税。

(十五)涂料

自2015年2月1日起对涂料征收消费税,施工状态下挥发性有含量低于420克/升(含)的涂料免征消费税。

二、税率

消费税采用比例税率、定额税率和从量定额与从价定率结合的复合计税形式。对供求基本平衡、价格差别不大、计量单位规范的黄酒、啤酒、汽油、柴油选择定额税率;对供求矛盾突出、价格差异较大、计量单位不规范的小汽车、化妆品、高档手表等选择比例税率;对卷烟、白酒选择定额税率和比例税率双重征收。

消费税定额税率设置8档税额,比例税率设置10档,最高为卷烟,适用税率56%,最低为气缸容量≤1.0升的乘用车,适用税率1%。

消费税税率及适用对象见表3.1。

表3.1 消费税税率(税额)表

税目	税率/税额
一、烟	
1.卷烟	
(1)甲类卷烟	56%加0.003元/支(生产环节)
(2)乙类卷烟	36%加0.003元/支(生产环节)
(3)批发环节	5%
2.雪茄烟	36%
3.烟丝	30%
二、酒	
1.白酒	20%加0.5元/500克(或者500毫升)
2.黄酒	240元/吨

续表3.1

税目	税率/税额
3. 啤酒	
（1）甲类啤酒	250元/吨
（2）乙类啤酒	220元/吨
4. 其他酒	10%
三、化妆品	30%
四、贵重首饰及珠宝玉石	10%
1. 金银首饰、铂金首饰和钻石及钻石饰品	5%
2. 其他贵重首饰和珠宝玉石	10%
五、鞭炮、焰火	15%
六、成品油	
1. 汽油	1.52元/升
2. 柴油	1.2元/升
3. 石脑油	1.52元/升
4. 溶剂油	1.52元/升
5. 润滑油	1.52元/升
6. 燃料油	1.2元/升
7. 航空煤油	1.2元/升
七、摩托车	
1. 气缸容量（排气量）≤250毫升	3%
2. 气缸容量（排气量）>250毫升	10%
八、小汽车	
1. 乘用车	
（1）气缸容量（排气量）在1.0升以下（含1.0升）的	1%
（2）气缸容量在1.0升以上至1.5升（含1.5升）的	3%
（3）气缸容量在1.5升以上至2.0升（含2.0升）的	5%
（4）气缸容量在2.0升以上至2.5升（含2.5升）的	9%
（5）气缸容量在2.5升以上至3.0升（含3.0升）的	12%

续表3.1

税目	税率/税额
(6)气缸容量在3.0升以上至4.0升(含4.0升)的	25%
(7)气缸容量在4.0升以上的	40%
2.中轻型商用客车	5%
九、高尔夫球及球具	10%
十、高档手表	20%
十一、游艇	10%
十二、木制一次性筷子	5%
十三、实木地板	5%
十四、电池	4%
十五、涂料	4%

第四节 计税依据

按照现行消费税法的基本规定,消费税应纳税额的计算分为从价计征、从量计征和从价从量复合计征三种方法。

一、从价计征

在从价定率的计征方法下,应纳税额的公式为

$$应纳税额 = 销售额 \times 适用税率$$

所以应税消费品的销售额为计税依据。

(一)消费税销售额确定

销售额为纳税人销售应税消费品向购买方收取的全部价款和价外费用。销售是指有偿转让应税消费品的所有权。有偿是指从购买方取得货币、货物或者其他经济利益。价外费用是指价外向购买方收取的手续费、补贴、基金、集资费、返还利润、奖励费、违约金、滞纳金、延期付款利息、赔偿金、代收款项、代垫款项、包装费、包装物租金、储备费、运输装卸费以及其他各种性质的价外收费。价外费用无论是否属于纳税人的收入,均应并入销售额计算征税。

【例3.1】 一位客户向某汽车制造厂(增值税一般纳税人)订购自用汽车一辆,支付货款(不含增值税)250 000元,另付设计、改装费30 000元。该辆汽车计征消费税的销售额为( )。

A.250 000元　　B.280 000元　　C.220 000元　　D.239 316元

【答案】B

1. 包装物及其押金税务处理

应税消费品连同包装物销售的,无论包装物是否单独计价以及在会计上如何核算,均应并入应税消费品的销售额中缴纳消费税。如果包装物不作价随同产品销售,而是收取押金,此项押金则不应并入应税消费品的销售额中征税。但对因逾期未收回的包装物不再退还的或者已收取的时间超过12个月的押金,应并入应税消费品的销售额,按照应税消费品的适用税率缴纳消费税。对既作价随同应税消费品销售,又另外收取押金的包装物的押金,凡纳税人在规定的期限内没有退还的,均应并入应税消费品的销售额,按照应税消费品的适用税率缴纳消费税。

2. 消费税人民币折合率规定

纳税人销售的应税消费品,以人民币计算销售额。纳税人以人民币以外的货币结算销售额的,应当折合成人民币计算。纳税人销售的应税消费品,以人民币以外的货币结算销售额的,其销售额的人民币折合率可以选择销售额发生的当天或者当月1日的人民币汇率中间价。纳税人应在事先确定采用何种折合率,确定后1年内不得变更。

(二)消费税含增值税销售额换算

纳税人应税消费品的销售额,不包括应向购货方收取的增值税税款。如果纳税人应税消费品的销售额中未扣除增值税税款或者因不得开具增值税专用发票而发生价款和增值税税款合并收取的,在计算消费税时,应当换算为不含增值税税款的销售额。其换算公式为

应税消费品的销售额=含增值税的销售额÷(1+增值税税率或者征收率)

在使用换算公式时,应根据纳税人的具体情况分别使用增值税税率或征收率。如果消费税的纳税人同时又是增值税一般纳税人的应适用17%的增值税税率;如果消费税的纳税人是增值税小规模纳税人的,应适用3%的征收率。

【例3.2】 某化妆品生产企业为增值税一般纳税人,2016年3月20日向某单位销售化妆品一批,开具普通发票,取得含增值税销售额4.68万元。则化妆品应缴纳的消费税额是多少?

【解析】 化妆品应缴纳的消费税额=4.68÷(1+17%)=4(万元)

二、从量计征

实行从量定额计征方法,应纳税额的计算公式为

应纳税额=销售数量×单位税额

因此,销售数量即为计税依据。

(一)销售数量的确定

销售数量是指应税消费品的数量。销售应税消费品的,为应税消费品的销售数量;自产自用应税消费品的,为应税消费品的移送使用数量;委托加工应税消费品的,为纳税人收回的应

税消费品数量;进口应税消费品的,为海关核定的应税消费品进口征税数量。

(二)计量单位的换算标准

我国现行消费税法规定,黄酒、啤酒以吨为税额单位;汽油、柴油以升为税额单位。实际销售过程中,一些纳税人会把吨或升这两个计量单位混用,故规定了不同产品的计量单位,以准确计算应纳税额。实行从量定额办法计算应纳税额的应税消费品,计量单位的换算标准见表3.2。

表3.2 应税消费品计量单位的换算标准表

序号	名称	计量单位的换算标准
1	黄酒	1吨=962升
2	啤酒	1吨=988升
3	汽油	1吨=1 388升
4	柴油	1吨=1 176升
5	航空汽油	1吨=1 246升
6	石脑油	1吨=1 385升
7	溶剂油	1吨=1 282升
8	润滑油	1吨=1 126升
9	燃料油	1吨=1 015升

三、复合计征

复合计税办法计算应纳税额的公式为

应纳税额=销售数量×单位税额+销售额×适用税率

现行消费税的征税范围中,只有卷烟、粮食白酒、薯类白酒采用复合计征方法。生产销售卷烟、粮食白酒、薯类白酒从量定额计税依据为实际销售数量。进口、委托加工、自产自用卷烟、粮食白酒、薯类白酒从量定额计税依据分别为海关核定的进口征税数量、委托方收回数量、移送使用数量。

四、计税依据的特殊规定

(1)纳税人通过自设非独立核算门市部销售的自产应税消费品,应当按照门市部对外销售额或者销售数量征收消费税。

(2)纳税人用于换取生产资料和消费资料,投资入股和抵偿债务等方面的应税消费品,应当以纳税人同类应税消费品的最高销售价格作为计税依据计算消费税。

(3)酒类关联企业间关联交易消费税问题处理。纳税人与关联企业之间的购销业务,不

按照独立企业之间的业务往来作价的,税务机关可以按照下列方法调整其计税收入额或者所得额,核定其应纳税额:

①按照独立企业之间进行相同或者类似业务活动的价格。
②按照再销售给无关联关系的第三者的价格所取得的收入和利润水平。
③按照成本加合理费用和利润。
④按照其他合理的方法。

(4)兼营不同税率应税消费品的税务处理。纳税人生产销售应税消费品,如果不是单一的经营某一税率的产品,而是经营多种不同税率的产品,这就是兼营行为。

纳税人兼营不同税率的应税消费品,应当分别核算不同税率应税消费品的销售额、销售数量。未分别核算销售额、销售数量,或者将不同税率的应税消费品组成成套消费品销售的,从高适用税率。例如,某汽车厂既生产大排量的乘用车,又生产小排量的乘用车(乘用车的消费税税率根据排量大小最低1%,最高40%),如果不分别核算各种排量乘用车的销售额,则都应按40%的高税率计算应纳消费税。

第五节 应纳税额的计算

一、生产销售环节应纳消费税的计算

纳税人在生产销售环节应缴纳消费税的,包括直接对外销售应税消费品和自产自用应税消费品两种情况。

(一)直接对外销售应纳消费税额的计算

直接对外销售应税消费品,有三种类型:从价定率计征法、从量定额计征法以及从价定率和从量定额复合计征法。

1. 从价定率计算

实行从价定率办法征税的应税消费品,计税依据为应税消费品的销售额。应纳税额的计算公式为

$$应纳税额 = 应税消费品的销售额 \times 适用税率$$

【例3.3】 某汽车生产企业12月份共销售乘用车20辆(汽缸容量2.0升),出厂价每辆150 000元,价外收取有关费用每辆10 000元。计算该企业12月份应纳消费税额。

【解析】 应纳消费税额 = (150 000+10 000)×20×5% = 160 000(元)

2. 从量定额计算

我国消费税对黄酒、啤酒、汽油、柴油等实行定额税率,采用从量定额的办法征税,其计税依据是纳税人销售应税消费品的数量,其计税公式为

$$应纳税额 = 应税消费品数量 \times 消费税单位税额$$

【例3.4】 某酒厂2016年4月销售黄酒10吨,每吨售价960元,黄酒每吨应纳消费税240元。试计算该酒厂本月应纳消费税。

【解析】 应纳消费税额=10×240=2 400(元)

3. 从价定率和从量定额复合计算

烟、粮食白酒、薯类白酒实行从量定额和从价定率相结合计算应纳税额的复合计税办法,其计税公式为

$$应纳税额=销售数量×定额税率+销售额×比例税率$$

【例3.5】 某白酒生产企业为增值税一般纳税人,8月份销售粮食白酒50吨,取得不含增值税的销售额150万元。白酒企业8月应纳消费税为多少?

【解析】 应纳消费税额=(50×2 000×0.5+1 500 000×20%)=350 000(元)

(二)自产自用应纳消费税的计算

自产自用是指纳税人生产应税消费品后,不是用于直接对外销售,而是用于自己连续生产应税消费品,或用于其他方面。

1. 用于连续生产应税消费品的

凡自产自用的应税消费品,用于连续生产应税消费品的,不再征税,体现了税不重征和计税简便的原则,避免了重复征税。如香水厂生产出的香水精,香水精已是应税消费品,香水厂再用生产出的香水精继续生产香水,这样用于连续生产香水的香水精就不缴纳消费税,而只对生产的香水征收消费税。但是,如果生产出的香水精直接用于销售,则要缴纳消费税。

2. 用于其他方面的应税消费品

纳税人自产自用的应税消费品,不是用于连续生产应税消费品,而是用于其他方面的,于移送使用时纳税。"用于其他方面"是指纳税人用于生产非应税消费品和在建工程、管理部门、非生产机构、提供劳务以及用于馈赠、赞助、集资、广告、样品、职工福利费、奖励等方面的应税消费品。如:汽车轮胎厂以自产的汽车轮胎用于本单位基建工程的工程车辆使用;酒厂把自己生产的酒赠予其他单位;化妆品厂把生产的化妆品以福利的形式发给职工等。纳税人以自产的应税消费品用于上述其他方面的,虽然没有用于销售或连续生产应税消费品,但只要是用于税法所规定的范围内的,均应视同销售,依法缴纳消费税。

【例3.6】 根据消费税的有关规定,下列纳税人自产自用应税消费品不缴纳消费税的是( )。

A. 炼油厂用于本企业基建部门车辆的自产汽油

B. 汽车厂用于管理部门的自产汽车

C. 日化厂用于交易会样品的自产化妆品

D. 木地板厂继续生产漆饰木地板耗用自产的木地板

【解析】 正确答案为D。自产应税消费品用于连续生产应税消费品的,不缴纳消费税。

3. 组成计税价格及税额的计算

纳税人自产自用的应税消费品，凡用于其他方面，应当纳税。具体分为以下两种情况：

（1）有同类消费品的销售价格的，按照纳税人生产的同类消费品的销售价格计算纳税

$$应纳税额 = 同类消费品销售单价 \times 自产自用数量 \times 适用税率$$

（2）自产自用应税消费品没有同类消费品销售价格的，应按组成计税价格计算纳税，实行从价定率办法计算纳税的组成计税价格计算公式为

$$组成计税价格 = (成本 + 利润) \div (1 - 消费税税率)$$

$$应纳税额 = 组成计税价格 \times 比例税率$$

实行复合计税办法计算纳税的组成计税价格计算公式为

$$组成计税价格 = (成本 + 利润 + 自产自用数量 \times 定额税率) \div (1 - 比例税率)$$

$$应纳税额 = 组成计税价格 \times 比例税率 + 自产自用数量 \times 定额税率$$

"成本"，是指应税消费品的产品生产成本。

"利润"，是指根据应税消费品的全国平均成本利润率计算的利润。国家税务总局颁发的《消费税若干具体问题的规定》，确定应税消费品全国平均成本利润率，见表3.3。

表3.3 应税消费品全国平均成本利润率

成本利润率/%	适用对象	
	类别	具体应税消费品
20	1	高档手表
10	4	甲类卷烟、粮食白酒、高尔夫球及球具、游艇
8	1	乘用车
6	2	贵重首饰及珠宝玉石、摩托车
5	12	乙类卷烟、雪茄烟、烟丝、薯类白酒、其他酒、化妆品、鞭炮焰火、木制一次性筷子、实木地板、中轻型商用客车

【例3.7】 某公司将一批自产的高尔夫球具作为职工福利，该批球具无同类市场价格，成本80 000元，已知其成本利润率为10%，消费税率为10%。计算该批高尔夫球具应缴纳的消费税。

【解析】 组成计税价格 = (成本 + 利润) ÷ (1 - 消费税税率) =
80 000 × (1 + 10%) ÷ (1 - 10%) = 97 778(元)

应纳消费税 = 97 778 × 10% = 9777.8(元)

二、委托加工环节应税消费品应纳税的计算

1. 委托加工应税消费品的确定

"委托加工的应税消费品"，是指由委托方提供原料和主要材料，受托方只收取加工费和

代垫部分辅助材料加工的应税消费品。除以之外,都不能算做委托加工的应税消费品。

2. 代收代缴税款

对于确实属于委托方提供原材料和主要材料,受托方只收取加工费和代垫部分辅助材料加工的应税消费品,税法规定,由受托方在向委托交货时代收代缴消费税。这样,受托方就是法定的代收代缴义务人。如果受托方对委托加工的应税消费品没有代收代缴或少代收代缴消费税,就要按照《中华人民共和国税收征收管理法》规定,承担代收代缴的法律责任。

3. 委托加工应税消费品组成计税价格的计算

(1)委托加工的应税消费品,按照受托方的同类消费品的销售价格计算纳税

应纳税额=同类消费品销售单价×委托加工数量×适用税率

(2)没有同类消费品销售价格的,按照组成计税价格计算纳税,实行从价定率办法计算纳税的组成计税价格计算公式为

组成计税价格=(材料成本+加工费)÷(1-消费税税率)

应纳税额=组成计税价格×适用税率

实行复合计税办法计算纳税的组成计税价格计算公式为

组成计税价格=(材料成本+加工费+委托加工数量×定额税率)÷(1-比例税率)

应纳税额=组成计税价格×比例税率+委托加工数量×定额税率

【例3.8】 某鞭炮企业8月受托为某单位加工一批鞭炮,委托单位提供的原材料金额为30万元,收取委托单位不含增值税的加工费4万元,鞭炮企业当地无加工鞭炮的同类产品市场价格(鞭炮的消费税税率为15%)。鞭炮企业应代收代缴的消费税为多少?

【解析】 组成计税价格=(30+4)÷(1-15%)=40(万元)

鞭炮企业应代收代缴消费税=40×15%=6(万元)

三、进口环节应纳消费税的计算

进口的应税消费品,于报关进口时,由海关代征进口环节的消费税。由进口人或其代理人向报关地海关申报纳税,由海关填发海关进口消费税专用缴款书之日起15日内缴纳税款。

(一)从价定率计算应纳税额的计算

实行从价定率办法计算应纳税额的,按照组成计税价格计算纳税。组成计税价格计算公式为

组成计税价格=(关税完税价格+关税)÷(1-消费税税率)

应纳税额=组成计税价格×适用税率

【例3.9】 某外贸公司,3月从国外进口一批应税消费品,已知该批应税消费品的关税完税价格为90万元,按规定应缴纳关税18万元,假定进口的应税消费品的消费税税率为10%。进口环节应缴纳的消费税为多少?

【解析】 组成计税价格=(90+18)÷(1-10%)=120(万元)

应纳消费税额=120×10%=12(万元)

(二)从量定额计征应纳税额的计算

实行从量定额办法的应税消费品的应纳税额的计算公式为

应纳税额=应税消费品数量×消费税单位税额

【例3.10】 某外贸公司,2016年1月进口无铅汽油1 000万吨,应纳消费税为多少?

【解析】 应纳税额=1 000×1 388×1.0=1 388 000(万元)

(三)复合计税办法应纳税额的计算

实行从价定率和从量定额复合计税办法应纳税额的计算公式为

组成计税价格=(关税完税价格+关税+进口数量×消费税定额税率)÷(1-消费税比例税率)

应纳消费税税额=组成计税价格×消费税比例税率+进口数量×消费税定额税率

四、已纳消费税扣除的计算

为了避免重复征税,现行消费税规定,将外购应税消费品和委托加工收回的应税消费品继续生产应税消费品销售的,可以将外购应税消费品和委托加工收回应税消费品和委托加工收回应税消费品已缴纳的消费税给予扣除。

(一)外购应税消费品已纳消费税的扣除

为避免重复征税,税法规定:对外购已税消费品连续生产应税消费品销售时,可按当期生产领用数量计算准予扣除外购应税消费品已纳的消费税税款。扣除范围包括:

①外购已税烟丝生产的卷烟。
②外购已税珠宝玉石生产的贵重首饰及珠宝玉石。
③外购已税化妆品生产的化妆品。
④外购已税鞭炮、焰火生产的鞭炮、焰火。
⑤外购已税摩托车生产的摩托车。
⑥外购已税杆头、杆身和握把为原料生产的高尔夫球杆。
⑦外购已税木制一次性筷子为原料生产的木制一次性筷子。
⑧外购已税实木地板为原料生产的实木地板。
⑨外购已税石脑油为原料生产的应税消费品。
⑩外购已税石脑油、燃料油为原料生产的应税消费品。

【例3.11】 下列各项中,外购应税消费品已纳消费税款准予扣除的有( )。

A.外购已税烟丝生产的卷烟
B.外购已税汽车轮胎生产的小轿车
C.外购已税珠宝原料生产的金银镶嵌首饰
D.外购已税石脑油为原料生产的应税消费品

【答案】 AD

【解析】 本题考核外购应税消费品准予扣除已纳消费税的情况。外购已税汽车轮胎生产小轿车不可以抵扣轮胎已纳消费税;外购已税珠宝生产的金银镶嵌首饰不可以抵扣已税珠宝的消费税。因此,正确选项为AD。

上述当期准予扣除外购应税消费品已纳消费税税款的计算公式为

当期准予扣除的外购应税消费品已纳税款=当期准予扣除的外购应税消费品买价×外购应税消费品适用税率

当期准予扣除的外购应税消费品买价=期初库存的外购应税消费品买价+当期购进的外购应税消费品买价-期末库存的外购应税消费品买价

(二)委托加工收回的应税消费品已纳税额的扣除

委托加工的应税消费品在提取货物时,已由受托方代收代缴了消费税,委托方收回后,若用于直接销售,则不再缴纳消费税;若连续加工成另一种应税消费品,销售时还应按新的消费品纳税。为了避免重复纳税,税法规定,已纳税款准予扣除。下列委托加工收回的应税消费品准予从应纳消费税税额中扣除原料已纳消费税税款。

①以委托加工收回的已税烟丝为原料生产的卷烟。
②以委托加工收回的已税化妆品为原料生产的化妆品。
③以委托加工收回的已税珠宝玉石为原料生产的贵重首饰及珠宝玉石。
④以委托加工收回的已税鞭炮焰火为原料生产的鞭炮焰火。
⑤以委托加工收回的已税摩托车生产的摩托车。
⑥以委托加工收回的已税杆头、杆身和握把为原料生产的高尔夫球杆。
⑦以委托加工收回的已税木制一次性筷子为原料生产的木制一次性筷子。
⑧以委托加工收回的已税实木地板为原料生产的实木地板。
⑨以委托加工收回的已税石脑油为原料生产的应税消费品。

上述当期准予扣除委托加工收回的应税消费品已纳消费税税款的计算公式为

当期准予扣除的委托加工应税消费品已纳税款=期初库存的委托加工应税消费品已纳税款+当期收回的委托加工应税消费品已纳税款-期末库存的委托加工应税消费品已纳税款

五、税额减征的计算

为保护生态环境,促进替代污染排放汽车的生产和消费,推进工业技术进步,对生产销售达到低污染排放值的小轿车、越野车和小客车减征30%的消费税。

减征税额=按法定税率计算的消费税税额×30%
应征税额=按法定税率计算的消费税税额-减征税额

【例3.12】 某小轿车生产企业为增值税一般纳税人,9月份销售小汽车200辆,每辆不含税价格15万元,适用税率5%。经审查,该企业生产的上轿车已达到减征消费税的国家标准。计算该企业9月份应缴纳的消费税。

【解析】 减征税额 = 150 000×200×5%×30% = 450 000(元)

应征税额 = 150 000×200×5% - 450 000 = 14 550 000(元)

第六节 征收管理

一、纳税义务发生的时间

纳税人生产的应税消费品于销售时纳税,进口消费品应当于应税消费品报关进口环节纳税,但金银首饰在零售环节纳税。我国现行消费税制度针对应税消费品的不同生产经营方式和不同的货款结算方法,分别规定了相应纳税义务发生时间。

(1)销售应税消费品的纳税义务发生时间。纳税人销售的应税消费品,按不同的结算方式,其纳税义务的发生时间为:

①纳税人采取赊销和分期收款结算方式的,其纳税义务的发生时间为销货合同规定的收款日期的当天。

②纳税人采取预收货款结算方式的,其纳税义务的发生时间为发出应税消费品的当天。

③纳税人采取托收承付和委托银行收款方式销售的应税消费品,其纳税义务的发生时间为发出应税消费品并办妥托收手续的当天。

④纳税人采取其他结算方式的,其纳税义务的发生时间为收讫销售款或者取得索取销售款的凭据的当天。

(2)纳税人自产自用的应税消费品,其纳税义务的发生时间为移送使用的当天。

(3)纳税人委托加工的应税消费品,其纳税义务发生的时间为纳税人提货的当天。

(4)纳税人进口的应税消费品,其纳税义务的发生时间为报关进口的当天。

二、纳税期限

《中华人民共和国消费税暂行条例》规定,消费税的纳税期限分别1日、3日、5日、10日、15日或者1个月或者1个季度。纳税人的具体纳税期限,由主管税务机关根据纳税人应纳税额的大小分别核定;不能按照固定期限纳税的,可以按次纳税。

纳税人以1个月或者1个季度为一期纳税的,自期满之日起15日内申报纳税;以1日、3日、5日、10日或者15日为一期纳税的,自期满之日起5日内预缴税款,于次月1日起15日内申报纳税并结清上月应纳税款。

纳税人进口应税消费品,应当自海关填发海关进口消费税专用缴纳书之日起15日内缴纳税款。

如果纳税人不能按照规定的纳税期限依法纳税,将按《税收征收管理法》的有关规定处理。

三、纳税地点

消费税的纳税地点按属地原则来确定,即纳税人销售应税消费品应向机构所在地或居住地主管税务机关申报纳税。具体规定如下:

(1)纳税人销售的应税消费品,以及自产自用的应税消费品,除国家另有规定者外,均应在纳税人核算地主管税务机关申报纳税。

(2)委托个人加工的应税消费品,由委托方向其机构所在地或者居住地主管税务机关申报纳税。除此之外,由受托方向其所在地的主管税务机关申报纳税。

(3)进口的应税消费品,由进口人或其代理人向报关地海关申报纳税。

(4)纳税人到外县(市)销售或委托外县(市)代销自产应税消费品的,于应税消费品销售后,向机构所在地或者居住地主管税务机关申报纳税。

纳税人的总机构和分支机构不在同一县(市)的,应当分别向各自机构所在地的主管税务机关申报纳税。经财政部、国家税务总局及其授权的财政、税务机关批准,也可由总机构汇总向总机构所在地的主管税务机关纳税。

(5)纳税人销售的应税消费品,如因质量等原因由购买者退回时,经所在地主管税务机关审核批准后,可退还已征收的消费税税款,但不能自行直接抵减应纳税款。

四、纳税申报

根据我国现行消费税制度的规定,国内消费税由国家税务总局负责征收,而进口应税消费品应征的消费税由海关代征,个人携带或者邮寄进境的应税消费品应征的消费税连同关税、增值税由海关一并征收。

消费税纳税人应按有关规定及时办理纳税申报,并应如实填写消费税纳税申报表。

本 章 小 结

消费税是指对消费品和特定的消费行为按消费流转额征收的一种商品税。消费税具有课税对象选择性、征税环节单一性、征收方法灵活性、采用产品差别税率、税负具有转嫁性的特点。

消费税的纳税人是中国境内生产、委托加工和进口本条例规定的消费品的单位和个人,以及国务院确定的销售本条例规定的消费品的其他单位和个人。

消费税的征收对象有烟、酒、成品油、小汽车、摩托车、化妆品、贵重首饰和珠宝玉石、鞭炮和焰火、高尔夫球及球具、高档手表、游艇、木制一次性筷子、实木地板、电池、涂料15个税目。

按照现行消费税法的基本规定,消费税应纳税额的计算分为从价计征、从量计征和从价从量复合计征三种方法。

本章重点介绍了消费税的计算,包括生产应税消费品纳税额的计算、委托加工应税消费品的计算以及进口应税消费品应纳税额的计算。

思 考 题

一、关键概念
消费税
价外费用
委托加工应税消费品

二、简答题
1. 简述征收消费税的作用及特点。
2. 简述消费税的纳税义务发生时间。
3. 比较消费税与增值税在纳税环节上的异同。

三、计算题
1. 某酒厂 9 月份销售黄酒 50 吨,取得含税销售收入 175 500 元。已知黄酒的定额税率为每吨 240 元,计算该厂 9 月份应缴纳的消费税。

【参考答案】
应纳消费税额 = 50×240 = 12 000(元)

2. 某化妆品生产企业为增值税一般纳税人,10 月 15 日向某大型商场销售一批化妆品,开具增值税专用发票,取得不含增值税销售额 30 万元,增值税额 5.1 万元;10 月 20 日向某单位销售一批化妆品,开具普通发票,取得含增值税销售额 4.68 万元。化妆品适用消费税税率 30%。该化妆品生产企业 10 月应缴纳的消费税为多少?

【参考答案】
化妆品的应税销售额 = 30+4.68÷(1+17%) = 34(万元)
应缴纳的消费税额 = 34×30% = 10.2(万元)

3. 某摩托车厂将 1 辆自产摩托车奖励性发给优秀职工,其成本为 5 000 元/辆,成本利润率 6%,适用消费税税率 10%,其应纳消费税是多少?增值税的销项税是多少?

【参考答案】
组成计税价格 = 5 000×(1+6%)÷(1−10%) = 5 888.89(元)
应纳消费税 = (5888.89×10%) = 588.89(元)
增值税销项税额 = (5888.89×17%) = 1001.11(元)
(或)增值税销项税额 = [5 000×(1+6%)+588.89]×17% = (5 888.89×17%) = 1 001.11(元)

4. 某卷烟厂委托某烟丝加工厂加工一批烟丝,卷烟厂提供的烟叶在委托加工合同上注明的成本金额 60 000 元。烟丝加工完成,卷烟厂提货时支付加工费 3 700 元,并支付了烟丝加工厂按烟丝组成计税价格计算的消费税税款。烟丝消费税税率为 30%。计算该卷烟厂应纳消费税额。

【参考答案】
委托加工烟丝组成计税价格 = (60 000+3 700)÷(1−30%) = 91 000(元)
烟丝的消费税税额 = 91 000×30% = 27 300(元)

第四章
Chapter 4

关税法

【学习目标】
1. 了解关税的特点分类；
2. 掌握关税的纳税人、征税对象；
3. 掌握完税价格的确定方法；
4. 掌握关税税额的计算；
5. 了解关税的缴纳、强制执行、退还、补征和追征。

【能力目标】
1. 能够熟练完成关税完税价格及应纳税额的计算；
2. 能够完成关税的申报、缴纳并能进行案例分析。

【引导案例】

来富公司是一家跨国公司，专门从事某种设备的生产销售。目前我国进口该设备的关税税率为30%，进口该设备零部件的关税税率为10%。2014年8月，该公司决定打入中国市场，在中国境内有所作为。公司召开董事会商议此事并初步拟定两套方案：

方案一：在中国设立一家销售企业作为来富公司的子公司，通过国际转让定价，压低定价，压低设备进口的价格，从而节省关税，这样使得中国境内子公司利润增大，以便于扩大规模，占领中国市场。

方案二：在中国境内设立一家总装配公司作为子公司，通过国际转让定价，压低设备零部件的进口价格，从而节省关税。这样也可以使中国境内子公司利润增大，以便更好地占领中国市场。

后经进一步讨论，公司决定采用第二种方案。原因很简单，如果直接进口设备，需要按照

30%的税率缴纳关税。而如果是进口零部件再组装成设备,只需要缴纳10%的进口关税。

第一节 关税概述

一、关税概念

关税是海关依法对进出关境的货物、物品征收的一种税。

关境又称税境或关境域,是指海关法适用的领域。关境与国境是两个概念,它们既有联系,又不完全相同。国境指一个主权国家行使行政权力的领域范围。关境指一个主权国家行使关税权力的领域范围。一般情况下,关境等于国境。当存在自由港、自由区、关税同盟国时,关境就有可能大于或小于国境。

与增值税、消费税一样,关税属于对商品的征税,区别在于增值税和消费税是对国内生产商品征税,关税则是对进出关境的商品征税。从这个意义上说,增值税和消费税被称为国内商品税,关税被称为进出口商品税。

二、关税的发展

关税是国际通行的税种,是各国根据本国的经济和政治的需要,用法律形式确定的、由海关对进出口的货物和物品所征收的一种流转税。

早在欧洲古希腊、雅典时代就开始征收关税。当时的希腊在爱琴海、黑海两岸一带有许多属地,对来往于这些属地的进出口货物按货值征收1%~5%的税。在罗马王朝时代也对通过其海港、桥梁等的货物征收2.5%的税,后来税率提高至12.5%。这些税收是在货物通过一定地区时征收的,带有关税的性质。英国很早就有一种"例行的通行税",在商人进入市场时交纳给当地的领主,后来把这种税称为关税,沿用至今。

我国自西周以后,在所设的"关卡"开始征收税金,供王室之用。《周礼》一书指出:"关市之赋,以待王之膳服。"至唐、宋、元、明四代,设立市舶机构管理对外贸易,征收关税。

新中国成立后,国家组建了海关总署,统一管理全国海关业务。1950年5月颁布了《中华人民共和国海关法》、《中华人民共和国进出口税则》和《中华人民共和国进出口税则暂行实施条例》建立了完全独立自主的关税制度。为了适应我国对外贸易的发展,参与国际经济竞争,国务院于1985年3月7日发布了《中华人民共和国进出口关税条例》,之后分别于1987年9月、1992年3月和2003年10月进行了三次修订。

我国现行关税法律规范以是以全国人民代表大会2000年7月修正颁布的《中华人民共和国海关法》为法律依据,以国务院于2003年11月发布的《中华人民共和国进出口关税条例》,以及由国务院关税税则委员会审定并报国务院批准的《中华人民共和国海关进出口税则》和《中华人民共和国海关入境旅客行李物品和个人邮递物品征收进口税办法》为基本法规,由负责关税政策制定和征收管理的主管部门依据基本法规拟定的管理办法和实施细则为主要内容。

三、关税的特点

关税是国家税收的一种,与其他税收一样,具有强制性、无偿性和固定性的特征。同时,关税还具有以下特点:

(一)关税的课税对象为进出关境的货物和物品

属于外贸进出口的商品,称为货物。入境旅客携带的、个人邮递的、运输工具服务人员携带的,及其他方式进口个人自用的商品,称为物品。关税的征税对象是进出关境的货物或物品,是否经过国境(关境)是征关税与否的前提条件。

(二)关税的课税范围以关境为界

关税对进出关境货物或物品实行统一征收。我国现行的关境是指适用《中华人民共和国》的大陆行政管辖区域,不包括中国香港、中国澳门,进出这些货物区域的货物不征收关税。进出关境的货物或物品,按照统一实施的关税税则征收一次关税后,即可在整个国境或关境内流通,不再征收关税。

(三)关税的征收主体是代表国家的海关

关税由海关总署及所属机构具体管理和征收,征收关税是海关工作的一个重要组成部分。《中华人民共和国海关法》规定:"中华人民共和国海关是国家的进出关境监督管理机关,海关依照本法和其他有关法律、法规,监督进出境的运输工具、货物、行李物品,征收关税和其他税费,查缉走私,并编制海关统计和其他海关业务。"所以,依法征收关税是海关的职责,而征收进出口环节的国内税费属于国家税务机关的职责。

(四)关税具有涉外统一性,执行统一的对外经济政策

关税是一个国家的重要税种。国家征收关税不单纯是为了满足政府财政上的需要,更重要的是利用关税来贯彻执行统一的对外经济政策,实现国家的政治经济目的。另外,关税受到国际组织、各国政府间协定、公约和政策的制约、关税政策的制定会影响与对方国家的贸易往来,因此,目前关税已成为国际经济谈判和协定的一项重要内容。

四、关税的分类

依据不同的标准,关税可以划分为不同的种类:

(一)按征收对象划分

按征收对象划分,分为进口税、出口税和过境税。

1. 进口税

进口税指进口国海关对从外国进入本国的货物和物品征收的一种关税,是关税中最主要的一种。进口税在外国货物输入关境或国境时征收,或者外国货物从自由港、自由贸易区或保税仓库中提出运往国内市场销售,办理通关手续时征收。征收进口税的目的在于保护本国市场和增加财政收入。

2. 出口税

出口税是对出口货物和物品征收的关税。为鼓励对外贸易,增加本国商品在国际商场上的竞争力,现代多数国家一般不征出口关税,或者只对少数国家限制出口的资源产品征税。

3. 过境税

过境税又称"通过税",是指对过境货物所征收的关税。过境货物一般指该货物运输的起点和终点均在运输所经的国家之外的情况,即当外国货物运进一个国家的关境后又原样运出该关境的货物。征收过境税的主要目的是增加国家的财政收入。

(二)按征收目的划分

按征收目的划分,分为财政关税和保护关税。

1. 财政关税

财政关税又称收入关税,以增加国家财政收入为主要目的而课征的关税。财政关税通常以大量进口的消费品、生活必需品及国内不能生产且难以替代的消费品为进口关税的课税对象;以国内资源极为丰富的垄断性出口商品或质优价廉的高技术产品为出口税的课税对象。财政关税的税率比保护关税低,因为过高就会阻碍进出口贸易的发展,达不到增加财政收入的目的。随着世界经济的发展,财政关税的意义逐渐减低,而为保护关税所代替。

2. 保护关税

保护关税是以保护本国经济发展为主要目的而课征的关税。各国保护关税实施的主要对象和力度取决于不同国家的经济状况和发展战略,发展中国家多以保护国内新兴产业发展为重,发达国家则常以扩大国内就业市场和抢占国际市场为先;而出口保护关税,各国均以限制未加工的紧缺原料出口为目的。保护关税主要是进口税,税率较高,有的高达百分之几百。通过征收高额进口税,使进口商品成本较高,从而削弱它在进口国市场的竞争能力,甚至阻碍其进口,以达到保护本国经济发展的目的。保护关税是实现一个国家对外贸易政策的重要措施之一。

(三)按计征方式划分

按计征方式划分,分为从量关税、从价关税、复合关税、选择关税和滑准关税。

1. 从价关税

从价关税是以进出口货物和物品的价值流量即海关审定的完税价格为计税依据计征的关税。从价关税的税额随着进出口货物和物品价格的变化而变化,有效发挥关税的财政作用和保护作用。

2. 从量关税

从量关税是以进出口货物和物品的计量单位为计税依据计征的关税。税额不随进出口价格的变化而变化,有利于抑制外国商品的低价倾销。

3. 复合关税

复合关税是指在税则中对同一税目规定从价和从量两种税率,对进出口货物既从价征收,又从量征收,两者之和为应缴税额的关税。征税国海关可以根据需要,决定有时以从价税率为主,有时以从量税率为主。

4. 选择关税

选择关税是指关税税则对同一货物或物品规定有从价和从量两种计税办法和税率,征税时由海关选择一种办法计征的关税。在价格上涨时,可以选择从价计征;在价格下跌时,可选择从量计征,以免因物价波动影响财政收入,有利于更好地发挥关税的保护作用。

5. 滑准关税

滑准关税是从价税的一种,在关税税则中,对同一进出口货物或物品事先按其价格高低设定若干档不同税率,海关计征时,按进出口货物和物品的完税价格,对照税率表确定适用税率征收的关税,其目的是通过征收关税使进口货物的价格与国内市价格保持一致。

(四)按关税税率的差别划分

按关税税率的差别划分,关税可分为优惠关税和歧视关税。

1. 优惠关税

优惠关税又称优惠税率,是指对来自特定受惠国的进口货物征收的低于普通税率的优惠税率关税。使用优惠关税的目的是增进与受惠国之间的友好贸易往来。

(1)特惠关税,指某一国家对另一国家或某些国家对另外一些国家的进口商品给予特定优惠关税待遇,其他国家不得享受的一种关税制度。特惠关税的优惠对象不受最惠国待遇原则制约,其他国家不得根据最惠国待遇原则要求享受这种优惠待遇。目前,国际上最著名的特惠关税是"洛美协定"国家间的关税,它是欧盟向参加"洛美协定"的90多个发展中国家单方面提供的特惠关税,也是南北合作范例。

(2)普惠关税,指发达国家对发展中国家或地区输入的商品,特别是制成品和半制成品,普遍给予优惠的关税制度。普惠关税有普遍性、非歧视性和非互惠性三项基本原则。

(3)最惠国待遇,指缔约国一方现在或将来给予任何第三国的一切优惠待遇,同样也适用于对方。最惠国待遇是国际贸易协定中的一项重要内容,适用范围很广。需要注意的是,优惠是相对于一般关税税率而言的,因此最惠国待遇往往不是最优惠税率,在最惠国待遇之外,还有更低的税率。

2. 歧视关税

歧视关税是指对某种进口货物或由某些国家输出的进口货物,因某种原因歧视、报复、保护和经济方面的需要等,使用比正常税率较高的税率征收的进口关税。歧视关税分为反补贴关税、反倾销关税、保障性关税和报复性关税,其中使用较多的是反补贴关税和反倾销关税。

(1)反补贴关税,是指出口国政府直接或间接给予本国出口产品津贴或补贴,进口国在进口该产品时津贴或补贴部分的附加关税,以抵消其享受的补贴,削弱进口货物在国内市场的竞争力。

(2)反倾销关税,是指对外国以低价向本国倾销的进口货物按照较高的税率征收的一种进口附加税。

第二节 关税的税制要素

一、课税对象

《海关法》规定,关税的课税对象是进出境的货物和物品。其中,进出境货物是指贸易性的进出口商品;进出境物品是指非贸易性的物品,包括入境旅客随身携带的行李和物品、个人邮递物品、各种运输工具上的服务人员携带物品、馈赠物品及以其他方式进入关境的个人物品。

二、纳税义务人

关税的纳税人包括进口货物的收货人、出口货物的发货人、进出口物品的所有人或向海关办理纳税手续的代理人。

进口货物的收货人和出口货物的发货人理解为与境外签订合同的我国境内法人或团体,是依法取得对外贸易经营权,并进口或出口货物的法人、自然人或其他社会团体。

非贸易性进出口物品的纳税人为进出口物品的所有人。在所有人难以确定的情况下,税法规定以推定所有人为纳税人。一般情况下,对于携带进境的物品,推定其携带人为所有人;对分离运输的行李,推定相应的进出境旅客为所有人;对以邮递方式进境的物品,推定其收件人为所有人;以邮递或其他运输方式出境的物品,推定其寄件人或托运人为所有人。

三、关税的税则

关税税则又称海关税则,是一国对进出口商品计征关税的规章和对进出口的应税与免税商品加以系统分类的一览表。我国现行税则包括《中华人民共和国进出口关税条例》、《税率适用说明》、《中华人民共和国海关进口税则》、《中华人民共和国海关出口税则》及《进口商品从量税、复合税、滑准税税目税率表》、《进口商品关税配额税目税率表》、《进口商品税则暂定税率表》、《出口商品税则暂定税率表》、《非全税目信息技术产品税率表》等附录。

我国现行的关税税则是按照国际通行的税则制度建立的,税则商品分类目录自1992年1

月1日起采用《商品名称及编码协调制度》(简称 HS)的商品分类目录,将所有商品分为21类、97章,以下再分为项目、一级子目、二级子目,共5个等级。HS 编码的前两位数代表"章",第三、四位数代表"目",第五、六位数代表"子目"。我国按照8位数码编号,编码的前六位等效采用 HS 编码,第七、八位数为我国根据中国进出口商品实际情况,在 HS 编码的基础上延伸的两位编码,也称增列编号。

四、关税的税率

(一)进口关税税率

1. 税率设置与适用

中国加入世界贸易组织(WTO)后,为使我国关税制度更好地与国际接轨,履行入世谈判中承诺的关税减让义务,行使作为 WTO 成员国应有的权利,我国对原进出口关税税则进行了全面修订。自2002年1月1日起,进口关税税则中每个税目对应设置四栏税率:最惠国税率、协定税率、特惠税率、普通税率,各种税率具体适用的国家或者地区名单,由国务院关税税则委员会决定。

(1)最惠国税率,适用原产于与我国共同适用最惠国待遇条款的 WTO 成员国或地区的进口货物,或原产于与我国签订有相互给予最惠国待遇条款的双边贸易协定的国家或地区进口的货物,以及原产于我国境内的进口货物。

(2)协定税率,适用原产于我国参加的含有关税优惠条款的区域性贸易协定有关缔约方的进口货物,目前对原产于韩国、斯里兰卡和孟加拉3个曼谷协定成员的739个税目进口商品实行协定税率(即曼谷协定税率)。

(3)特惠税率,适用原产于与我国签订有特殊优惠关税协定的国家或地区的进口货物,目前对原产于孟加拉的18个税目进口商品实行特惠税率(即曼谷协定特惠税率)。

(4)普通税率,适用原产于上述国家或地区以外的其他国家或地区的进口货物。按照普通税率征税的进口货物,经国务院关税税则委员会特别批准,可以适用最惠国税率。

2. 税率形式与计税办法

我国目前进口关税基本上实行从价税,以进口货物的完税价格为税基从价定率计征,但自1997年7月1日起,我国对部分产品实行了从量税、复合税和滑准税,税率形式趋于多样化。我国目前采用从量税的进口货物主要有原油、啤酒、胶卷等;采用复合税的进口货物主要有录像机、放像机、摄像机、数字照相机和摄录一体机等;采用滑准税的进口货物只有新闻纸一项。

根据经济发展需要,我国对部分进口原材料、零部件、农药原药和中间体、乐器及生产设备实行暂定税率。暂定税率一般按照年度制订,并且随时可以根据需要恢复按照法定税率征税。我国目前有200多个税目实行暂定税率。另外,对部分进口农产品和化肥产品实行关税配额,配额内进口数量适用较低的税率,超配额进口数量适用较高税率。我国目前对小麦、豆油等10种农产品和尿素等3种化肥产品实行关税配额管理,适用关税配额税率。

(二)进口特别关税

进口特别关税包括报复性关税、反倾销税与反补贴税、保障性关税。征收特别关税的货物、适用国别、税率、期限和征收办法,由国务院关税税则委员会决定,海关总署负责实施。

(三)出口关税税率

我国出口税则对每个税目只规定了一栏税率,即出口税率。我国目前计征出口关税的36种商品中有23种商品实行0~20%的暂定税率,其中16种商品为零关税,6种商品税率为10%及以下,因此我国真正征收出口关税的商品只是20种,税率也较低。与进口暂定税率一样,出口暂定税率优先适用于出口税则中规定的出口税率。

(四)行邮物品进口关税税率

根据国务院关税税则委员会审定、海关总署公布实施的《入境旅客行李物品和个人邮递物品进口税税率表》的规定,我国现行邮税税率分为50%、20%、10%三个档次。烟、酒适用税率为50%;纺织品及其制成品,摄像机、摄录一体机、数码相机及其他电器用具,照相机、自行车、手表、钟表(含配件、附件)化妆品适用税率为20%;书报、刊物、教育专用电影片、幻灯片、原版录音带、录像带,金、银及其制品,食品、饮料和其他商品适用税率为10%。

第三节 关税的计算

一、关税完税价格

进出口货物的完税价格是指海关根据有关规定进行审定或估定后通过估价确定的价格,它是海关征收关税的依据。成交价格不能确定时,完税价格由海关依法估定。

(一)一般进口货物完税价格

1. 以成交价格为基础的完税价格

我国《海关法》规定,进口货物的完税价格,由海关以该货物的成交价格为基础审查确定,成交价格不能确定时,完税价格由海关依法估定。进口货物的完税价格包括货物的货价、货物运抵中华人民共和国境内输入地点卸前的运输及其相关费用、保险费。

进口货物的成交价格中,未包括下列费用的,应当加以调整,计入完税价格:

(1)由买方负担的除购货佣金以外的佣金和经纪费。

(2)由买方负担的与该货物视为一体的容器费用。

(3)由买方负担的包装材料和包装劳务费用。

(4)与该货物的生产和向中华人民共和国境内销售有关的,由买方以免费或者以低于成本的方式提供并可以按适当比例分摊的料件、工具、模具、消耗材料及类似货物的价款,以及在境外开发、设计等相关服务的费用。

(5)与该货物有关并作为卖方向我国销售该货物的一项条件,应当由买方直接或间接支付的特许权使用费。

(6)专门直接或间接从买方获得的该货物进口后转售、处置或者使用而产生的收益。

进口时在货物的价款中列明的下列税收、费用,不计入该货物的完税价格:

(1)厂房、机械、设备等货物进口后的基建、安装、装配、维修和技术服务的费用。

(2)货物运抵境内输入地点之后的运输费用、保险费和其他相关费用。

(3)进口关税及其他国内税收。

2. 以海关估价确定的完税价格

进口货物的价格不符合成交价格条件或者成交价格不能确定的,海关经了解有关情况,并与纳税义务人进行价格磋商后,依次以下列价格估定该货物的完税价格:

(1)与该项进口货物同一出口国或者地区购进的相同或者类似货物的成交价格。

(2)与该项进口货物相同或者类似的货物在国际市场上的成交价格。

(3)倒扣价格估价方法,即以与该货物进口的同时或者大约同时,将该进口货物、相同或者类似进口货物在第一级销售环节销售给无特殊关系买方最大销售总量的单位价格来估定完税价格,但应当扣除同等级或者同种类货物在中华人民共和国境内第一级销售环节销售时通常的利润和一般费用以及通常支付的佣金,进口货物运抵境内输入地点起卸后的运输及其相关费用、保险费,以及进口关税及国内税收。

(4)计算价格估价方法,即以按照下列各项总和计算的价格估定完税价格:生产该货物所使用的料件成本和加工费用,向中华人民共和国境内销售同等级或者同种类货物通常的利润和一般费用,该货物运抵境内输入地点起卸前的运输及其相关费用、保险费。

(5)以合理方法估定的价格。

值得注意的是,纳税义务人向海关提供有关资料后,可以提出申请,颠倒第3种方法和第4种方法的适用次序。

(二)出口货物的完税价格

出口货物完税价格由海关以该货物的成交价格为基础审查确定,成交价格不能确定时,完税价格由海关依法估定。

1. 以成交价格为基础的完税价格

出口货物的完税价格,由海关以该货物向境外销售的成交价格为基础审查确定。出口货物的完税价格包括:

(1)货物的货价。

(2)货物运至中华人民共和国境内输出地点装载前的运输及相关费用。

(3)保险费。

但其中包含的出口关税税额,离境口岸至境外口岸之间的运输、保险费,应当扣除。

2. 以海关估价为基础的完税价格

若出口货物的成交价格不能确定时,其完税价格由海关依次使用下列方法估定:

(1)同时或大约同时向同一国家或地区出口的相同货物的成交价格。

(2)同时或大约同时向同一国家或地区出口的类似货物的成交价格。

(3)根据境内生产相同或类似货物的成本、利润和一般费用、境内发生的运输及其相关费用、保险费计算所得的价格。

(4)按照合理方法估定的价格。

二、关税税额的计算方法

我国《海关法》规定,进出口关税税额应当以人民币计征。进口货物的价格及有关费用以外币计价的,应当适用该货物向海关纳税申报被接受之日的汇率折算成人民币计算完税价格。

(一)从价应纳税额计算

从价关税是以进出口货物的价格为标准计征关税。这里的价格指进出口商品的完税价格。从价进出口关税税额的计算公式为

$$关税税额 = 进(出)口应税货物的数量 \times 单位完税价格 \times 适用税率$$

【例4.1】 某进出口公司2015年9月从日本进口卡车100辆,每辆车成交价格为10万元,该批卡车运抵我国港口前的运输、保险费用等共计10万元。卡车的关税税率为15%,计算该批汽车应纳的关税税额。

$$应纳税额 = (100 \times 10 + 10) \times 15\% = 151.5(万元)$$

(二)从量计税应纳税额

从量关税以商品的数量、重量、容量、长度和面积等计量单位为标准来征收关税的。从量进出关税税额的计算公式为

$$关税税额 = 应税进(出)口货物数量 \times 单位货物税额$$

【例4.2】 某进出口公司从美国进口某品牌啤酒600箱,每箱24瓶,每瓶550毫升,进口关税税率为3元/升。计算该公司进口该批啤酒应纳的进口关税税额。

【解析】

$$应纳进口关税税额 = 600 \times 24 \times 550 \div 1\,000 \times 3 = 23\,760(元)$$

(三)复合计税应纳税额

复合税是对进口商品既征从量税又征从价税的一种办法。一般以从量税为主,再加征从价税。复合关税税额的计算公式为

$$关税税额 = 应税进(出)口货物数量 \times 单位货物税额 + 应税进(出)口货物数量 \times 单位完税价格 \times 税率$$

【例4.3】 某公司从日本购进广播级录像机110台,经海关审定其成交价格为200 000

元/台,每台摄像机征收 4 482 元从量税,另加 3%的从价税。要求计算该公司进口关税税款。

【解析】
$$应纳进口关税税额=(20\ 000\times3\%+4\ 482)\times110=559\ 020(元)$$

三、关税的减免规定

关税减免是指按照《中华人民共和国海关法》、《中华人民共和国进出口关税条例》和其他有关法律、法规的规定,对进出口货物的关税给予减征和免征。我国关税减免政策由法定减免、特定减免和临时减免三部分组成。

法定减免是指《中华人民共和国海关法》、《中华人民共和国进出口关税条例》和《中华人民共和国海关进出口税则》中所规定的给予进出口货物的关税减免。如国际组织、外国政府无偿赠送的物资、中华人民共和国缔结或者参加的国际条约规定减征、免征的货物、物品,来料加工、补偿贸易进口的原材料等。

特定减免是按照《中华人民共和国海关法》、《中华人民共和国进出口关税条例》的规定,给予经济特区等特定地区进出口的货物,中外合资经营企业、中外合作经营企业、外商独资企业等特定企业进出口的货物,以及其他依法给予关税减免优惠的进出口货物以减免关税优惠。

临时减免是国家根据国内生产和国际市场行情变化,确定对某一类和几种商品在一定时限内临时降低或取消关税。

第四节 征收管理

一、关税的缴纳

进口货物自运输工具申报进境之日起 14 日内,出口货物在货物运抵海关监管区后装货的 24 小时以前,应由进出口货物的纳税义务人向货物进(出)境地海关申报,海关根据税则归类和完税价格计算应缴纳的关税和进口环节代征税,并填发税款缴款书。纳税义务人应当自海关填发税款缴款书之日起 15 日内,向指定银行缴纳税款。如关税缴纳期限的最后 1 日是周末或法定节假日,则关税缴纳期限顺延至周末或法定节假日过后的第一个工作日。关税纳税义务人因不可抗力或者在国家税收政策调整的情形下,不能按期缴纳税款的,经海关总署批准可以延期缴纳税款,但最长不得超过 6 个月。

进出境行李物品、邮递物品及其他物品的所有人应当在进出境时按照有关规定向海关申报。对应税的进出口物品,由海关按照填发税款缴款书当日有关税率和完税价格计征税款,税额为完税价额乘以税率。纳税义务人应当在物品放行前缴纳税款。

纳税义务人未在规定的期限内缴纳税款的,由海关征收滞纳金。纳税义务人如果在法定的缴纳期限内未缴纳税款,又未获批准暂缓缴税,即构成滞纳,海关应按其应纳税额的一定比例,征收滞纳金。征收滞纳金是为了促使纳税义务人尽快履行纳税义务,保证国家税收及时入库,具有一定的惩罚性。根据国家有关规定,纳税义务人逾期缴纳关税的滞纳金,自纳税期限到期之日起的次日至缴清税款之日止,每日按欠缴税款的千分之一缴纳。

二、关税的强制执行

纳税义务人、担保人超过税款缴纳期限三个月仍未缴纳税款的,经直属海关关长或者其授权的隶属海关关长批准,海关可以采取下列强制措施:

(1)书面通知其开户银行或者其他金融机构从其存款中扣缴税款。这里所说的其他金融机构是指纳税义务人开户银行以外,纳税义务人开有账户的邮政储蓄企业、城乡信用社以及信托投资公司、证券公司等非银行金融机构。纳税义务人的开户银行及相关金融机构应当按照本条的规定,及时、严格地按照海关的书面通知载明的数额将税款支付海关。

(2)将应税货物依法变卖,以变卖所得抵缴税款。海关变卖应税货物,可以采取拍卖、出售等方式。海关变卖应税货物,其价值应当与纳税义务人所欠税款相当。

(3)扣留并依法变卖其价值相当于应纳税款的货物或者其他财产,以变卖所得抵缴税款。海关在扣留、变卖纳税义务人的货物或者其他财产时,扣留的财产价值不得明显高于其应纳税款额。此外,海关在扣留、变卖纳税义务人其他财产时,应当注意不影响纳税义务人以及受其抚养、赡养对象的生活。海关采取上述强制措施时,对纳税义务人、担保人未缴纳的滞纳金同时强制征缴。

三、关税的退还

关税退还是关税纳税义务人按海关核定的税额缴纳关税后,因某种原因的出现,海关将实际征收多于应当征收的税额退还给原纳税义务人的一种行政行为。

我国《海关法》、《关税条例》、《海关征收管理办法》中规定有下列情形之一的,进出口货物的纳税义务人可以自缴纳税款之日起1年内,书面声明理由,连同原纳税收据向海关申请退税,逾期不予受理:

(1)因海关误征,多纳税款的。

(2)海关核准免验进口的货物,在完税后,发现有短卸情形,经海关审查认可的。

(3)已征出口关税的货物,因故未将其运出口,申报退退,经海关查验属实的。

对已征出口关税的出口货物和已征进口关税的进口货物,因货物品种或规格原因(非其他原因)原状复运进境或出境的,经海关查验属实的,也应退还已征关税。海关应当自受理退税申请之日起30日内,作出书面答复并通知退税申请人。

四、关税的补征和追征

在纳税人按海关核定的关税税额缴纳税后,海关发现原核定税额少于应征税额时,对原纳税人征收原短征的关税税款的行政行为。根据造成短征关税的原因不同,分为关税的追征和关税的补征。因纳税人违反海关规定造成短征的,称为关税的追征,亦称追征关税,简称追征。非因纳税人违反海关规定造成短征的,称为关税的补征,亦称补征关税,简称补税或补征。

海关补征或者追征税款,应当制发海关补征税款告知书。纳税义务人应当自收到海关补征税款告知书之日起15日内到海关办理补缴税款的手续。纳税义务人未在规定期限内办理补税手续的,海关应当在规定期限届满之日起发税款缴款书。

本 章 小 结

关税是海关依法对进出关境的货物、物品征收的一种税。关税的特点有:课税对象为进出境的货物、物品;课税范围以关境为界;征收主体是海关;有涉外统一性,执行统一的对外经济政策。依据不同的标准,关税可以划分为不同的种类。

关税的课税对象是进出境的货物和物品。关税的纳税人包括进口货物的收货人、出口货物的发货人、进出口物品的所有人或向海关办理纳税手续的代理人。加入WTO后,我国关税采用HS公约中统一的商品分类目录,对进口商品根据原产地的不同使用四种高低不同的税率,对出口商品则随我国形势的变化不断地调整税目税率。关税采用口岸缴纳方式,在海关填发税款缴纳凭证的15日内缴纳。

本章重点阐述了完税价格的确定,包括一般进口货物、特殊进口货物以及出口货物完税价格的确定,并重点介绍进出口关税税额的计算。

思 考 题

一、关键概念

保护关税

滑准关税

协定税率

关税减免

二、简答题

1. 简述关税的概念和特点。
2. 简述关税分类的内容。
3. 简述关税的征税对象。
4. 简述关税强制执行、关税退还以及补征和追征的条件。

三、计算题

1. 某公司从美国进中钢铁盘条100 000千克,其完税价格为853 312元人民币,钢铁盘条进口关税税率为15%,应征关税税款是多少?

【参考答案】

进口关税税额=853 312×15%=127 996(元)

2.某市大型商贸公司为增值税一般纳税人,2014年12月进口一批化妆品,支付国外的买价220万元、国外的经纪费4万元、自己的采购代理人佣金6万元;支付运抵我国海关前的运输费用20万元、装卸费用和保险费用11万元;支付海关地再运往商贸公司的运输费用8万元、装卸费用和保险费用3万元,已知关税税率是20%,计算该公司进口环节应缴纳的关税。

【参考答案】

进口关税税额=(220+4+20+11)×20%=51(万元)

3.某化工公司进口原油90万吨,进口关税税率为85元/吨。计算应纳关税税额。

【参考答案】

进口关税税额=90×85=7 650(万元)

4.某企业进口广播级录像机5台,每台价格2 800美元,共支付运费、保险费等150美元,假定人民币汇价为1美元=7.35人民币元(关税税率:当每台价格不高于2 000美元时,执行36%的单一从价税。当每台价格高于2 000美元时,每台征收5 480元的从量税,再加上3%的从价税。)计算该企业应缴纳的关税。

【参考答案】

应纳关税税额=5×5 480+(5×2 800+150)×7.35×3%=30 520.08(元)

第五章 Chapter 5

资源类税法

【学习目标】
1. 掌握资源税、城镇土地使用税、土地增值税的纳税人和扣缴义务人;
2. 掌握资源税、城镇土地使用税、土地增值税的征税对象、税目和计税依据;
3. 掌握资源税、城镇土地使用税、土地增值税的应纳税所得额、应纳所得税额的计算;
4. 熟悉资源税、城镇土地使用税、土地增值税的税率;
5. 熟悉资源税、城镇土地使用税、土地增值税税收减免;
6. 了解资源税、城镇土地使用税、土地增值税的纳税期限与纳税地点。

【能力目标】
1. 实地调研资源税、城镇土地使用税、土地增值税的缴纳及申报情况;
2. 正确计算资源税、城镇土地使用税、土地增值税的应纳税额并能进行案例分析。

【引导案例】
某购物中心实行统一核算,土地使用证上载明,该企业实际占用土地情况为:中心店占地面积为8 200平方米,一分店占地3 600平方米,二分店占地5 800平方米,企业仓库占地6 300平方米,企业自办托儿所占地360平方米。经税务机关确认,该企业年占用土地分别适用市政府确定的以下税额:中心店位于一等土地地段,每平方米年税额15元;一、二分店位于三等土地地段,每平方米年税额7元;仓库位于五等土地地段,每平方米年税额4元。该市政府规定,企业自办托儿所、幼儿园、学校用地免征土地使用税。则该中心应纳的土地使用税额为:

应纳税额=8 200×15+(3 600+5 800)×7+6 300×4=214 000(元)

第一节 资源税

资源税是对在我国境内从事应税矿产品开采或生产盐的单位和个人课征的一种税,属于对自然资源占用课税的范畴。

一、资源税的纳税人和课税基础

(一) 纳税人

(1) 资源税的纳税义务人,是指在中国境内开采应税矿产品或者生产盐的单位和个人。

(2) 开采海洋或陆上油气资源的中外合作油气田,在2011年11月1日前已签订的合同继续缴纳矿区使用费,不缴纳资源税;自2011年11月1日起新签订的合同缴纳资源税,不再缴纳矿区使用费。开采海洋油气资源的自营油气田,自2011年11月1日起缴纳资源税,不再缴纳矿区使用费。

(3) 独立矿山、联合企业和其他收购未税矿产品的单位为资源税的扣缴义务人。

(4) 外商投资企业及外国企业也属于资源税的纳税人。

(二) 课税基础

1. 资源税的征税对象

资源税的征税对象是在中国境内开采的矿产品和生产的盐(固体盐、液体盐)。现行征收资源税的矿产品主要包括原油、天然气、煤炭、其他非金属矿原矿、黑色金属矿原矿和有色金属矿原矿。

2. 资源税的征收范围

凡在中国境内开采的矿产品或生产的盐,其销售或自用的部分属于资源税的征收范围,见表5.1。

表5.1 资源税的征税范围

资源税税目	包括的具体项目	不包括的项目
原油	天然原油	人造石油
天然气	专门开采或与原油同时开采的天然气	煤矿生产的天然气
煤炭	原煤和以未税原煤加工的洗选煤	
其他非金属矿原矿	原油、天然气、煤炭和井矿盐以外的非金属原矿	
黑色金属原矿	铁矿石、锰矿石和铬矿石	
有色金属原矿	铜矿石、铅锌矿石、铝土矿石、钨矿石、锡矿石、锑矿石、铝矿石、镍矿石、黄金矿石、钒矿石(含石煤钒)等	
盐	固体盐包括海盐原盐、湖盐原盐和井矿盐,液体盐指卤水	

【例5.1】 依据我国资源税暂行条例及实施细则的规定,下列单位和个人的生产经营行为应缴纳资源税的有( )。

A.冶炼企业进口矿石

B.个体经营者开采矿煤

C.军事单位开采石油

D.中外合作开采宝石

【解析】 正确答案为BCD。资源税纳税义务人是在我国境内开采应税矿产品和生产盐的单位和个人,进口应税资源产品不征收资源税。

二、资源税的税收负担

(一)税率

资源税采取从价定率或者从量定额的办法计征,分别以应税产品的销售额乘以纳税人具体适用的比例税率或者以应税产品的销售数量乘以纳税人具体适用的定额税率计算,实施"级差调节"的原则。

(二)税收优惠

(1)开采原油过程中用于加热、修井的原油,免税。

(2)纳税人开采或者生产应税产品过程中,因意外事故或者自然灾害等原因遭受重大损失的,由省、自治区、直辖市人民政府酌情决定减税或者免税。

(3)北方海盐资源税暂减按每吨15元征收;南方海盐、湖盐、井矿盐资源税暂减按每吨10元征收;液体盐资源税暂减按每吨2元征收。

(4)纳税人的减税、免税项目,应当单独核算课税数量;未单独核算或者不能准确提供课税数量的,不予减税或者免税。

(5)自2007年1月1日起,对地面抽采煤层气暂不征收资源税。

(6)出口应税产品不退(免)资源税的规定:资源税规定仅对在中国境内开采或生产应税产品的单位和个人征收,进口的矿产品和盐不征收资源税。由于对进口应税产品不征收资源税,相应的,对出口应税产品也不免征或退还已纳资源税。

(7)铁矿石资源税实行减征政策,暂按规定税额标准的80%征收。

【例5.2】 某油田2015年12月生产原油7 100吨,当月销售7 000吨,自用6吨,另有3吨在采油过程中用于加热、修井。原油单位税额为每吨8元,该油田当月应缴纳资源税( )。

A.56 048元　　　　B.56 072元　　　　C.56 800元　　　　D.56 000元

【解析】 正确答案为A。开采原油过程中用于加热、修井的原油,免征资源税。该油田当月应缴纳资源税=(7 000+6)×8=56 048(元)。

三、课税数量和应纳税额

资源税应纳税额计算公式为

$$应纳税额＝课税数量×适用的单位税额$$

$$代扣代缴应纳税额＝收购未税矿产品的数量×适用的单位税额$$

正确计算应纳税额,其关键在于正确确定课税数量。

(一)课税数量的一般规定

(1)纳税人开采或者生产应税产品销售的,以销售数量为课税数量。

(2)纳税人开采或者生产应税产品自用的,以自用(非生产用)数量为课税数量。

(二)课税数量的特殊规定

(1)纳税人不能准确提供应税产品销售数量或移送使用数量的,以应税产品的产量或主管税务机关确定的折算比,换算成的数量为课税数量。

(2)原油中的稠油、高凝油与稀油划分不清或不易划分的,一律按原油的数量课税。

(3)对于连续加工前无法正确计算原煤移送使用量的煤炭,可按加工产品的综合回收率,将加工产品实际销量和自用量折算成原煤数量,以此作为课税数量。

(4)金属和非金属矿产品原矿,因无法正确掌握纳税人移送使用原矿数量的,可将其精矿按选矿比折算成原矿数量,以此作为课税数量。

$$选矿比＝精矿数量÷耗用原矿数量$$

(5)纳税人以自产的液体盐加工固体盐,按固体盐税额征税,以加工的固体盐数量为课税数量。纳税人以外购的液体盐加工成固体盐,其加工固体盐所耗用液体盐的已纳税额准予抵扣。

【例5.3】 某油田当年销售原油70万吨,油田自用5万吨,另有2万吨采油过程中用于加热和修理油井。已知该油田适用的税额为每吨15元,则该油田当年应纳资源税税额为( )。

A.1 050万元 B.1 080万元

C.1 125万元 D.1 155万元

【解析】 正确答案为C。本题考核资源税的计算。开采原油销售或自用的都应缴纳资源税,加热或修井的原油免征资源税。该企业应纳资源税＝(70+5)×15＝1125(万元)。

四、资源税的征收管理

(一)纳税义务发生时间

(1)纳税人销售应税产品,其纳税义务发生时间为:

①纳税人采取分期收款结算方式的,其纳税义务发生时间,为销售合同规定的收款日期的当天。

②纳税人采取预收货款结算方式的,其纳税义务发生时间,为发出应税产品的当天。

③纳税人采取其他结算方式的,其纳税义务发生时间,为收讫销售或者取得索取销售款凭据的当天。

(2)纳税人自产自用应税产品的纳税义务发生时间,为移送使用应税产品的当天。

(3)扣缴义务人代扣代缴税款的纳税义务发生时间,为支付首笔货款或者开具支付货款凭证的当天。

(二)纳税期限

资源税的纳税期限为1日、3日、5日、10日、15日或者1个月,由主管税务机关根据实际情况具体核定。不能按固定期限计算纳税的,可以按次计算纳税。

纳税人以1个月为一期纳税的,自期满之日起10日内申报纳税;以1日、3日、5日、10日或者15日为一期纳税的,自期满之日起5日内预缴税款,于次月1日起10日内申报纳税并结清上月税款。

(三)纳税地点

(1)凡是缴纳资源税的纳税人,都应当向应税产品的开采或者生产所在地主管税务机关缴纳。

(2)如果纳税人应纳的资源税属于跨省开采,其下属生产单位与核算单位不在同一省、自治区、直辖市的,对其开采的矿产品一律在开采地纳税。实行从量计征的应税产品,其应纳税款一律由独立核算的单位按照每个开采第或者生产低的销售量及时用税率计算划拨;实行从价计征的应税产品,其应纳税乱一律由独立核算的单位按照每个开采地或者生产地的销售量、单位销售价格及适用税率计算划拨。

(3)扣缴义务人代扣代缴的资源税,应当向收购地主管税务机关缴纳。

【例5.4】 资源税纳税义务人销售应税产品,采取除分期收款和预收货款以外结算方式的,其纳税义务发生时间包括(　　)。

A.销售合同规定的收款日期的当天

B.收讫销售款的当天

C.发出应税产品的当天

D.取得索取销售款凭据的当天

【解析】 正确答案为BD。纳税人采取分期收款结算方式的,纳税义务发生时间为选项A;采取预收货款结算方式的,纳税义务发生时间为选项C;采取分期收款和预收货款以外结算方式的,纳税义务发生时间为选项BD。

第二节　城镇土地使用税

城镇土地使用税是国家在城市、县城、建制镇和工矿区范围内使用土地的单位和个人,按实际占用土地面积征收的一种行为税。单位包括国有企业、集体企业、私营企业、股份制企业、外商投资企业、外国企业以及其他企业和事业单位、社会团体、国家机关、军队以及其他单位;个人包括个体工商户以及其他个人。

一、纳税人和征收范围

(一)纳税人

城镇土地使用税的纳税人是在我国境内使用土地的单位和个人。拥有土地使用权的纳税人不在土地所在地的,由该土地的代管人或实际使用人承担纳税义务;土地使用权未确定或权属纠纷未解决的,由实际使用人纳税;土地使用权为多方共有的,由共有各方分别纳税。

(二)征收范围

城镇土地使用税在城市、县城、建制镇和工矿区开征,凡是在纳税范围内的土地(农业用地除外),不论国家或集体、单位或个人,只要是非农业用地,都应照章缴纳土地使用税。目前,尚未对农村非农业用地计征土地使用税。公园、名胜古迹内的索道公司经营用地,应按规定缴纳城镇土地使用税。

【例5.5】 城镇土地使用税的纳税义务人是使用城市、县城、建制镇和工矿区土地的单位和个人,包括(   )。

A. 外商投资企业和外国企业
B. 事业单位和社会团体
C. 个体工商户
D. 个人

【解析】 正确答案为 ABCD。城镇土地使用税的纳税义务人包括内资企业、外商投资企业和外国企业、事业单位、社会团体、国家机关、军队及其他单位,个体工商户及个人也是城镇土地使用税的纳税人。

二、税率、计税依据和应纳税额

(一)税率

城镇土地使用税采用定额税率。土地使用税每平方米年税额如下:大城市 1.5～30 元;中等城市 1.2～24 元;小城市 0.9～18 元;县城、建制镇、工矿区 0.6～12 元。

各省(区、市)人民政府可根据本地区经济发展状况,适当降低税额,但降低额不得超过最低税额的 30%;经济发达地区适用税额标准应适当提高,但须报经财政部批准。

(二)计税依据

城镇土地使用税以纳税人实际占用的土地面积为计税依据。

(1)以测定面积为计税依据,适用于由省、自治区、直辖市人民政府确定的单位组织测定土地面积的纳税人。

(2)以证书确认的土地面积为计税依据,适用尚未组织测量土地面积,但持有政府部门核发的土地使用证书的纳税人。

(3)以申报的土地面积为计税依据,适用于尚未核发土地使用证书的纳税人。

(三)应纳税额

(全年)应纳税额=实际占用应税土地面积(平方米)×适用税额(定额税率)

【例5.6】 某厂实际占用土地40 000平方米,其中企业自己办的托儿所用地200平方米,企业自己办的医院占地2 000平方米。该厂位于中等城市,当地人民政府核定该企业的土地使用税单位税额为9元/平方米。计算该厂年度应纳土地使用税税额。

【解析】 按照规定,企业自办的托儿所、医院占用的土地,可以免缴土地使用税,因而该厂年度应纳土地使用税税额计算如下:

应纳税额=(40 000−200−2 000)×9=340 200(元)

【例5.7】 某服装厂和光明招待所共同使用一块面积为130 000平方米的土地。其中,服装厂使用78 000平方米,光明招待所用地面积为52 000平方米,服装厂和光明招待所位于30万人的城市,当地政府核定的单位税额为该级幅度税额的最高额。计算服装厂和光明招待所各自缴纳多少土地使用税税额。

【解析】 土地使用权共有的,应按土地使用权共有的各方实际使用的土地面积,分别计算土地使用税。服装厂占用的土地面积是总土地面积的60%,光明招待所占用的土地面积是总面积的40%。因而,服装厂、光明招待所应分别承担土地使用税的60%和40%。按照规定,人口在30万人的城市是中等城市,中等城市的单位税额最高额为8元/平方米。则两单位承担的土地使用税税额如下:

服装厂应纳税额=130 000×8×60%=624 000(元)
光明招待所应纳税额=130 000×8×40%=416 000(元)

三、税收优惠

(一)《暂行条例》或其他法规中规定的统一免税项目

(1)国家机关、人民团体、军队自用的土地。

(2)由国家财政部门拨付事业经费的单位自用的土地。

(3)宗教寺庙、公园、名胜古迹自用的土地。

(4)市政街道、广场、绿化地带等公共用地。

(5)直接用于农、林、牧、渔业的生产用地。

(6)经批准开山填海整治的土地和改造的废弃土地,从使用的月份起免缴土地使用税5年至10年。

(7)对非营利性医疗机构、疾病控制机构和妇幼保健机构等卫生机构自用的土地,免征城镇土地使用税。

(8)企业办的学校、医院、托儿所、幼儿园,其用地能与企业其他用地明确区分的,免征城镇土地使用税。

(9)免税单位无偿使用纳税单位的土地(如公安、海关等单位使用铁路、民航等单位的土地),免征城镇土地使用税。纳税单位无偿使用免税单位的土地,纳税单位应照章缴纳城镇土地使用税。纳税单位与免税单位共同使用、共有使用权土地上的多层建筑,对纳税单位可按其占用的建筑面积占建筑总面积的比例计征城镇土地使用税。

(10)对行使国家行政管理职能的中国人民银行总行(含国家外汇管理局)所属分支机构自用的土地,免征城镇土地使用税。

(11)为了体现国家的产业政策,支持重点产业的发展,对石油、电力、煤炭等能源用地,民用港口、铁路等交通用地和水利设施用地,三线调整企业、盐业、采石场、邮电等一些特殊用地划分了征免税界限和给予政策性减免税照顾。

(12)对企业厂区以外的公共绿化用地和向社会开放的公园用地,暂免征收城镇土地使用税。

(13)在城镇土地使用税征收范围内经营采摘、观光农业的单位和个人,其直接用于采摘、观光的种植、养殖、饲养的土地,根据《中华人民共和国城镇土地使用税暂行条例》第六条中"直接用于农、林、牧、渔业的生产用地"规定,免征城镇土地使用税。

(14)对核电站的核岛、常规岛、辅助厂房和通讯设施用地(不包括地下线路用地),生活、办公用地按规定征收城镇土地使用税,其他用地免征城镇土地使用税。对核电站应税土地在基建期内减半征收城镇土地使用税。

(二)由省、自治区、直辖市地方税务局确定的减免税项目

(1)个人所有的居住房屋及院落用地。

(2)房产管理部门在房租调整改革前经租的居民住房用地。

(3)免税单位职工家属的宿舍用地。

(4)民政部门举办的安置残疾人占一定比例的福利工厂用地。

(5)集体和个人办的各类学校、医院、托儿所、幼儿园用地。

(6)房地产开发公司开发建造商品房的用地,除经批准开发建设经济适用房的用地外,对各类房地产开发用地一律不得减免城镇土地使用税。

(7)向居民供热并向居民收取采暖费的供热企业暂免征收土地使用税。对既向居民供热,又向非居民供热的企业,可按向居民供热收取的收入占其总供热收入的比例划分征免税界限;对于兼营供热的企业,可按向居民供热收取的收入占其生产经营总收入的比例划分征免税界限。

【例5.8】 依据《城镇土地使用税暂行条例》及细则的规定,经批准开山填海整治的土地

和改造的废弃土地,从使用的月份起免缴土地使用税 5 年至 10 年。具体免税期限确定权在( )。

A. 省级地方税务局
B. 地市级地方税务局
C. 县级地方税务局
D. 当地主管地方税务局

【解析】 正确答案为 A。此条优惠本属条例及细则中规定的,但由于减免期限有幅度,具体限期可在幅度内由省、自治区、直辖市地方税务机关自定。

四、征收管理

(一)纳税期限

城镇土地使用税实行按年计算,分期缴纳。缴纳期限由省(区、市)人民政府确定。

新征用的土地,如属于耕地,自批准征用之日起满一年时开始缴纳土地使用税;如属于非耕地,则自批准征用次月起缴纳土地使用税。

(二)纳税义务发生时间

(1)纳税人购置新建商品房,自房屋交付使用之次月起,缴纳城镇土地使用税。

(2)纳税人购置存量房,自办理房屋权属转移、变更登记手续,房地产权属登记机关签发房屋权属证书之次月起,缴纳城镇土地使用税。

(3)纳税人出租、出借房产,自交付出租、出借房产之次月起,缴纳城镇土地使用权。

(4)以出让或转让方式有偿取得土地使用权的,应由受让方从合同约定交付土地时间的次月起缴纳城镇土地使用税;合同未约定交付时间的,由受让方从合同签订的次月起缴纳城镇土地使用权。

(5)纳税人新征用的耕地,自批准征用之日起满 1 年时开始缴纳土地使用税。

(6)纳税人新征用的非耕地,自批准征用次月起缴纳土地使用税。

(三)纳税地点

城镇土地使用税应在土地所在地向其地方税务机关缴纳。

【例 5.9】 下列各项中,符合城镇土地使用税有关纳税义务发生时间规定的有( )。

A. 纳税人新征用的耕地,自批准征用之月起缴纳城镇土地使用税
B. 纳税人出租房产,自交付出租房产次月起缴纳城镇土地使用税
C. 纳税人新征用的非耕地,自批准征用之月起缴纳城镇土地使用税
D. 纳税人购置新建商品房,自房屋交付使用次月起缴纳城镇土地使用税

【解析】 正确答案为 BD。本题考核城镇土地使用税的纳税义务发生时间。新征用的耕地,自批准征用之日起满 1 年时开始缴纳土地使用税,因此选项 A 不正确;新征用的非耕地,

自批准征用次月起缴纳土地使用税，因此选项 C 不正确。

第三节 土地增值税

土地增值税是对有偿转让国有土地使用权及地上建筑物和其他附着物产权，并取得增值性收入的单位和个人所征收的一种税。

一、纳税人和征收范围

（一）纳税人

《土地增值税暂行条例》规定，土地增值税的纳税人是转让国有土地使用权及地上的一切建筑物及其附着物产权，并取得收入的单位和个人，包括机关、团体、部队、企业事业单位、个体工商业户及国内其他单位和个人，还包括外商投资企业、外国企业及外国机构、华侨、港澳台同胞及外国公民等。

（二）征收范围

土地增值税的课税对象是有偿转让国有土地使用权及地上建筑物和其他附着物产权所取得的增值额。

1. 征税范围的一般规定

（1）土地增值税只对转让国有土地使用权的行为课税，转让非国有土地和出让国有土地的行为均不征税。

（2）土地增值税既对转让土地使用权课税，也对转让地上建筑物和其他附着物的产权征税。

（3）土地增值税只对有偿转让的房地产征税，对以继承、赠与等方式无偿转让的房地产，不予征税。

2. 征税范围的若干具体规定

（1）以房地产进行投资、联营。对于以房地产进行投资、联营的，如果投资、联营的一方以土地（房地产）作价入股进行投资或作为联营条件，暂免征收土地增值税。但对以房地产作价入股，凡所投资、联营的企业从事房地产开发的，或者房地产开发企业以其建造的商品房进行投资和联营的，或是投资、联营企业将上述房地产再转让，则属于征收土地增值税的范围。

（2）合作建房。对于一方出地，一方出资金，双方合作建房，建成后分房自用的，暂免征收土地增值税。但是，建成后转让的，属于征收土地增值税的范围。

（3）企业兼并转让房地产。在企业兼并中，对被兼并企业将房地产转让到兼并企业中的，暂免征收土地增值税。

（4）交换房地产。交换房地产行为既发生了房产产权、土地使用权的转移，交换双方又取得了实物形态的收入,按照规定属于征收土地增值税的范围。但对个人之间互换自有居住用房地产的,经当地税务机关审核,可以免征土地增值税。

(5)房地产抵押。在抵押期间不征收土地增值税。待抵押期满后,视该房地产是否转移产权来确定是否征收土地增值税。以房地产抵债而发生房地产产权转让的,不属于征收土地增值税的范围。

(6)房地产出租。房地产出租,出租人取得了收入,但没有发生房地产产权的转让,不属于征收土地增值税的范围。

(7)房地产评估增值。房地产评估增值,没有发生房地产权属的转让,不属于征收土地增值税的范围。

(8)国家收回国有土地使用权、征用地上建筑物及附着物。国家收回或征用,虽然发生了权属的变更,原房地产所有人也取得了收入,但按照《土地增值税暂行条例》的有关规定,可以免征土地增值税。

(9)土地使用者转让、抵押或置换土地,无论其是否取得了该土地的使用权属证书,无论其在转让、抵押或置换土地过程中是否与对方当事人办理了土地使用权属证书变更登记手续,只要土地使用者享有占有、使用、收益或处分该土地的权利,且有合同等证据表明其实际转让、抵押或置换了土地并取得了相应的经济利益,土地使用者及其当事人应当依照税法规定缴纳土地增值税等相关费用。

【例5.10】 转让国有土地使用权、地上建筑及其附着物并取得收入的(　　),都是土地增值税的纳税义务人。

A.学校　　　　　　B.税务机关

C.外籍个人　　　　D.国有企业

【答案】ABCD

二、税率、计税依据和应纳税额计算

(一)税率

土地增值税实行四级超率累进税率(见表5.2)。

表5.2　土地增值税四级超率累进税率表

级数	增值额与扣除项目金额的比率	税率/%	速算扣除系数/%
1	不超过50%的部分(含50%)	30	0
2	超过50%~100%的部分(含100%)	40	5
3	超过100%~200%的部分(含200%)	50	15
4	超过200%的部分	60	35

（二）计税依据

土地增值税以转让房地产的增值额为税基。公式为

$$土地增值额 = 转让房地产取得的应税收入 - 扣除项目$$

计算土地增值额时准予从转让收入中扣除的项目,根据转让项目的性质不同,可进行以下划分：

1. 对于新建房地产转让,可扣除项目

（1）取得土地使用权所支付的金额,包括：

①纳税人为取得土地使用权所支付的地价款。

②纳税人在取得土地使用权时按国家统一规定缴纳的有关费用。

（2）房地产开发成本。房地产开发成本是指纳税人房地产开发项目实际发生的成本,包括6项：土地征用及拆迁补偿费、前期工程费、建筑安装工程费、基础设施费、公共配套设施费、开发间接费用等。

（3）房地产开发费用（期间费用,即销售费用、管理费用、财务费用）。

①纳税人能够按转让房地产项目计算分摊利息支出,并能提供金融机构的贷款证明的：

房地产开发费用 = 利息 + （取得土地使用权所支付的金额 + 房地产开发成本）×5%以内。

这里的利息注意：不能超过按商业银行同类同期银行贷款利率计算的金额；不包括加息、罚息。

②纳税人不能按转让房地产项目计算分摊利息支出,或不能提供金融机构贷款证明的：

房地产开发费用 = （取得土地使用权所支付的金额 + 房地产开发成本）×10%以内。

全部使用自有资金,没有利息支出的,按照以上方法扣除。上述具体适用的比例按省级人民政府此前规定的比例执行。

土地增值税清算时,已经计入房地产开发成本的利息支出,应调整至财务费用中计算扣除。

（4）与转让房地产有关的税金。

①房地产开发企业：扣"两税一费"（营业税、城建税、教育费附加）。

②非房地产开发企业：扣"三税一费"（营业税、印花税、城建税、教育费附加）。

（5）财政部规定的其他扣除项目。

从事房地产开发的纳税人可加计20%的扣除：

$$加计扣除费用 = （取得土地使用权支付的金额 + 房地产开发成本）×20\%$$

2. 对于存量房地产转让,可扣除项目

（1）房屋及建筑物的评估价格。旧房及建筑物的评估价格是指在转让已使用的房屋及建筑时,由政府批准设立的房地产评估机构评定的重置成本价乘以成新度折扣率后的价格。

$$评估价格 = 重置成本价 × 成新度折扣率$$

重置成本的含义是：对旧房及建筑物,按转让时的建材价格及人工费用计算,建造同样面积、同样层次、同样结构、同样建设标准的新房及建筑物所需花费的成本费用。

(2)取得土地使用权所支付的地价款和按国家统一规定交纳的有关费用。

(3)转让环节缴纳的税金(注意营业税的规定)。

凡不能取得评估价格,但能提供购房发票的:旧房及建筑物的评估价格,可按发票所载金额并从购买年度起至转让年度止每年加计5%计算扣除。计算扣除项目时"每年"按购房发票所载日期起至售房发票开具之日止,每满12个月计一年;超过一年,未满12个月但超过6个月的,可以视同为一年。

对纳税人购房时缴纳的契税,凡能提供契税完税凭证的,准予作为"与转让房地产有关的税金"予以扣除,但不作为加计5%的基数。

对于转让旧房及建筑物,既没有评估价格,又不能提供购房发票的,地方税务机关可以实行核定征收。

【例5.11】 按照土地增值税的有关规定,纳税人提供扣除项目金额不实的,在计算土地增值额时,应按照(　　)。

A.税务部门估定的价格扣除
B.税务部门与房地产主管部门协商的价格扣除
C.房地产评估价格扣除
D.房地产原值减除30%后的余值扣除

【解析】 正确答案为C。纳税人有以下三种情况之一的,按房地产评估价格计算征收土地增值税:①隐瞒、虚报房地产成交价格的;②提供扣除项目金额不实的;③转让房地产成交价格低于房地产评估价格,又无正当理由的。

(三)应纳税额的计算

土地增值税以转让房地产的增值额为税基,依据超率累进税率,计算应纳税额,其计算原理与超额累进税率基本相同。计算的基本原理和方法是:首先以出售房地产的总收入减除扣除项目金额,求得增值额;再以增值额同扣除项目相比,其比值即为土地增值率;然后,根据土地增值率的高低确定适用税率,用增值额和适用税率相乘,求得应纳税额。计算土地增值税简便方法如下:

增值额未超过扣除项目金额50%

$$土地增值税税额=增值额\times30\%$$

增值额超过扣除项目金额50%,未超过100%

$$土地增值税税额=增值额\times40\%-扣除项目金额\times5\%$$

增值额超过扣除项目金额100%,未超过200%

$$土地增值税税额=增值额\times50\%-扣除项目金额\times15\%$$

增值额超过扣除项目金额200%

$$土地增值税税额=增值额\times60\%-扣除项目金额\times60\%$$

公式中的5%、15%、35%为速算扣除系数。以下是常见的不同情况下的土地增值税计算方法。

1. 转让土地使用权和出售新建房及配套设施应纳税额的计算方法

转让土地使用权和出售新建房及配套设施的情况在征管实践中较为普遍,可根据上述计税原理,分四步计算应纳税额:

(1)计算增值额

$$增值额 = 收入额 - 扣除项目金额$$

(2)计算增值率

$$增值率 = 增值额 \div 扣除项目金额 \times 100\%$$

(3)确定适用税率。依据计算的增值率,按其税率表确定适用税率。

(4)依据适用税率计算应纳税额

$$应纳税额 = 增值额 \times 适用税率 - 扣除项目金额 \times 速算扣除系数$$

【例 5.12】 C 房地产开发公司出售一幢写字楼,收入总额为 1 亿元。开发该写字楼有关支出为:支付地价款及各种费用 1 000 万元;房地产开发成本 3 000 万元;财务费用中的利息支出为 500 万元(可按转让项目计算分摊并提供金融机构证明),但其中有 50 万元属加罚的利息;转让环节缴纳的有关税费共计为 555 万元;该单位所在地政府规定的其他房地产开发费用计算扣除比例为 5%。试计算该房地产开发公司应纳的土地增值税。

【答案】(1)取得土地使用权支付的地价款及有关费用为 1 000 万元

(2)房地产开发成本为 3 000 万元

(3)房地产开发费用 = 500 - 50 + (1 000 + 3 000) × 5% = 650(万元)

(4)允许扣除的费用为 555 万元

(5)从事房地产开发的纳税人加计扣除 20%

$$加计扣除额 = (1\ 000 + 3\ 000) \times 20\% = 800(万元)$$

(6)允许扣除的项目金额合计 = 1 000 + 3 000 + 650 + 555 + 800 = 6 005(万元)

(7)增值额 = 10 000 - 6 005 = 3 995(万元)

(8)增值率 = 3 995 ÷ 6 005 × 100% = 66.53%

(9)应纳税额 = 3 995 × 40% - 6 005 × 5% = 1 297.75(万元)

2. 出售旧房应纳税额的计算方法

出售旧房及建筑物,首先按评估价格及有关因素计算、确定扣除项目金额,再根据上述计算方法计算应纳税额。具体计算步骤如下:

(1)计算评估价格:

$$评估价格 = 重置成本价 \times 成新度折扣率$$

(2)汇集扣除项目金额。

(3)计算增值率。

(4)依据增值率确定适用税率。

(5)依据适用税率计算应纳税额。
应纳税额=增值额×适用税率-扣除项目金额×速算扣除系数

【例5.13】 甲工业企业转让一幢20世纪90年代建造的厂房,当时造价100万元,无偿取得土地使用权。如果按现行市场价的材料、人工费计算,建造同样的房子需600万元,该房子为七成新,按500万元出售,支付的有关税费计27.5万元。计算企业转让旧房应缴纳的土地增值税。

【答案】(1)评估价格=600×70%=420(万元)
(2)允许扣除的税金27.5万元
(3)扣除项目金额合计=420+27.5=447.5(万元)
(4)增值额=500-447.5=52.5(万元)
(5)增值率=52.5÷447.5×100%=11.73%
(6)应纳税额=52.5×30%-447.5×0=15.75(万元)

3. 特殊售房方式应纳税额的计算方法

特殊售房方式应纳税额的计算方法是:纳税人成片受让土地使用权后,分期分批开发、转让房地产的,对允许扣除项目的金额可按转让土地使用权的面积占总面积的比例计算分摊。若按此办法难以计算或明显不合理,也可按建筑面积或税务机关确认的其他方式计算分摊。按转让土地使用权的面积占总面积的比例,计算分摊扣除项目金额的计算公式为:

扣除项目金额=扣除项目的总金额×(转让土地使用权的面积或建筑面积÷受让土地使用权的总面积)

三、税收优惠

1. 建造普通标准住宅的税收优惠

建造普通标准住宅出售,其增值额未超过扣除项目金额之和20%的,予以免税超过20%的,应就其全部增值额按规定计税。所谓"普通标准住宅",是指按所在地一般民用住宅标准建造的居住用住宅。高级公寓、别墅、小洋楼、度假村,以及超面积、超标准豪华装修的住宅,均不属于普通标准住宅。2005年6月1日起,对普通标准住宅的规定为:住宅小区建筑容积率在1.0以上,单套建筑面积在120平方米以下,实际成交价格同级别土地上住房平均交易价格1.2倍以下。各省、自治区、直辖市要根据实际情况,制定本地区享受优惠政策普通住房具体标准。允许单套建筑面积和价格标准适当浮动,但向上浮动的比例不得超过上述标准的20%。对纳税人既建普通标准住宅,又搞其他房地产开发的,应分别核算增值额;不分别核算增值额或不能准确核算增值额的,其建造的普通标准住宅不适用该免税规定。

2. 因国家建设需要而被政府征用、收回的房地产,免税

这类房地产是指因城市市政规划、国家建设需要拆迁,而被政府征用、收回的房地产。由于上述原因,纳税人自行转让房地产的,亦给予免税。

3. 对企事业单位、社会团体以及其他组织转让旧房作为公共租赁住房房源,且增值额未超过扣除项目金额20%的,免征土地增值税。

享受上述税收优惠政策的公共租赁住房是指纳入省、自治区、直辖市、计划单列市人民政府及新疆生产建设兵团批准的公共租赁住房发展规划和年度计划,并按照《关于加快发展公共租赁住房的指导意见》(建保【2010】87号)和市、县人民政府制定的具体管理办法进行。

四、土地增值税清算

(一)土地增值税的清算单位

土地增值税以国家有关部门审批的房地产开发项目为单位进行清算,对于分期开发的项目,以分期项目为单位清算。开发项目中同时包含普通住宅和非普通住宅的,应分别计算增值额。

(二)土地增值税的清算条件

符合下列情形之一的,纳税人应当进行土地增值税的清算:
(1)房地产开发项目全部竣工、完成销售的。
(2)整体转让未竣工决算房地产开发项目的。
(3)直接转让土地使用权的。

符合下列情形之一的,主管税务机关可要求纳税人进行土地增值税清算:
(1)已竣工验收的房地产开发项目,已转让的房地产建筑面积占整个项目可售建筑面积的比例在85%以上,或该比例虽未超过85%,但剩余的可售建筑面积已经出租或自用的。
(2)取得销售(预售)许可证满三年仍未销售完毕的。
(3)纳税人申请注销税务登记但未办理土地增值税清算手续的。
(4)省税务机关规定的其他情况。

【例5.14】 对房地产开发公司进行土地增值税清算时,可作为清算单位的是(　　)。
A. 规划申报项目　　B. 审批备案项目
C. 商业推广项目　　D. 设计建筑项目
【解析】 正确答案为B。清算审核时,应审核房地产开发项目是否以国家有关部门审批、备案的项目为单位进行清算。

五、征收管理

(一)完善土地增值税的预征办法

对已经实行预征办法的地区,可根据不同类型房地产的实际情况,确定适当的预征率。除保障性住房外,东部地区省份预征率不得低于2%,中部和东北地区省份不得低于1.5%,西部地区省份不得低于1%。

(二)纳税地点与申报时间

1. 纳税地点

土地增值税由房地产所在地的税务机关负责征收。所谓"房地产所在地",是指房地产的坐落地。不论纳税人的机构所在地、经营所在地、居住所在地设在何处,均应在房地产的所在地申报纳税。具体有以下两种情况:

(1)纳税人是法人的,当纳税人转让的房地产的坐落地与其机构所在地或经营所在地同在一地时,可在办理税务登记的原管辖税务机关申报纳税;如果转让的房地产坐落地与其机构所在地或经营所在地不在一地,则应在房地产坐落地的主管税务机关申报纳税。纳税人转让的房地产坐落在两个或两个以上地区的,应按房地产所在地分别申报纳税。

(2)纳税人是自然人的,当纳税人转让的房地产的坐落地同在一地时,可在其住所所在地税务机关申报纳税;如果转让的房地产的坐落地与其居住所在地不在一地,则应在房地产坐落地的主管税务机关申报纳税。

2. 纳税申报时间

纳税人签订房地产转让合同后7日内。

本 章 小 结

以自然资源为课税对象的一系列税种构成了资源税体系。对资源课税可以提高资源的开发利用率,减少资源的损失浪费,调节资源的级差收入,创造企业公平竞争的环境,同时,增加国家的税收收入。

资源税、城镇土地使用税、土地增值税这些税种较之前几章所介绍的税种在知识点上只需要了解和熟悉,但在实际生活中,这些看似较小的税种会常常接触到,所以了解和熟练运用本章的各知识点,对日后的学习和工作都会有所帮助。

思 考 题

一、关键概念

减免税

征税范围

纳税人

计税依据

二、简答题

1. 简述在什么情况下资源税可以实行税款抵扣制度。
2. 简述土地增值税主要的账户处理有哪些规定。
3. 简述土地使用税的征收范围包括哪些。
4. 简述资源税的征税对象。

三、计算题

1. 某盐场5月5日购进液体盐30 000吨,每吨购进价格假定为100元(不含增值税、资源税),当月全部耗用。当月对外销售南方海盐原盐20 000吨(包括自产和用购入液体盐加工而成的)。另外,企业用原盐10 000吨加工成精盐出售。

(1)计算以上发生的经济业务应纳资源税税额。
(2)月终,计算企业按规定进行纳税申报实际应纳资源税税额。

【参考答案】
(1)企业购进液体盐价款300万元,其应纳税额计算如下:
可抵扣资源税税额=30 000×2=60 000(元)
可抵扣增值税税额=(3 000 000+60 000)×17%=520 200(元)
(2)企业对外销售南方海盐原盐20 000吨,应纳资源税计算如下:
应纳税额=20 000×10=200 000(元)
(3)企业用原盐10 000吨加工成精盐出售,应纳资源税额如下:
应纳税额=10 000×10=100 000(元)
(4)月终,企业按规定进行纳税申报时,当月实际应纳资源税计算如下:
应纳税额=200 000+100 000-60 000=240 000(元)

2.某兼营房地产业务的金融公司按5 000元/平方米的价格购入一栋两层楼房,共计2 000平方米,支付价款1 000万元。后来,该公司没有经过任何开发,以9 000元/平方米的价格出售,取得转让收入1 800万元,缴纳营业税等流转税99万元。该公司既不能按转让房地产项目计算分摊利息支出,也不能提供金融机构证明。

计算应缴土地增值税。

【参考答案】
(1)扣除项目金额=10 000 000+10 000 000×10%+990 000=11 990 000(元)
(2)增值额=18 000 000-11 990 000=6 010 000(元)
(3)增值额占扣除项目的比例=(6 010 000÷11 990 000)×100%=50.125%
(4)土地增值税税额=6 010 000×40%-11 990 000×5%=2 404 000-599 500=1 804 500(元)

3.某服装厂和某招待所共同使用一块面积为13万平方米的土地。其中,服装厂使用78 000平方米,招待所用地面积为52 000平方米,服装厂和招待所位于30万人的城市,当地政府核定的单位税额为该级幅度税额的最高额。

计算服装厂和招待所各自应缴纳多少土地使用税税额。

【参考答案】
土地使用权共有的,应按土地使用权共有的各方实际使用的土地面积,分别计算土地使用税。服装厂占用的土地面积是总土地面积的60%,招待所占用的土地面积是总面积的40%。因而,服装厂、招待所应分别承担土地使用税60%和40%。按照规定,人口在30万人的城市是中等城市,中等城市的单位税额最高额为8元/平方米。则两单位承担的土地使用税税额如下:
服装厂应纳税额=130 000×8×60%=624 000(元)
招待所应纳税额=130 000×8×40%=416 000(元)

Chapter 6

第六章

财产行为类税法

【学习目标】
1. 掌握房产税税率、计税依据和应纳税额的计算;
2. 掌握契税的纳税义务人、税率和应纳税额的计算;
3. 掌握车船税、印花税应纳税额的计算;
4. 熟悉房产税纳税义务人、征税范围、税收优惠及征收管理;
5. 熟悉契税的征税对象、税收优惠及征收管理;
6. 熟悉车船税纳税义务人、征税范围、税收优惠等;
7. 熟悉印花税税目、税率和税收优惠;
8. 了解房产税、契税和印花税的基本原理。

【能力目标】
1. 实地调研房产税的试点地区税款的征收和缴纳情况;
2. 正确计算房产税、契税、车船税及印花税的应纳税额并能进行案例分析。

【引导案例】
　　印花税是一个很古老的税种,人们比较熟悉,但对它的起源却鲜为人知。从税史学理论上讲,任何一种税种的"出台",都离不开当时的政治与经济的需要,印花税的产生也是如此。
　　公元1624年,荷兰政府发生经济危机,财政困难。当时执掌政权的统治者摩里斯(Maurs)为了解决财政上的需要,拟提出要用增加税收的办法来解决支出的困难,但又怕人民反对,便要求政府的大臣们出谋献策。众大臣议来议去,就是想不出两全其美的妙法来。于是,荷兰的统治阶级就采用公开招标办法,以重赏来寻求新税设计方案。印花税,就是从千万个应征者设计的方案中精选出来的"杰作"。可见,印花税的产生较之其他税种,更具有传奇色彩。

> 印花税的设计者可谓独具匠心。他观察到人们在日常生活中使用契约、借贷凭证之类的单据很多，连绵不断，所以，一旦征税，税源将很大；而且，人们还有一个心理，认为凭证单据上由政府盖个印，就成为合法凭证，在诉讼时可以有法律保障，因而对交纳印花税也乐于接受。正是这样，印花税被资产阶级经济学家誉为税负轻微、税源畅旺、手续简便、成本低廉的"良税"。英国的哥尔柏(Kolebe)说过："税收这种技术，就是拔最多的鹅毛，听最少的鹅叫。"印花税就是具有"听最少鹅叫"的税种。
>
> 从1624年世界上第一次在荷兰出现印花税后，由于印花税"取微用宏"，简便易行，欧美各国竞相效法。丹麦、法国、美国、奥地利、英国先后开征了印花税。它在不长的时间内，就成为世界上普遍采用的一个税种，在国际上盛行。

第一节 房产税

房产税法是指国家制定的调整房产税征收与缴纳之间权利及义务关系的法律规范。我国的房产税是以房屋为征税对象，按照房屋的计税余值或租金收入，向房屋产权所有人征收的一种财产税。现行房产税法的基本规定，是1986年9月15日国务院颁布的《中华人民共和国房产税暂行条例》(以下简称《房产税暂行条例》)。

一、房产税基本法律规定

(一)纳税义务人

房产税以在征税范围内的房屋产权所有人为纳税人。

(1)产权属国家所有的，由经营管理单位纳税；产权属集体和个人所有的，由集体单位和个人纳税。

(2)产权出典的，由承典人纳税。所谓产权出典，是指产权所有人将房屋、生产资料等的产权，在一定期限内典当给他人使用，而取得资金的一种融资业务。由于在房屋出典期间，产权所有人已无权支配房屋，因此，税法规定由对房屋具有支配权的承典人为纳税人。

(3)产权所有人、承典人不在房屋所在地的，由房产代管人或者使用人纳税。

(4)产权未确定及租典纠纷未解决的，由房产代管人或者使用人纳税。

(5)自2009年1月1日起，外商投资企业、外国企业和组织以及外籍个人，依照《中华人民共和国房产税暂行条例》缴纳房产税。

(二)征税对象及征税范围

房产税以房产为征税对象。所谓房产，是指有屋面和围护结构(有墙或两边有柱)，能遮风避雨，可供人们生产、学习、工作、生活或贮藏物资的场所。与房屋不可分割的各种附属设施或不单独计价的配套设施，也属于房屋，应一并征收房产税；但独立于房屋之外的建筑物(如水塔、围墙等)不属于房屋,不征房产税。房地产开发企业建造的商品房,在出售前,不征收房产税;但对出售前房地产开发企业已使用或出租、出借的商品房应按规定征收房产税。

房产税的征税范围为城市、县城、建制镇和工矿区。具体规定如下:

(1)城市是指国务院批准设立的市。

(2)县城是指县人民政府所在地的地区。

(3)建制镇是指经省、自治区、直辖市人民政府批准设立的建制镇。

(4)工矿区是指工商业比较发达、人口比较集中、符合国务院规定的建制镇标准但尚未设立建制镇的大中型工矿企业所在地。开征房产税的工矿区须经省、自治区、直辖市人民政府批准。

(三)税率

我国现行房产税采用的是比例税率,由于房产税的计税依据分为从价计征和从租计征两种形式,所以房产税的税率也有两种:一种是按房产原值一次减除10%～30%后的余值计征的,税率为1.2%;另一种是按房产出租的租金收入计征的,税率为12%。从2008年3月1日起,对个人出租住房的,不区分用途,按4%的税率征收房产税。

二、应纳税额的计算

(一)计税依据

房产税的计税依据是房产的计税价值或房产的租金收入。按照房产计税价值征税的,称为从价计征;按照房产租金收入计征的,称为从租计征。

1. 从价计征

《房产税暂行条例》规定,房产税依照房产原值一次减除10%～30%的扣除比例后的余值计算缴纳。各地扣除比例由当地省、自治区、直辖市人民政府确定。

(1)房产原值是指纳税人按照会计制度规定,在账簿"固定资产"科目中记载的房屋原价。因此,凡按会计制度规定在账簿中记载有房屋原价的,应以房屋原价按规定减除一定比例后作为房产余值计征房产税;没有记载房屋原价的,按照上述原则,并参照同类房屋确定房产原值,按规定计征房产税。

值得注意的是,自2009年1月1日起,对依照房产原值计税的房产,不论是否记载在会计账簿固定资产科目中,均应按照房屋原价计算缴纳房产税。房屋原价应根据国家有关会计制度规定进行核算。对纳税人未按国家会计制度规定核算并记载的,应按规定予以调整或重新评估。

(2)房产原值应包括与房屋不可分割的各种附属设备或一般不单独计算价值的配套设施,包括:暖气、通风、卫生、照明、煤气等设备;各种管线,如蒸汽、压缩空气、石油、给水排水等管道及电力、电讯、电缆导线;电梯、升降机、过道、晒台等。属于房屋附属设备的水管、下水道、暖气管、煤气管等应从最近的探视井或三通管起,计算原值;电灯网、照明线从进线盒连接管起,计算原值。

(3)纳税人对原有房屋进行改建、扩建的,要相应增加房屋的原值。

此外,还需要注意的特殊问题有:

第一:对投资联营的房产,在计征房产税时应予以区别对待。对于以房产联营投资,投资者参与投资利润分红,共担经营风险的,按房产余值作为计税依据计征房产税;对于以房产联营投资,收取固定收入,不承担经营风险,实际是以联营名义取得房产租金,因此应由出租方按租金收入计征房产税。

第二,融资租赁房屋的情况,由于租赁费包括购进房屋的价款、手续费、借款利息等,与一般房屋出租的"租金"内涵不同,且租赁期满后,当承租方偿还最后一笔租赁费时,房屋产权一般都转移到承租方,实际上是一种变相的分期付款购买固定资产的形式,所以在计征房产税时应以房产余值计算征收。至于租赁期内房产税的纳税人,由当地税务机关根据实际情况确定。

(4)从2006年1月1日起,房屋附属设备和配套设施计征房产税按以下规定执行。

①凡以房屋为载体,不可随意移动的附属设备和配套设施,如给排水、采暖、消防、中央空调、电气及智能化楼宇设备等,无论在会计核算中是否单独记账与核算,都应计入房产原值,计征房产税。

②对于更换房屋附属设备和配套设施的,在将其价值计入房产原值时,可扣减原来相应设备和设施的价值;对附属设备和配套设施中易损坏、需要经常更换的零配件,更新后不再计入房产原值。

(5)居民住宅区内业主共有经营性房产缴纳房产税。

从2007年1月1日起,对居民住宅区内业主共有的经营性房产,由实际经营(包括自营和出租)的代管人或使用人缴纳房产税。其中自营的,依照房产原值减除10%至30%后的余值计征,没有房产原值或不能将业主共有房产与其他房产的原值准确划分开的,由房产所在地地方税务机关参照同类房产核定房产原值;出租的,依照租金收入计征。

(6)对按照房产原值计税的房产,无论会计上如何核算,房产原值均应包含地价,包括为取得土地使用权支付的价款、开发土地发生的成本费用等。宗地容积率低于0.5的,按房产建筑面积的2倍计算土地面积并据此确定计入房产原值的地价。

2.从租计征

房产出租的,以房产租金收入为房产税的计税依据。

房产的租金收入,是房屋产权所有人出租房产使用权所得的报酬,包括货币收入和实物收入。如果是以劳务或者其他形式为报酬抵付房租收入的,应根据当地同类房产的租金水平,确定一个标准租金额从租计征。

纳税人对个人出租房屋的租金收入申报不实或申报数与同一地段同类房屋的租金收入相比明显不合理的,税务部门可以按照《中华人民共和国税收征收管理法》的有关规定,采取科学合理的方法核定其应纳税款。

（二）应纳税额的计算

1. 从价计征的计算

从价计征的按房产原值减除一定比例后的余值计征，其计算公式为

$$应纳税额 = 应税房产原值 \times (1-扣除比例) \times 1.2\%$$

公式中，扣除比例幅度为 10%～30%，具体减除幅度由省、自治区、直辖市人民政府规定。

2. 从租计征的计算

从租计征按房产的租金收入计征，其计算公式为

$$应纳税额 = 租金收入 \times 12\%（或4\%）$$

【例6.1】 某企业拥有房产原值 2 000 万元，2015 年 7 月 1 日将其中的 20% 用于对外投资，不承担经营风险，投资期限 3 年，当年取得固定利润分红 20 万元；2015 年 8 月 1 日将其中 10% 按政府规定价格租给本企业职工居住，每月取得租金 5 万元，其余房产自用。已知当地政府规定的扣除比例为 20%，计算该企业 2015 年度应缴纳房产税。

【解析】 企业向职工出租的单位自有住房，暂免征收房产税。该企业 2015 年度应缴纳房产税 = 2 000×70%×(1-20%)×1.2% + [2 000×20%×(1-20%)×1.2%×6÷12 + 20×12%] + 2 000×10%×(1-20%)×1.2%×7÷12 = 18.88（万元）

三、税收优惠

（1）国家机关、人民团体、军队自用的房产免征房产税。但上述免税单位的出租房产以及非自身业务使用的生产、营业用房，不属于免税范围。其中的"自用的房产"，是指这些单位本身的办公用房和公务用房。

（2）由国家财政部门拨付事业经费的单位，如学校、医疗卫生单位、托儿所、幼儿园、敬老院、文化、体育、艺术这些实行全额或差额预算管理的事业单位所有的，本身业务范围内使用的房产免征房产税。单位所属的附属工厂、商店、招待所等不属于单位公务、业务的用房，应照章纳税。

（3）宗教寺庙、公园、名胜古迹自用的房产免征房产税。宗教寺庙自用的房产，是指举行宗教仪式等的房屋和宗教人员使用的生活用房。公园、名胜古迹自用的房产，是指供公共参观游览的房屋及其管理单位的办公用房。宗教寺庙、公园、名胜古迹中附设的营业单位，如影剧院、饮食部、茶社、照相馆等所使用的房产及出租的非营业用的房产免征房产税。

（4）个人所有非营业用的房产免征房产税。个人所有的非营业用房，主要是指居民住房，不分面积多少，一律免征房产税。对个人拥有的营业用房或者出租的房产，不属于免税房产，应照章纳税。

（5）对行使国家行政管理职能的中国人民银行总行（含国家外汇管理局）所属分支机构自用的房产，免征房产税。

(6)经财政部批准免税的其他房产。

①损坏不堪使用的房屋和危险房屋,经有关部门鉴定,在停止使用后,可免征房产税。

②纳税人因房屋大修导致连续停用半年以上的,经纳税人申请,在房屋大修期间可免征房产税。

③在基建工地为基建工程服务的各种工棚、材料棚、休息棚和办公室、食堂、茶炉房、汽车房等临时性房屋,在施工期间一律免征房产税;当施工结束后,施工企业将这种临时性房屋交还或估价转让给基建单位的,应从基建单位接受的次月起,照章纳税。

④对非营利性医疗机构、疾病控制机构和妇幼保健机构等卫生机构自用的房产,免征房产税。

⑤老年服务机构自用的房产暂免征收房产税。

⑥从2001年1月1日起,对按政府规定价格出租的公有住房和廉租住房,暂免征收房产税。

⑦向居民供热并向居民收取采暖费的供热企业暂免征收房产税。"供热企业"包括专业供热企业、兼营供热企业、单位自供热及为小区居民供热的物业公司等,不包括从事热力生产但不直接向居民供热的企业。

对于免征房产税的"生产用房",是指上述企业为居民供热所使用的厂房。对既向居民供热,又向非居民供热的企业,可按向居民供热收取的收入占其总供热收入的比例划分征免税界限;对于兼营供热的企业,可按向居民供热收取的收入占其生产经营总收入的比例划分征免税界限。

四、征收管理

(一)纳税义务发生时间

(1)纳税人将原有房产用于生产经营,从生产经营之月起缴纳房产税。

(2)纳税人自行新建房屋用于生产经营,从建成之次月起缴纳房产税。

(3)纳税人委托施工企业建设的房屋,从办理验收手续之次月起缴纳房产税。

(4)纳税人购置新建商品房,自房屋交付使用之次月起缴纳房产税。

(5)纳税人购置存量房,自办理房屋权属转移、变更登记手续,房地产权属登记机关签发房屋权属证书之次月起,缴纳房产税。

(6)纳税人出租、出借房产,自交付出租、出借房产之次月起,缴纳房产税。

(7)房地产开发项目自用、出租、出借本企业建造的商品房,自房屋使用或交付之次月起,缴纳房产税。

(8)自2009年1月1日起,纳税人因房产的实物或权利状态发生变化而依法终止房产税纳税义务的,其应纳税款的计算应截止到房产的实物或权利状态发生变化的当月末。

（二）纳税期限

房产税实行按年计算、分期缴纳的征收方法,具体纳税期限由省、自治区、直辖市人民政府确定。

（三）纳税地点

房产税在房产所在地缴纳。房产不在同一地方的纳税人,应按房产的坐落地点分别向房产所在地的税务机关纳税。

（四）纳税申报

房产税的纳税人应按照税法的有关规定,及时办理纳税申报,并如实填写《房产税纳税申报表》。

第二节　契　　税

契税法是国家制定的用以调整契税征收与缴纳权利与义务关系的法律规范。我国的契税法是以所有权发生转移的不动产为征税对象,向产权承受人征收的一种财产税。现行契税的基本规范,是1997年7月7日国务院发布并于同年10月1日开始施行的《中华人民共和国契税暂行条例》(以下简称《契税暂行条例》)。

一、征税对象

契税的征税对象为发生土地使用权和房屋所有权权属转移的土地和房屋。具体包括以下几种情况。

(1)国有土地使用权出让。国有土地使用权的出让是指土地使用者向国家交付土地使用权出让费用,国家将国有土地使用权在一定年限内让与土地使用者的行为。

(2)国有土地使用权转让。国有土地使用权的转让是指土地使用者以出售、赠与、交换或者其他方式将土地使用权转移给其他单位和个人的行为。土地使用权的转让不包括农村集体土地承包经营权的转移。

(3)房屋买卖。房屋买卖是指房屋所有者将其房屋出售,由承受者交付货物、实物、无形资产或者其他经济利益的行为。

(4)房屋赠与。房屋赠与是指房屋产权所有人将其房屋无偿转让给受赠者的行为。房屋赠与的前提必须是产权无纠纷,赠与人和受赠人双方自愿。

(5)房屋交换。房屋交换是指房屋所有者之间互相交换房屋的行为。

(6)视同土地使用权转让、房屋买卖或者房屋赠予。随着经济形势的发展,有些特殊方式转移土地、房屋权属的,也将视同土地使用权转让、房屋买卖或者房屋赠与。一是以土地、房屋权属作价投资、入股;二是以土地、房屋权属抵债;三是以获奖方式承受土地、房屋权属;四是以预购方式或者预付集资建房款方式承受土地、房屋权属。

二、纳税义务人、税率

（一）纳税义务人

契税的纳税义务人是在我国境内转移土地、房屋权属时承受的单位和个人。土地、房屋权属是指土地使用权和房屋所有权。单位包括企业企业、事业单位、国家机关、军事单位和社会团体以及其他组织。个人是指个体经营者及其他个人，包括中国公民和外籍人员。

（二）税率

契税实行3%~5%的幅度比例税率。实行幅度税率是考虑到我国经济发展的不平衡，各地经济差别较大的实际情况。因此，各省、自治区、直辖市人民政府可以在3%~5%的幅度税率规定范围内，按照本地区的实际情况决定适用税率。

三、应纳税额的计算

（一）计税依据

契税的计税依据为不动产的价格。由于土地、房屋权属转移方式不同，因而具体计税依据视不同情况而决定。

（1）国有地使用权出让、土地使用权出售、房屋买卖，以成交价格为计税依据。成交价格是指土地、房屋权属转移合同确定的价格，包括承受者应交付的货币、实物、无形资产或者其他经济利益。

（2）土地使用权赠与、房屋赠与，由征收机关参照土地使用权出售、房屋买卖的市场价格核定。

（3）土地使用权交换、房屋交换，以所交换的土地使用权、房屋的价格差额为计税依据。也就是说，交换价格相等时，免征契税；交换价格不等时，由多交付的货币、实物、无形资产或者其他经济利益的一方缴纳契税。

（4）以划拨方式取得土地使用权，经批准转让房地产时，由房地产转让者补交契税。计税依据为补交的土地使用权出让费用或者土地收益。

（5）房屋附属设施征收契税依据的规定：

①采取分期付款方式购买房屋附属设施土地使用权、房屋所有权的，按照合同规定的总价款计算征收契税。

②承受的房屋附属设施权属如果是单独计价的，按照当地适用的税率征收契税；如果与房屋统一计价的，适用与房屋相同的税率征收契税。

（6）个人无偿赠与不动产行为（法定继承人除外），应对受赠人全额征收契税。

值得注意的是，为了避免纳税人通过降低计税依据而偷、逃税款，税法规定，成交价格明显低于市场价格并且无正当理由的,或者所交换土地使用权、房屋的价格的差额明显不合理并且无正当理由的,征收机关可以参照市场价格核定计税依据。

（二）应纳税额的计算

当计税依据确定以后,契税应纳税额的计算比较简单。应纳税额的计算公式为：

$$应纳税额 = 计税依据 \times 税率$$

【例6.2】 居民乙因拖欠居民甲80万元款项无力偿还,2015年5月经当地有关部门调解,以房产抵偿该笔债务,居民甲因此取得该房产的产权并支付给居民乙差价款20万元。假定当地省政府规定的契税税率为5%。分析该种情况下契税由谁缴纳,应纳税额是多少。

【解析】 抵债房屋的价值 = 80 + 20 = 100(万元),所以由居民甲缴纳契税 = 100 × 5% = 5(万元)

四、税收优惠

（1）国家机关、事业单位、社会团体军事单位承受土地、房屋用于办公、教学、医疗、科研和军事设施的,免征契税。

（2）城镇职工按规定第一次购买公有住房,免征契税。

此外,财政部、国家税务总局规定,自2000年11月29日起,对各类公有制单位为解决职工住房而采取集资建房方式建成的普通住房,或由单位购买的普通商品住房,经当地县以上人民政府房改部门批准、按照国家房改政策出售给本单位职工的,如属职工首次购买住房,均可免征契税。

对个人购买普通住房,且该住房属于家庭(成员范围包括购房人、配偶以及未成年子女,下同)唯一住房的,减半征收契税。对个人购买90平方米及以下普通住房,且该住房属于家庭唯一住房的,减按1%税率征收契税。

（3）因不可抗力灭失住房而重新购买住房的,酌情减免。不可抗力是指自然灾害、战争等不能预见、不可避免并不能克服的客观情况。

（4）土地、房屋被县级以上人民政府征用、占用后,重新承受土地、房屋权属的,由省级人民政府确定是否减免。

（5）承受荒山、荒沟、荒丘、荒滩土地使用权,并用于农、林、牧、渔业生产的,免征契税。

（6）依照我国有关法律规定及我国缔结或参加的双边和多边条约或协定的规定应当予以免税的外国驻华使馆、领事馆、联合国驻华机构及其外交代表、领事官员和其他外交人员承受土地、房屋权属的,经外交部确认,可以免征契税。

五、征收管理

（一）纳税义务发生时间

契税的纳税义务发生时间是纳税人签订土地、房屋权属转移合同的当天,或者取得其他具有土地、房屋权属转移合同性质的凭证的当天。

（二）纳税期限

纳税人应当自纳税发生之日起10日内，向土地、房屋所在地的契税征收机关办理纳税申报，并在契税征收机关核定的期限内缴纳税款。

（三）纳税地点

契税在土地、房屋所在地的征收机关缴纳。

第三节 车船税

车船税法是指国家制定的用以调整车船税征收与缴纳权利及义务关系的法律规范。现行的车船税法的基本规范，是第十一届全国人民代表大会常务委员会第十九次会议于2011年2月25日通过，并于2012年1月1日起施行的《中华人民共和国车船税法》和2011年11月23日国务院第182次常务会议通过并于2012年1月1日起施行的《中华人民共和国车船税法实施条例》。

车船税是依照法律规定，对在我国境内的车辆、船舶，按照规定的税目、计税单位和年税额标准计算征收的一种税。

一、纳税义务人与征税范围

（一）纳税义务人

车船税的纳税义务人，是指在中国境内，车辆、船舶（以下简称车船）的所有人或者管理人，应当依照《中华人民共和国车船税法》的规定缴纳车船税。其中，所有人是指在我国境内拥有车船的单位和个人；管理人是指对车船具有管理权或者使用权，不具有所有权的单位。上述单位，包括在中国境内成立的行政机关、企业、事业单位、社会团体以及其他组织；上述个人，包括个体工商户以及其他个人。

（二）征税范围

车船税的征税范围，是指依法应当在我国车船管理部门登记的车船以及依法不需要在车船登记管理部门登记的在单位内部场所行驶或者作业的机动车辆和船舶。

上述机动车辆包括乘用车、商用车（包括客车、货车）、挂车、专用作业车、轮式专用机械车、摩托车。拖拉机不需要缴纳车船税。

二、税目与税率

车船税实行定额税率。车船税的适用税额依照《中华人民共和国车船税法》所附《车船税税目税额表》执行。车辆的具体适用税额由省、自治区、直辖市人民政府依照《车船税法》所附

《车船税税目税额表》规定的税额幅度和国务院的规定确定。

船舶的具体适用税额由国务院在《车船税法》所附《车船税税目税额表》规定的税额幅度内确定。车船税确定税额总的原则是:乘用车依排气量从小到大递增税额;客车按照核定载客人数 20 人以下和 20 人(含)以上两档划分,递增税额,见表 6.1。

表 6.1 车船税税目税率表

税	目	计税单位	年基准税额	备 注
乘用车〔按发动机汽缸容量(排气量)分档〕	1.0 升(含)以下的	每辆	60 元至 360 元	核定载客人数 9 人(含)以下
	1.0 升以上至 1.6 升(含)的		300 元至 540 元	
	1.6 升以上至 2.0 升(含)的		360 元至 660 元	
	2.0 升以上至 2.5 升(含)的		660 元至 1 200 元	
	2.5 升以上至 3.0 升(含)的		1 200 元至 2400 元	
	3.0 升以上至 4.0 升(含)的		2 400 元至 3 600 元	
	4.0 升以上的		3 600 元至 5 400 元	
商用车	客 车	每辆	480 元至 1440 元	核定载客人数 9 人以上,包括电车
	货 车	整备质量每吨	16 元至 120 元	包括半挂牵引车、三轮汽车和低速载货汽车等
挂车		整备质量每吨	按照货车税额的 50% 计算	
其他车辆	专用作业车	整备质量每吨	16 元至 120 元	不包括拖拉机
	轮式专用机械车		16 元至 120 元	
摩托车		每辆	36 元至 180 元	
船舶	机动船舶	净吨位每吨	3 元至 6 元	拖船、非机动驳船分别按照机动船舶税额的 50% 计算
	游艇	艇身长度每米	600 元至 2 000 元	

三、应纳税额的计算

(一)计税依据

(1)纳税人在购买机动车交通事故责任强制保险时,应当向扣缴义务人提供地方税务机关出具的本年度车船税的完税凭证或者减免税证明。

(2)拖船按照发动机功率每1千瓦折合净吨位0.67吨计算征收车船税。

(3)车船税法和车船税法实施条例所涉及的排气量、整备质量、核定载客人数、净吨位、千瓦、艇身长度,以车船登记管理部门核发的车船登记证书或者行驶证所载数据为准。

(4)依法不需要办理登记的车船和依法应当登记而未办理登记或者不能提供车船登记证书、行驶证的车船,以车船出厂合格证明或者进口凭证标注的技术参数、数据为准;不能提供车船出厂合格证明或者进口凭证的,由主管税务机关参照国家相关标准核定,没有国家相关标准的参照同类车船核定。

(二)应纳税额的计算方法

购置的新车船,购置当年的应纳税额自纳税义务发生的当月起按月计算。计算公式为

应纳税额=年应纳税额÷12×应纳税月份数

【例6.3】 某小型运输公司拥有并使用以下车辆:(1)农业机械部门登记的拖拉机5辆,自重吨位为2吨;(2)自重5吨的载货卡车10辆;(3)自重吨位为4吨的汽车挂车5辆。当地政府规定,载货汽车的车辆税额为60元/吨,计算该公司当年应纳车船税。

【解析】(1)在农业部门登记为拖拉机的车辆,免征车船税;(2)卡车应纳税额=5×60×10=3 000(元);(3)汽车挂车有优惠50%的规定,应纳税额=4×60×5×50%=600(元)。该运输公司应纳车船税=3 000+600=3 600(元)。

四、税收优惠

(一)法定减免

(1)捕捞、养殖渔船。捕捞、养殖渔船,是指在渔业船舶登记管理部门登记为捕捞船或者养殖船的船舶。

(2)军队、武警专用的车船。军队、武装警察部队专用的车船,是指按照规定在军队、武装警察部队车船登记管理部门登记,并领取军队、武警牌照的车船。

(3)警用车船。警用车船是指公安机关、国家安全机关、监狱、劳动教养管理机关和人民法院、人民检察院领取警用牌照的车辆和执行警务的专用船舶。

(4)依照法律规定应当予以免税的外国驻华使领馆、国际组织驻华代表机构及其有关人员的车船。

(5)按照规定缴纳船舶吨税的机动船舶,自车船税法实施之日起5年内免征车船税。

依法不需要在车船登记管理部门登记的机场、港口、铁路站场内部行驶或者作业的车船,自车船税法实施之日起5年内免征车船税。

(二)特定减免

(1)对节约能源、使用新能源的车船可以减征或者免征车船税;对受严重自然灾害影响纳

税困难以及有其他特殊原因确需减税、免税的,可以减征或者免征车船税。具体办法由国务院规定,并报全国人民代表大会常务委员会备案。

(2)对受严重自然灾害影响纳税困难以及有其他特殊原因确需减免税的车船,可以减征或者免征车船税等税收优惠。

(3)省、自治区、直辖市人民政府根据当地实际情况,可以对公共交通车船,农村居民拥有并主要在农村地区使用的摩托车、三轮汽车和低速载货汽车定期减征或者免征车船税。

五、征收管理

(一)纳税期限

车船税纳税义务发生时间为取得车船所有权或者管理权的当月。

车船税按年申报缴纳。纳税年度,自公历1月1日起至12月31日止。具体申报纳税期限由省、自治区、直辖市人民政府规定。

(二)纳税地点

车船税由地方税务机关负责征收。车船税的纳税地点为车船的登记地或者车船税扣缴义务人所在地。依法不需要办理登记的车船,车船税的纳税地点为车船的所有人或者管理人所在地。

(三)纳税申报

(1)从事机动车第三者责任强制保险业务的保险机构为机动车车船税的扣缴义务人,应当在收取保险费时依法代收车船税,并出具代收税款凭证。

(2)已完税或者依法减免税的车辆,纳税人应当向扣缴义务人提供登记地的主管税务机关出具的完税凭证或者减免税证明。

(3)扣缴义务人已代收代缴车船税的,纳税人不再向车辆登记地的主管税务机关申报缴纳车船税。

(4)没有扣缴义务人的,纳税人应当向主管税务机关自行申报缴纳车船税。

(5)纳税人缴纳车船税时,应当提供反映排气量、整备质量、核定载客人数、净吨位、千瓦、艇身长度等与纳税相关信息的相应凭证以及税务机关根据实际需要要求提供的其他资料。纳税人以前年度已经提供前款所列资料信息的,可以不再提供。

第四节 印花税

印花税法是指国家制定的用以调整印花税征收与缴纳权利及义务关系的法律规范。印花税是以经济活动和经济交往中,书立、领受应税凭证的行为为征税对象征收的一种税。印花税因其采用在应税凭证上粘贴印花税票的方法缴纳税款而得名。现行印花税法的基本规范,是

1988年8月6日国务院发布并于同年10月1日实施的《中华人民共和国印花税暂行条例》(以下简称《印花税暂行条例》)。

一、纳税义务人

印花税的纳税义务人,是在中国境内书立、使用、领受印花税法所列举的凭证并应依法履行纳税义务的单位和个人。所称单位和个人,是指国内各类企业、事业、机关、团体、部队以及中外合资企业、合作企业、外资企业、外国公司和其他经济组织及其在华机构等单位和个人。

按照书立、使用、领受的应税凭证不同,印花税的纳税人可以分别确定如下。

(1)立合同人。指合同的当事,即对凭证有直接权利义务关系的单位和个人,但不包括合同的担保人、证人、鉴定人。各类合同的纳税人是立合同人。各类合同,包括购销、加工承揽、建设工程承包、财产租赁、货物运输、仓储保管、贷款、财产保险、技术合同或者具有合同性质的凭证。

(2)立据人。立据人是指书立产权转移书据的单位和个人。

(3)立账簿人。营业账簿的纳税人是立账簿人。所谓立账簿人,指设立并使用营业账簿的单位和个人。例如,企业单位因生产、经营需要,设立了营业账簿,该企业即为纳税人。

(4)领受人。权利、许可证照的纳税人是领受人。例如,某人因其发明创造,经申请依法取得国家专利机关颁发的专利证书,该人即为印花税的纳税人。

(5)使用人。使用人是指在国外书立、领受,但在国内使用的应税凭证的单位和个人。

(6)各类电子应税凭证的签订人。即以电子形式签订的各类应税凭证的当事人。

需要注意的是,对应税凭证,凡由两方或两方以上当事人共同书立应税凭证的,其当事人各方都是印花税的纳税人,应各就其所持凭证的计税金额履行纳税义务。

二、税目

印花税的税目,指印花税法明确规定的应当纳税的项目,它具体划定了印花税的征税范围。一般来说,列入税目的就要征税,未列入税目的就不征税。印花税共有13个税目,即:

(1)购销合同,包括供应、预购、采购、购销结合及协作、调剂、补偿,贸易等合同。此外,还包括出版单位之间订立的图书、报纸、期刊和音像制品的应税凭证,例如订购单、订数单等。还包括发电厂与电网之间、电网与电网之间(国家电网公司系、南方电网公司系统内部各级电网互供电量除外)签订的购售合同。但是,电网与用户之间签订的供用电合同不属于印花税列举征税的凭证,不征收印花税。

(2)加工承揽合同,包括加工、定做、修缮、修理、印刷、广告、测绘、测试等合同。

(3)建设工程勘察设计合同,包括勘察、设计合同的总合同、分包合同和转包合同。

(4)建筑安装工程承包合同,包括建筑、安装工程承包合同的总合同、分包合同和转包合同。

（5）财产租赁合同，包括租赁房屋、船舶、飞机、机动车辆、机械、器具、设备等合同，还包括企业、个人出租门店、柜台等签订的合同。

（6）货物运输合同，包括民用航空运输、铁路运输、海上运输、公路运输和联运合同，以及作为合同使用的单据。

（7）仓储保管合同，包括仓储、保管合同，以及作为合同使用的仓单、栈单等。

（8）借款合同，包括银行及其他金融组织与借款人（不包括银行同业拆借）所签订的合同，以及只填开借据并作为合同使用、取得银行借款的借据。银行及其他金融机构经营的融资租赁业务，是一种以融物方式达到融资目的的业务，实际上是分期偿还的固定资金借款，因此融资租赁合同也属于借款合同。

（9）财产保险合同，包括财产、责任、保证、信用保险合同，以及作为合同使用的单据。财产保险合同分为企业财产保险、机动车辆保险、货物运输保险、家庭财产保险和农牧业保险五大类。"家庭财产两全保险"属于家庭财产保险性质，其合同在财产保险合同之列，应照章纳税。

（10）技术合同，包括技术开发、转让、咨询、服务等合同，以及作为合同使用的单据。

技术转让合同，包括专利申请权转让、专利实施许可和非专利技术转让。

技术咨询合同，是当事人就有关项目的分析、论证、预测和调查订立的技术合同。但一般的法律、会计、审计等方面的咨询不属于技术咨询，其所立合同不贴印花。

技术服务合同的征税范围包括技术服务合同、技术培训合同和技术中介合同。

（11）产权转移书据，是指单位和个人产权的买卖、继承、赠予、交换、分割等所立的书据，包括财产所有权、版权、商标专用权、专利权、专有技术使用权等转移书据。同时，对土地使用权出让合同、土地使用权转让合同、商品房销售合同也按产权转移书据征收印花税。

（12）营业账簿，是指单位或者个人记载生产经营活动的财务会计核算账簿。营业账簿按其反映内容的不同，可分为记载资金的账簿和其他账簿。记载资金的账簿是指反映生产经营单位资本金数额增减变化的账簿。其他账簿是指除上述账簿以外的有关其他生产经营活动内容的账簿，包括日记账簿和各明细分类账簿。

（13）权利、许可证照，包括政府部门发给的房屋产权证、工商营业执照、商标注册证、专利证、土地使用证。

三、税率

印花税的税率有两种形式，即比例税率和定额税率。

1. 比例税率

在印花税的 13 个税目中，各类合同以及具有合同性质的凭证（含以电子形式签订的各类应税凭证）、产权转移书据、营业账簿中记载资金的账簿，适用比例税率。

印花税的比例税率分为 4 个档次，分别是 0.05‰、0.3‰、0.5‰、1‰。

(1)适用0.05‰税率的为"借款合同"。
(2)适用0.3‰税率的为"购销合同"、"建筑安装工程承包合同"、"技术合同"。
(3)适用0.5‰税率的为"加工承揽合同"、"建筑工程勘察设计合同"、"货物运输合同"、"产权转移书据"、"营业账簿"税目中记载资金的账簿。
(4)适用1‰税率的为"财产租赁合同"、"仓储保管合同"、"财产保险合同"。
(5)适用1‰税率的为"股权转让书据",包括A股和B股。

2.定额税率

在印花税的13个税目中,"权利、许可证照"和"营业账簿"税目中的其他账簿,适用定额税率,均为按件贴花,税额为5元。这些应税凭证无法计算金额或虽记载有金额,但不宜作为计税依据,因而采用定额税率,既便于纳税人缴纳,又便于税务机关征管。印花税税目税率见表6.2。

表6.2 印花税税目税率

税目	范围	税率	纳税人	说明
1.购销合同	包括供应、预购、采购、购销、结合及协作、调剂、补偿、易货等合同	按购销金额0.3‰贴花	立合同人	
2.加工承揽合同	包括加工、定作、修缮、修理、印刷广告、测绘、测试等合同	按加工或承揽收入0.5‰贴花	立合同人	
3.建设工程勘察设计合同	包括勘察、设计合同	按收取费用0.5‰贴花	立合同人	
4.建筑安装工程承包合同	包括建筑、安装工程承包合同	按承包金额0.3‰贴花	立合同人	
5.财产租赁合同	包括租赁房屋、船舶、飞机、机动车辆、机械、器具、设备等合同	按租赁金额1‰贴花。税额不足1元,按1元贴花	立合同人	

续表6.2

税目	范围	税率	纳税人	说明
6. 货物运输合同	包括民用航空运输、铁路运输、海上运输、内河运输、公路运输和联运合同	按运输费用0.5‰贴花	立合同人	单据作为合同使用的,按合同贴花
7. 仓储保管合同	包括仓储、保管合同	按仓储保管费用1‰贴花	立合同人	仓单或栈单作为合同使用的,按合同贴花
8. 借款合同	银行及其他金融组织和借款人(不包括银行同业拆借)所签订的借款合同	按借款金额0.05‰贴花	立合同人	单据作为合同使用的,按合同贴花
9. 财产保险合同	包括财产、责任、保证、信用等保险合同	按保险费收入1‰贴花	立合同人	单据作为合同使用的,按合同贴花
10. 技术合同	包括技术开发、转让、咨询、服务等合同	按所载金额0.3‰贴花	立合同人	
11. 产权转移书据	包括财产所有权和版权、商标专用权、专利权、专有技术使用权等转移书据、土地使用权出让合同、土地使用权转让合同、商品房销售合同	按所载金额0.5‰贴花	立据人	
12. 营业账簿	生产、经营用账册	记载资金的账簿,按实收资本和资本公积的合计金额0.5‰贴花。其他账簿按件贴花5元	立账簿人	
13. 权利、许可证照	包括政府部门发给的房屋产权证、工商营业执照、商标注册证、专利证、土地使用证	按件贴花5元	领受人	

四、应纳税额的计算

(一)计税依据的一般规定

印花税的计税依据为各种应税凭证上所记载的计税金额。具体规定为:

(1)购销合同的计税依据为合同记载的购销金额。

(2)加工承揽合同的计税依据为加工或承揽收入的金额。具体规定:

①对于由受托方提供原材料的加工、定做合同,凡在合同中分别记载加工费金额与原材料金额的,应分别按"加工承揽合同"、"购销合同"计税,两项税额相加数,即为合同应贴印花;若合同中未分别记载,则就全部金额依照加工承揽合同计税贴花。

②对于由委托方提供主要材料或原料,受托方只提供辅助材料的加工合同工,无论加工费和辅助材料是否分别记载,均以加工费和辅助材料的合计数,护照加工承揽合同计税贴花。对委托方提供的主要材料或原料金额不计税贴花。

(3)建设工程勘察设计合同的计税依据为勘察、设计收取的费用。

(4)建筑安装工程承包合同的计税依据为承包金额。

(5)财产租赁合同的计税依据为租赁金额;经计算,税额不足1元的,按1元贴花。

(6)货物运输合同的计税依据为取得的运输费金额(即运费收入),不包括所运货物的金额、装卸费和保险费等。

(7)仓储保管合同的计税依据为收取的仓储保管费用。

(8)借款合同的计税依据为借款金额。

(9)财产保险合同的计税依据为支付(收取)的保险费金额,不包括所保财产的金额。

(10)技术合同的计税依据为合同所载的价款、报酬或使用费。技术开发合同研究开发经费不作为计税依据。

(11)产权转移书据的计税依据为书据中所载的金额。

(12)营业账簿税目中记载资金的账簿的计税依据为"实收资本"与"资本公积"两项的合计金额。实收资本,包括现金、实物、无形资产和材料物资;资本公积包括接受捐赠、法定财产重估增值、资本折算差额、资本溢价等;其他账簿的计税依据为应税凭证件数。

(13)权利、许可证照的计税依据为应税凭证件数。

(二)计税依据的特殊规定

(1)上述凭证以"金额"、"收入"、"费用"作为计税依据的,应当全额计税,不得作任何扣除。

(2)同一凭证,载有两个或两个以上经济事项而适用不同税目税率,如分别记载金额的,应分别计算应纳税额,相加后按合计税额贴花;如未分别记载金额的,按税率高的计税贴花。

(3)按金额比例贴花的应税凭证,未标明金额的,应按照凭证所载数量及国家牌价计算金额;没有国家牌价的,按市场价格计算金额,然后按规定税率计算应纳税额。

(4)应税凭证所载金额为外国货币的,应按照凭证书立当日国家外汇管理局公布的外汇牌价折合成人民币,然后计算应纳税额。

(5)应纳税额不足1角的,免纳印花税;1角以上的,其税额尾数不满5分的不计,满5分的按1角计算。

(6)有些合同,在签订时无法确定计税金额,如技术转让合同中的转让收入,是按销售收入的一定比例收取或是按实现利润分成的,对这类合同,可在签订时先按定额5元贴花,以后结算时再按实际金额计税,补贴印花。

(7)应税合同在签订时纳税义务即已产生,应计算应纳税额并贴花。所以,不论合同是否兑现或是否按期兑现,均应贴花完税。对已履行并贴花的合同,所载金额与合同履行后实际结算金额不一致的,只要双方未修改合同金额,一般不再办理完税手续。

(8)对有经营收入的事业单位,凡属由国家财政拨付事业经费,实行差额预算管理的单位,记载经营业务的账簿,按其他账簿定额贴花,不记载经营业务的账簿不贴花;凡属经费来源实行自收自支的单位,其营业账簿,应对记载资金的账簿和其他账簿分别计算应纳税额。

(9)商品购销活动中,采用以货换货方式进行商品交易签订的合同,是反映既购又销双重经济行为的合同。对此,应按合同所载的购、销合计金额计税贴花。合同未列明金额的,应按合同所载购、销数量依照国家牌价或者市场价格计算应纳税额。

(10)施工单位将自己承包的建设项目,分包或者转包给其他施工单位所签订的分包合同或者转包合同,应按新的分包合同或转包合同所载金额计算应纳税额。

(11)股份制试点企业向社会公开发行的股票,因购买、继承、赠予所书立的股权转让书据,均依书立时证券市场当日实际成交价格计算的金额,由出让人按1‰的税率缴纳印花税。

(12)对国内各种形式的货物联运,凡在起运地统一结算全程运费的,应以全程运费作为计税依据,由起运地运费结算双方缴纳印花税;凡分程结算运费的,应以分程的运费作为计税依据,分别由办理运费结算的各方缴纳印花税。

必须明确的是,印花税票为有价证券,其票面金额以人民币为单位,分为1角、2角、5角、1元、2元、5元、10元、50元、100元九种。

(三)应纳税额的计算方法

(1)适用比例税率的应税凭证,以凭证上所记载的金额为计税依据,计税公式为

应纳税额=计税金额×比例税率

(2)适用定额税率的应税凭证,以凭证件数为计税依据,计税公式为

应纳税额=凭证件数×固定税额(5元)

【例6.4】 某交通运输企业12月签订以下合同:①与某银行签订融资租赁合同购置设备二台,合同载明租赁期限为3年,每年支付租金100万元;②与某客户签订货物运输合同,合同载明货物价值800万元,运输费用55万元(含装卸费5万元,货物保险费10万元);③与某运

输企业签订租赁合同,合同载明将本企业闲置的总价值 300 万元的 10 辆货车出租,每辆车月租金 4 000 元,租期未定。试计算该企业当月应缴纳的印花税税额。

【解析】

(1)融资租赁合同,按合同所载租金总额、暂按借款合同计税,应纳印花税=100(万元)×3×0.05‰=0.015(万元)=150(元)

(2)货物运输合同,计税依据为取得的运输费金额,不包括所运货物的金额、装卸费和保险费等,应纳印花税=(55-5-10)(万元)×0.5‰=0.02(万元)=200(元)

(3)货车租赁合同,签订时无法确定计税金额,可在签订时先按定额 5 元贴花,应纳印花税=5(元)

该企业当月应缴纳的印花税=150+200+5=355(元)。

五、税收优惠

(1)对已缴纳印花税凭证的副本或者抄本免税。凭证的正式签署已按按规定缴纳了印花税,其副本或者抄本对外不发生权利义务关系,只是留存备查。但以副本或者抄本视同正本使用的,则应另贴印花。

(2)对财产所有人将财产赠给政府、社会福利单位、学校所立的书据免税。其中,社会福利单位,是指扶养孤老伤残的社会福利单位。

(3)对国家指定的收购部门与村民委员会、农民个人书立的农副产品收购合同免税。

(4)对无息、贴息贷款合同免税。

(5)对外国政府或者国际金融组织向我国政府及国家金融机构提供优惠贷款所书立的合同免税。

(6)对房地产管理部门与个人签订的用于生活居住的租赁合同免税。

(7)对农牧业保险合同免税。对该类合同免税,是为了支持农村保险事业的发展,减轻农牧业生产的负担。

(8)对特殊货运合同免税。包括军事物资运输凭证、抢险救灾物资运输凭证、新建铁路的工程临管线运输凭证。

六、征收管理

(一)纳税方法

印花税的纳税办法,根据税额大小、贴花次数以及税收征收管理的需要,分别采用以下三种纳税办法:

1. 自行贴花纳税办法

这种办法一般适用于应税凭证较少或者贴花次数较少的纳税人。纳税人根据应税凭证的性质和适用税率,自行计算应纳税额,自行购买印花税票,自行一次贴足印花税票并在应纳税凭证粘贴印花税票后应即注销。纳税人有印章的,加盖印章注销;纳税人没有印章的,可用钢笔(圆珠笔)画几条横线注销。自行注销或划销之后,纳税义务才算全部履行完毕。

对于已贴花的凭证,修改后所载金额增加的,其增加部分应当补贴印花税票,但多贴印花税票者,不得申请退税或者抵用。

2. 汇贴或汇缴纳税办法

这种方法通常适用于应纳税额较大或者贴花次数频繁的纳税人。

(1)一份凭证应纳税额超过500元时,应向税务机关申请填写缴款书或者完税凭证,将其中一联粘贴在凭证上或者由税务机关在凭证上加注完税标记代替贴花。

(2)同一种类应税凭证需要频繁贴花的,纳税人可以根据实际情况自行决定是否采用按期汇总缴纳印花税的方式。汇总缴纳的期限为一个月。采用按期汇总缴纳方式的纳税人应事先告知主管税务机关。缴纳方式一经选定,一年内不得改变。

(3)凡汇总缴纳印花税的凭证,应加注税务机关指定的汇缴戳记、编号并装订成册后,将已贴印花或者缴款书的一联黏附册后,盖章注销,保存备查。

3. 委托代征纳税办法

这一办法主要是通过税务机关的委托,经由发放或者办理应纳税凭证的单位代为征收印花税税款。税务机关应与代征单位签订代征委托书。所谓发放或者办理应纳税凭证的单位,是指发放权利、许可证照的单位和办理凭证的鉴证、公证及其他有关事项的单位。

纳税人不论采用哪一种纳税办法,均应对纳税凭证妥善保存。印花税应税凭证的法定保管年限为10年。

(二)纳税环节和纳税申报

印花税应当在书立或领受时贴花。具体是指在合同签订时、账簿启用时和证照领受时贴花。如果合同是在国外签订,并且不便在国外贴花的,应在将合同带入境时办理贴花纳税手续。

纳税人应按照税法的规定及时办理纳税申报,并如实填写《印花税纳税申报表》。

(三)纳税地点

印花税一般实行就地纳税。对于全国性商品物资订货会(包括展销会、交易会等)上所签订合同应纳的印花税,由纳税人回其所在地后及时办理贴花完税手续;对地方主办、不涉及省际关系的订货会、展销会上所签订合同的印花税,其纳税地点由各省、自治区、直辖市人民政府自行确定。

本 章 小 结

本章介绍了房产税、契税、车船税和印花税四个财产行为类税种。

房产税是以房屋为征税对象,以房屋的计税余值或租金收入为计税依据,向房屋产权所有人征收的一种财产税。

契税是以所有权发生转移的不动产为征税对象,向产权承受人征收的一种财产税。

车船税是依照法律规定,对在我国境内的车辆、船舶,按照规定的税目、计税单位和年税额标准计算征收的一种税。

印花税是以经济活动和经济交往中,书立、领受应税凭证的行为为征税对象征收的一种税。

思 考 题

一、简答题

1. 简述房产税的纳税人及征税对象。
2. 契税的征税对象包括哪些内容?
3. 印花税计税依据的一般规定和特殊规定有哪些内容?

二、计算题

1. 某公司2014年购进一处房产,2015年5月1日用于投资联营(收取固定收入不承担联营风险),投资期3年,当年取得固定收入260万元。该房产原值5 000万元,当地政府规定的减除幅度为30%,计算该公司2015年应缴纳的房产税。

【正确答案】
该公司2014年应缴纳的房产税 = $260 \times 12\% + 5\,000 \times (1-30\%) \times 4/12 \times 1.2\% \approx 45.2$(万元)。

2. 某有限责任公司,2015年涉及印花税的业务如下:

(1) 1月与A家电生产企业签订以货易货合同,合同规定公司以价值45万元的产品换取A公司价值55万元的家电商品,但该合同在规定期限内并未履行。

(2) 2月接受B企业委托加工产品,合同载明,原料由B企业提供,价值70万元,收取加工费20万元。

(3) 7月与某办公用品公司签订1份打印机租赁合同,合同金额1 200元。

(4) 8月与某公司签订办公室租赁合同1份,合同中约定每月租金0.8万元,按月支付,但未约定租赁期限。

要求:按下列顺序回答问题,每问均为共计金额:

(1) 计算公司以货易货合同应纳的印花税。
(2) 计算公司加工合同应缴纳的印花税。
(3) 计算公司打印机租赁合同应纳的印花税。
(4) 计算公司办公室租赁合同应纳的印花税。

【正确答案】(1) 以货易货合同应缴纳的印花税 = $(450\,000 + 550\,000) \times 0.3‰ = 300$(元)

(2) 由于委托方自行提供原材料,那么按照加工费"加工承揽合同"计税,应纳的印花税 = $200\,000 \times 0.5‰ = 100$(元)

(3) 复印机租赁合同应缴纳的印花税 = $1\,200 \times 1‰ = 1.2$(元)

(4) 合同签订时无法确认计税金额,可在签订时先按定额5元贴花,以后结算时再按实际金额计税补贴印花。办公室租赁合同应缴纳的印花税 = 5(元)

第七章 Chapter 7

企业所得税法

【学习目标】
1. 了解居民企业和非居民企业的认定；
2. 理解企业所得税的征税对象；
3. 熟悉企业所得税的税收优惠，能区分应税收入、免税收入和不征税收入；
4. 掌握扣除项目的具体内容；
5. 掌握企业所得税的计算；
6. 了解境外所得抵扣税额的计算。

【能力目标】
1. 实地调研企业所得税的缴纳及申报情况；
2. 具备根据纳税人发生的经济业务进行企业所得税计算的能力，并能进行案例分析。

【引导案例】
　　企业在财务会计核算中与税法规定不一致的，应当依照税法规定予以调整。企业在平时进行会计核算时，可以按会计制度的有关规定进行账务处理。在企业所得税预缴申报时，直接以当期的利润总额为计税依据计算预缴企业所得税，不需要进行纳税调整。在年度企业所得税纳税申报时，对税法规定和会计制度规定有差异的，要按税法规定进行纳税调整，即对企业按照有关财务会计规定计算的利润总额，要按照税法的规定进行必要调整后，才能作为应纳税所得额计算缴纳所得税。因此可以说会计与所得税有千丝万缕的联系，但也是各有所思、各有所想。

第一节 企业所得税概述

一、企业所得税的概念

企业所得税是对我国境内企业在一定时期内的生产经营所得和其他所得所征收的一种税。

2007年3月16日第十届全国人民代表大会第五次全体会议通过了《中华人民共和国企业所得税法》,合并了内、外资企业所得税法,并于2008年1月1日起施行。

二、企业所得税的特点

企业所得税是规范和处理国家与企业分配关系的重要形式,具有与商品劳务税不同的性质,其特点主要有以下四个方面:

1. 以生产经营所得和其他所得为征税对象

这是企业所得税作为独立税种的最本质特征。作为纳税人的企业和其他组织,往往要承担增值税、消费税和营业税等税收的缴纳,但就其法律确定的生产经营所得和其他所得而言,只需缴纳企业所得税。

2. 纳税人与负税人是一致的

企业所得税由纳税人自己负担,不易转嫁,真正能够体现税收对社会收入分配的调节效应。

3. 征税以量能负担为原则

企业所得税以企业的生产经营所得和其他所得为征税对象,贯彻量能负担的原则,即"所得多的多征,所得少的少征;无所得的不征",从而将所得税负担的高低与纳税人所得的多少联系起来,体现了税收公平的原则。

4. 所得税的会计核算相对独立于企业财务核算体系

虽然企业所得税的计税基础涉及纳税人财务会计的各个方面,与企业会计核算关系密切,但是,为了保护税基,《企业所得税法》对纳税人的收入总额、扣除项目等的确定以及资产的税务处理等内容均有详细的规定。纳税人在缴纳企业所得税时必须按照《企业所得税法》的规定办理。

三、企业所得税的立法原则

企业所得税是处理国家和企业分配关系的重要形式。税收制度设计合理与否,不仅仅只是影响企业负担和国家财政收入,更重要的还关系到国家整体经济的持续发展。因此,企业所得税法在制定过程中,应遵循以下原则:

(一)统一税法,税负公平原则

公平原则是人类社会的永恒原则,企业所得税是处理政府与企业分配关系的主要税种之一,如何分配企业创造的新价值,税负公平就显得十分重要。从宏观而言,既要保证政府财政收入的必要,又要适应政府利用税收调节经济的必要,也就是说既要保证政府的财政收入,又不影响企业生产经营的积极性。从微观而言,企业与企业要公平,行业与行业要公平,除特殊规定外,所有的企业税负都要相等。因此,新企业所得税法统一了税率、统一了税前扣除标准、统一了税收优惠政策。

(二)统一性和灵活性相结合的原则

新的企业所得税法为了贯彻国民待遇原则,不仅对不同的所有制和性质的企业统一在一个企业所得税法之内,而且通过统一税率贯彻税负公平原则。但是,考虑到我国企业规模的大小及盈利水平的高低差异,对符合条件的小型微利企业制定了优惠税率,以促进这些企业的发展。

(三)借鉴国际做法,体现法人征税特点

新的企业所得税法强调对法人征税,而不是把所有的组织都列为独立的纳税人。其明确规定总分机构实行统一纳税的办法,即不具有法人资格的分支机构不构成企业所得税的独立纳税人,而由总机构统一纳税。另外,对个人独资企业和合伙企业也不征收企业所得税。

(四)尽量做到简单易懂,有利于征管原则

企业所得税是所有税种中计算最复杂的税种,它涉及企业一个纳税年度内的所有收入、成本和费用,以及除企业缴纳的企业所得税和准许抵扣的增值税以外的所有税金的扣除。在征管过程中,稍有不慎就可能发生错误。因此,在制定企业所得税法时,要尽量做到简单、易懂、利于操作和执行。

第二节 企业所得税基本法律内容

一、纳税义务人

企业所得税的纳税义务人是指在中华人民共和国境内的企业和其他取得收入的组织。除个人独资企业、合伙企业不适用企业所得税法外,凡在我国境内,企业和其他取得收入的组织(以下统称企业)为企业所得税的纳税人。企业所得税的纳税人分为居民企业和非居民企业。

(一)居民企业和非居民企业

1. 居民企业

居民企业是指依法在中国境内成立,或者依照外国(地区)法律成立但实际管理机构在中

国境内的企业。居民企业应当就其来源于中国境内、境外的所得缴纳企业所得税。

(1)依据中国法律、法规在中国境内成立的企业。这里的企业包括国有企业、集体企业、私营企业、联营企业、股份制企业、外商投资企业、外国企业,以及有生产、经营所得和其他所得的其他组织。

(2)依照外国(地区)法律成立,但实际管理机构在中国境内的企业。这里的企业是指在其他国家和地区注册,但实际管理机构在我国境内的企业。

2. 非居民企业

非居民企业是指依照外国(地区)法律成立且实际管理机构不在中国境内,但在中国境内设立机构、场所的,或者在中国境内未设立机构、场所,但有来源于中国境内所得的企业。非居民企业应当就其来源于中国境内的所得缴纳企业所得税。

(1)依照外国(地区)法律成立且实际管理机构在中国境内,但在境内设立机构、场所的企业。例如德国大众公司在中国境内设立的分支机构,既要向中国政府缴纳所得税,同时也要向德国政府缴纳所得税。

(2)在中国境内未设立机构、场所,但有来源于中国境内所得的企业。

(二)扣缴义务人

(1)对非居民企业在中国境内未设立机构、场所的,或者虽设立机构、场所但取得的所得与其所设机构、场所没有实际联系的所得以支付人为扣缴义务人。

(2)对非居民企业在中国境内取得工程作业和劳务所得应缴纳的所得税,税务机关可以指定工程价款或者劳务费的支付人为扣缴义务人。

二、征税对象

企业所得税的征税对象是指企业的生产经营所得、其他所得和清算所得,见表7.1。

表7.1 企业所得税的征税对象

纳税人			征税对象
居民企业	依法在中国境内成立的企业		中国境内、境外的所得征税
	依照外国(地区)法律成立,但实际管理机构在中国境内的企业		
非居民企业	在我国境内设立机构场所	取得所得与设立机构、场所有联系的	来源于我国的所得以及发生在中国境外但与其所设机构、场所有实际联系的所得征税
		取得所得与设立机构、场所没有实际联系的	
	未在我国境内设立机构、场所,却有来源于我国的所得		

（三）所得来源的确定

(1) 销售货物所得，按照交易活动发生地确定。
(2) 提供劳务所得，按照劳务发生地确定。
(3) 转让财产所得。
①不动产转让所得按照不动产所在地确定。②动产转让所得按照转让动产的企业或者机构、场所所在地确定。③权益性投资资产转让所得按照被投资企业所在地确定。
(4) 股息、红利等权益性投资所得，按照分配所得的企业所在地确定。
(5) 利息所得、租金所得、特许权使用费所得，按照负担、支付所得的企业或者机构、场所所在地确定，或者按照负担、支付所得的个人的住所地确定。
(6) 其他所得，由国务院财政、税务主管部门确定。

三、税率

企业所得税实行比例税率。比例税率简便易行，透明度高，不会因征税而改变企业间收入分配比例，有利于促进效率的提高。企业所得税的税率表见表 7.2。

表 7.2　企业所得税的税率表

种类	税率	适用范围
基本税率	25%	1. 居民企业 2. 非居民企业在中国境内设有机构、场所
低税率	20% （实际减按 10% 的优惠税率执行）	1. 非居民企业在中国境内未设立机构、场所的 2. 非居民企业虽设立机构、场所但取得的所得与其所设机构、场所没有实际联系的
优惠税率	20%	符合条件的小型微利企业
	15%	1. 国家需要重点扶持的高新技术企业 2. 在 2001～2010 年期间，对设在西部地区国家鼓励类产业的内资企业

小型微利企业的认定标准如下：
(1) 工业企业，年度应纳税所得额不超过 30 万元，从业人数不超过 100 人，资产总额不超过 3 000 万元。
(2) 其他企业，年度应纳税所得额不超过 30 万元，从业人数不超过 80 人，资产总额不超过 1 000 万元。

仅就来源于我国所得负有我国纳税义务的非居民企业，不适用上述规定。

四、税收优惠

(一)从事农、林、牧、渔业项目的所得

企业从事农、林、牧、渔业项目的所得,包括免征和减征两部分。

(二)从事国家重点扶持的公共基础设施项目投资经营的所得

企业从事港口码头、机场、铁路、公路、电力、水利等国家重点扶持的公共基础设施项目的投资经营所得,自项目取得第一笔生产经营收入所属纳税年度起,第一年至第三年免征企业所得税,第四年至第六年减半征收企业所得税。

(三)从事符合条件的环境保护、节能节水项目的所得

企业从事公共污水处理、公共垃圾处理、沼气综合开发利用、节能减排技术改造、海水淡化等环境保护、节能节水项目的所得,自项目取得第一笔生产经营收入所属纳税年度起,第一年至第三年免征企业所得税,第四年至第六年减半征收企业所得税。

(四)符合条件的技术转让所得

符合条件的技术转让所得免征、减征企业所得税。一个纳税年度内,居民企业转让技术所有权所得不超过500万元的部分,免征企业所得税;超过500万元的部分,减半征收企业所得税。

(五)加计扣除优惠

1. 研究开发费

研究开发费是指企业为开发新技术、新产品、新工艺发生的研究开发费用,未形成无形资产计入当期损益的,在按照规定据实扣除的基础上,按照研究开发费用的50%加计扣除;形成无形资产的,按照无形资产成本的150%摊销。

2. 企业安置残疾人员所支付的工资

企业安置残疾人员的,在按照支付给残疾职工工资据实扣除的基础上,按照支付给残疾职工工资的100%加计扣除。残疾人员的范围适用《中华人民共和国残疾人保障法》的有关规定。企业安置国家鼓励安置的其他就业人员所支付的工资的加计扣除办法,由国务院另行规定。

(六)创投企业优惠

创投企业从事国家需要重点扶持和鼓励的创业投资,可以按投资额的一定比例抵扣应纳税所得额。

创投企业优惠,是指创业投资企业采取股权投资方式投资于未上市的中小高新技术企业2年以上的,可以按照其投资额的70%在股权持有满2年的当年抵扣该创业投资企业的应纳税所得额,当年不足抵扣的,可以在以后纳税年度结转抵扣。

(七)加速折旧优惠

企业的固定资产由于技术进步等原因,确需加速折旧的,可以缩短折旧年限或者采取加速折旧的方法。可采用以上折旧方法的固定资产是指:

(1)由于技术进步,产品更新换代较快的固定资产。

(2)常年处于强震动、高腐蚀状态的固定资产。

采取缩短折旧年限方法的,最低折旧年限不得低于规定折旧年限的60%;采取加速折旧方法的,可以采取双倍余额递减法或者年数总和法。

(八)综合利用资源优惠

企业综合利用资源,生产符合国家产业政策规定的产品所取得的收入,可以在计算应纳税所得额时减计收入。

综合利用资源,是指企业以《资源综合利用企业所得税优惠目录》规定的资源作为主要原材料,生产国家非限制和禁止并符合国家和行业相关标准的产品取得的收入,减按90%计入收入总额。

(九)环境保护、节能节水专用设备优惠

企业购置并实际使用《环境保护专用设备企业所得税优惠目录》、《节能节水专用设备企业所得税优惠目录》和《安全生产专用设备企业所得税优惠目录》规定的环境保护、节能节水、安全生产等专用设备的,该专用设备的投资额的10%可以从企业当年的应纳税额中抵免;当年不足抵免的,可以在以后5个纳税年度结转抵免。

(十)非居民企业优惠

非居民企业减按10%的所得税税率征收企业所得税。这里的非居民企业,是指在中国境内未设立机构、场所的,或者虽设立机构、场所但取得的所得与其所设机构、场所没有实际联系的企业。该类非居民企业取得下列所得免征企业所得税。

(1)外国政府向中国政府提供贷款取得的利息所得。

(2)国际金融组织向中国政府和居民企业提供优惠贷款取得的利息所得。

(3)经国务院批准的其他所得。

五、征收管理

(一)纳税地点

除税收法律、行政法规另有规定外,居民企业以企业登记注册地为纳税地点;但登记注册地在境外的,以实际管理机构所在地为纳税地点。

居民企业在中国境内设立不具有法人资格的营业机构的,应当汇总计算并缴纳企业所得税。

（二）纳税期限

企业所得税按年计征，分月或者分季预缴，年终汇算清缴，多退少补。

（1）按月或按季预缴的，应当自月份或者季度终了之日起15日内，向税务机关报送预缴企业所得税纳税申报表，预缴税款。

（2）自年度终了之日起5个月内，向税务机关报送年度企业所得税纳税申报表，并汇算清缴，结清应缴应退税款。

企业在纳税年度内无论盈利或者亏损，都应当按规定的期限，向税务机关报送预缴企业所得税纳税申报表、年度企业所得税纳税申报表、财务会计报告等有关资料。

第三节　企业所得税应纳税额计算

一、应纳税所得额的计算

应纳税所得额是企业所得税的计税依据。在实际工作中，应纳税所得额的计算一般有两种方法。

1. 直接计算法

应纳税所得额＝收入总额－不征税收入－免税收入－各项扣除金额－弥补亏损

2. 间接计算法

应纳税所得额＝会计利润总额±纳税调整项目金额

税收调整项目金额包括两方面的内容：一是企业的财务会计处理和税收规定不一致的应予以调整的金额；二是企业按税法规定准予扣除的税收金额。

企业所得税法对应纳税所得额计算作了明确规定。主要内容包括收入总额、扣除范围和标准、资产的税务处理、亏损弥补等。

（一）收入的确认

1. 收入总额

企业的收入总额包括以货币形式和非货币形式从各种来源取得的收入。收入的具体构成为：

（1）销售货物收入。是指企业销售商品、产品、原材料、包装物、低值易耗品以及其他存货取得的收入。

（2）劳务收入。是指企业从事建筑安装、修理修配、交通运输、仓储租赁、金融保险、邮电通信、咨询经纪、文化体育、科学研究、技术服务、教育培训、餐饮住宿、中介代理、卫生保健、社区服务、旅游、娱乐、加工以及其他劳务服务活动取得的收入。

（3）财产转让收入。是指企业转让固定资产、生物资产、无形资产、股权、债权等财产取得的收入。

(4)股息、红利等权益性投资收益。是指企业因权益性投资从被投资方取得的收入。股息、红利等权益性投资收益,除国务院财政、税务主管部门另有规定外,按照被投资方做出利润分配决定的日期确认收入的实现。依据《财政部 国家税务总局 证监会关于沪港股票市场交易互联互通机制试点有关税收政策的通知》(财税【2014】81号)的规定,自2014年11月17日起,对内地企业投资者通过沪港通投资香港联交所上市股票取得的股息红利所得,计入其收入总额,依法计征企业所得税。其中,内地居民企业连续持有H股满12个月取得的股息红利所得,依法免征企业所得税。

香港联交所上市H股公司应向中国结算提出申请,由中国结算向H股公司提供内地企业投资者名册,H股公司对内地企业投资者不代扣股息红利所得税款,应纳税款由企业自行申报缴纳。

内地企业投资者自行申报缴纳企业所得税时,对香港联交所非H股上市公司已代扣代缴的股息红利所得税,可依法申请税收抵免。

(5)利息收入。是指企业将资金提供给他人使用但不构成权益性投资,或者因他人占用企业资金取得的收入,包括存款利息、贷款利息、债券利息、欠款利息等收入。利息收入,按照合同约定的债务人应付利息的日期确认收入的实现。

(6)租金收入。是指企业提供固定资产、包装物或者其他有形财产人使用权取得的收入。租金收入,按照合同约定的承租人应付租金的日期确认收入的实现。

(7)特许权使用费收入。是指企业提供专利权、非专利技术、商标权、著作权以及其他特许权的使用权而取得的收入。特许权使用费收入,按照合同约定的特许权使用人应付特许权使用费的日期确认收入的实现。

(8)接受捐赠收入。是指企业接受的来自其他企业、组织或者个人无偿给予的货币性资产、非货币性资产。接受捐赠收入,按照实际收到的捐赠资产的日期确认收入的实现。

(9)其他收入。是指企业取得的除以上收入外的其他收入,包括企业资产溢余收入、逾期未退包装物押金收入、确实无法偿付的应付款项、已做坏账损失处理后又收回的应收款项、债务重组收入、补贴收入、违约金收入、汇兑收益等。

2. 不征税收入

(1)财政拨款。

(2)依法收取并纳入财政管理的行政事业性收费、政府性基金。

(3)国务院规定的其他不征税收入。

3. 免税收入

(1)国债利息收入。

(2)符合条件的居民企业之间的股息、红利等权益性收益。

(3)在中国境内设立机构、场所的非居民企业从居民企业取得与该机构、场所有实际联系的股息、红利等权益性投资收益。该收益都不包括连续持有居民企业公开发行并上市流通的股票不足 12 个月取得的投资收益。

(4)符合条件的非营利组织的收入。不包括非营利组织从事营利性活动取得的收入,但国务院财政、税务主管部门另有规定的除外。

(二)扣除项目的确认

1.扣除项目的范围

企业所得税法规定,企业实际发生的与取得收入有关的、合理的支出,包括成本、费用、税金、损失其他支出,准予在计算应纳税所得额时扣除。

(1)成本。成本是指企业在生产经营活动中发生的销售成本、销货成本、业务支出,以及其他耗费,即企业销售商品(产品、材料、下脚料、废料、废旧物资等)、提供劳务、转让固定资产、无形资产(包括技术转让)的成本。

(2)费用。费用是指企业每一个纳税年度为生产、经营商品和提供劳务等所发生的销售(经营)费用、管理费用和财务费用。已计入成本的有关费用除外。

(3)税金。税金是指企业发生的除企业所得税和允许抵扣的增值税以外的企业缴纳的各项税金及其附加,即企业按规定缴纳的消费税、营业税、城市维护建设税、关税、资源税、土地增值税、教育费附加在会计核算中记入"营业税金及附加"。

房产税、车船税、土地使用税、印花税等在会计核算中记入"管理费用"科目。增值税为价外税,不包含在"营业税金及附加",计算应纳税所得额时不得扣除。企业所得税也不包含在上述的"税金"项目中。

(4)损失。是指企业在生产经营活动中发生的固定资产和存货的盘亏、毁损、报废损失,转让财产损失,呆账损失,坏账损失,自然灾害等不可抗力因素造成的损失以及其他损失。

企业发生的损失减除责任人赔偿和保险赔款后的余额,依照国务院财政、税务主管部门的规定扣除。

企业已经作为损失处理的资产,在以后纳税年度又全部收回或者部分收回时,应当计入当期收入。

(5)扣除的其他支出。是指除成本、费用、税金、损失外,企业在生产经营活动中发生的与生产经营活动有关的、合理的支出。

2.扣除项目的标准

在计算应纳税所得额时,下列项目可按照实际发生额或规定的标准扣除。

(1)工资、薪金支出。企业发生的合理的工资、薪金支出准予据实扣除。工资、薪金支出是企业每一纳税年度支付给在本企业任职或与其有雇佣关系的员工的所有现金或非现金形式的劳动报酬,包括基本工资、奖金、津贴、补贴、年终加薪、加班工资,以及与任职或者受雇有关的其他支出。

(2)职工福利费、工会经费、职工教育经费。企业发生的职工福利费、工会经费、职工教育经费按标准扣除,未超过标准的按实际数扣除,超过标准的只能按标准扣除。

①企业发生的职工福利费支出,不超过工资薪金总额14%的部分准予扣除。

②企业拨缴的工会经费,不超过工资薪金总额2%的部分准予扣除。

③除国务院财政、税务主管部门另有规定外,企业发生的职工教育经费支出,不超过工资薪金总额2.5%的部分准予扣除,超过部分准予结转以后纳税年度扣除。

自2010年7月1日起,企业拨缴的工会经费,不超过工资薪金总额2%的部分,凭工会组织开具的《工会经费收入专用收据》在企业所得税前扣除。

【例7.1】 某市一家居民企业主要生产销售彩色电视机,计入成本、费用中的合理的实发工资540万元,当年发生的工会经费15万元、职工福利费80万元、职工教育经费11万元。

要求:计算职工工会经费、职工福利费、职工教育经费应调整的应纳税所得额,见表7.3。

表7.3 某企业应调整的应纳税所得额　　　　　　　　　　　　　　　单位:万元

项目	限额	实际发生额	可扣除额	超支额
工会经费	540×2% = 10.8	15	10.8	4.2
职工福利费	540×14% = 75.6	80	75.6	4.4
职工教育经费	540×2.5% = 13.5	11	11	0
合计	540×18.5% = 99.9	106	97.4	8.6

(3)社会保障、保险支出。

①企业依照国务院有关主管部门或者省级人民政府规定的范围和标准为职工缴纳的"五险一金",即基本养老保险费、基本医疗保险费、失业保险费、工伤保险费、生育保险费等基本社会保险费和住房公积金,准予扣除。

②企业为投资者或者职工支付的补充养老保险费、补充医疗保险费,在国务院财政、税务主管部门规定的范围和标准内,准予扣除。

③企业依照国家有关规定为特殊工种职工支付的人身安全保险费和符合国务院财政、税务主管部门规定可以扣除的商业保险费准予扣除。

④企业参加财产保险,按照规定缴纳的保险费,准予扣除。

⑤企业为投资者或者职工支付的商业保险费,不得扣除。

(4)借款费用。

①企业在生产经营活动中发生的合理的不需要资本化的借款费用,准予扣除。

a.非金融企业向金融机构借款的利息支出、金融企业的各项存款利息支出和同业拆借利息支出、企业经批准发生债券的利息支出可据实扣除。

b.非金融企业向非金融机构借款的利息支出,不超过按照金融企业同期同类贷款利率计算的数额的部分可据实扣除,超过部分不许扣除。

②企业为购置、建造固定资产、无形资产和经过12个月以上的建造才能达到预定可销售

状态的存货发生的借款的,在有关资产购置、建造期间发生的合理的借款费用,应予以资本化,作为资本性支出计入有关资产的成本;有关资产交付使用后发生的借款利息,可在发生当期扣除。

【例7.2】 某公司2015年度"财务费用"账户中利息,含有以年利率8%向银行借入的9个月期的生产用300万元贷款的借款利息;也包括10.5万元的向非金融企业借入的与银行同期的生产周转用100万元资金的借款利息。

要求:计算该公司2015年度可在计算应纳税所得额时扣除的利息费用。

可在计算应纳税所得额时扣除的银行利息费用=300×8%÷12×9=18(万元);

向非金融企业借入款项可扣除的利息费用限额=100×8%÷12×9=6(万元),该企业支付的利息超过同类同期银行贷款利率,只可按照限额扣除。

该公司2015年度可在计算应纳税所得额时扣除的利息费用为18+6=24(万元)。

(5)汇兑损失。企业在货币交易中,以及纳税年度终了时将人民币以外的货币性资产、负债按照期末即期人民币汇率中间价折算为人民币时产生的汇兑损失,除已经计入有关资产成本以及与向所有者进行利润分配相关的部分外,准予扣除。

(6)业务招待费。企业发生的与其生产、经营业务有关的业务招待费支出,按照发生额的60%扣除,但最高不得超过当年销售(营业)收入的5‰。

销售(营业)收入包括销售货物收入、提供劳务收入、让渡资产使用权和视同销售收入等,即包括主营业务收入、其他业务收入和视同销售收入,但是不含营业外收入、让渡固定资产或无形资产所有权收入、投资收益。

业务招待费扣除限度有两个,两者进行比较,以其小者作为可扣除金额。

【例7.3】 某企业2015年销售货物收入3 000万元,让渡专利使用权收入300万元,包装物出租收入100万元,视同销售货物收入600万元,转让商标所有权收入200万元,捐赠收入20万元,债务重组收益10万元,当年实际发生业务招待费30万元,该企业当年可在所得税前列支的业务招待费金额是多少?

$$销售(营业)收入=3\ 000+300+100+600=4\ 000(万元)$$

转让商标所有权、捐赠收入、债务重组收益均属于营业外收入范畴,不能计入销售(营业)收入。

发生额的60%:30×60%=18(万元);

销售(营业)收入的5‰:4 000×5‰=20(万元)。

两数据比大小后择其小者:其当年可在所得税前列支的业务招待费金额是18万元。

(7)广告费和业务宣传费。企业发生的符合条件的广告费和业务宣传费支出,除国务院财政、税务主管部门另有规定外,不超过当年销售(营业)收入15%的部分,准予扣除;超过部分,准予结转以后纳税年度扣除。

企业申报扣除的广告费支出应与赞助支出严格区分。企业申报扣除的广告费支出,必须符合下列条件:广告是通过工商部门批准的专门机构制作的;已实际支付费用,并已取得相应发票;通过一定的媒体传播。

【例7.4】 2014年某居民企业实现商品销售收入2 000万元,发生现金折扣100万元,接受捐赠收入100万元,转让无形资产所有权收入20万元。该企业当年实际发生广告费240万元、业务宣传费80万元。2014年度该企业可税前扣除的广告费、业务宣传费。

广告费、业务宣传费扣除限额=2 000×15%=300(万元)

实际发生广告费、业务宣传费320万元大于其扣除限额300万元。

可税前扣除的广告费、业务宣传费为300万元。

(8)环境保护专项资金。企业依照法律、行政法规有关规定提取的用于环境保护、生态恢复等方面的专项资金,准予扣除。上述专项资金提取后改变用途的,不得扣除。

(9)租赁费。企业根据生产经营需要租入固定资产支付的租赁费,按照以下方法扣除:

①以经营租赁方式租入固定资产发生的租赁费支出,按照租赁期限均匀扣除。经营性租赁是指所有权不转移的租赁。

②以融资租赁方式租入固定资产发生的租赁费支出,按照规定构成融资租入固定资产价值的部分应当提取折旧费用,分期扣除。融资租赁是指在实质上转移与一项资产所有权有关的全部风险和报酬的一种租赁。

(10)劳动保护费。企业发生的合理的劳动保护支出,准予扣除。自2011年7月1日起,企业根据其工作性质和特点,由企业统一制作并要求员工工作时统一着装所发生的工作服饰费用,可以作为企业合理支出给予税前扣除。

(11)公益性捐赠支出。公益性捐赠,是指企业通过公益性社会团体或者县级以上人民政府及其部门,用于《中华人民共和国公益事业捐赠法》规定的公益事业的捐赠。

企业发生的公益性捐赠支出,不超过年度利润总额12%的部分,准予扣除。年度利润总额,是指企业依照国家统一会计制度的规定计算的年度会计利润。

【例7.5】 某企业按照政府统一会计政策计算出利润总额300万元,当年直接给受灾灾民发放慰问金10万元,通过政府机关对受灾地区捐赠30万元。

要求:计算当年捐赠的调整金额。

当年可在所得税前列支的公益救济性捐赠限额为:300×12%=36(万元)

实际发生的通过政府机关进行公益性捐赠30万元小于扣除限额36万元,实际发生的可税前扣除。

企业当年直接进行的捐赠10万元,不允许税前扣除,应调增应纳税所得额10万元。

(12)有关资产的费用。企业转让各类固定资产发生的费用,允许扣除。企业按规定计算的固定资产折旧费、无形资产和递延资产的摊销费,准予扣除。

(13)总机构分摊的费用。非居民企业在中国境内设立的机构、场所,就其中国境外总机构发生的与该机构、场所生产经营有关的费用,能够提供总机构出具的费用汇集范围、定额、分配依据和方法等证明文件,并合理分摊的,准予扣除。

(14)资产损失。企业当期发生的固定资产和流动资产盘亏、毁损净损失,由其提供清查盘存资料经主管税务机关审核后,准予扣除;企业因存货盘亏、毁损、报废等原因不得从销项税金中抵扣的进项税金,应视同企业财产损失,准予与存货损失一起在所得税前按规定扣除。

(15)手续费及佣金支出:

①企业发生的与生产经营有关的手续费及佣金支出,不超过以下规定计算限额以内的部分,准予扣除;超过部分,不得扣除。

a.财产保险企业按当年全部保费收入扣除退保金等后余额的15%;人身保险企业按当年全部保费收入扣除退保金等后余额的10%计算限额。

b.其他企业:按与具有合法经营资格中介服务机构或个人所签订服务协议或合同确认的收入金额的5%计算限额。

②手续费及佣金支出不得计入回扣、业务提成、返利、进场费等费用。

③除委托个人代理外,企业以现金等非转账方式支付的手续费及佣金不得在税前扣除。

④企业为发行权益性证券支付给有关证券承销机构的手续费及佣金不得在税前扣除。

⑤企业支付的手续费及佣金支出不得直接冲减服务协议或合同金额,并如实入账。

(16)其他项目。依照有关法律、行政法规和国家有关税法规定准予扣除的其他项目,如会员费、合理的会议费、差旅费、违约金、诉讼费等。

3.不得扣除的项目

在计算应纳税所得额时,下列支出不得扣除:

(1)向投资者支付的股息、红利等权益性投资收益款项。

(2)企业所得税税款。

(3)税收滞纳金。

(4)罚金、罚款和被没收财物的损失。是指纳税人违反国家有关法律、法规规定,被有关部门处以的罚款,以及被司法机关处以的罚金和被没收财物。

罚款分为经营性罚款和行政性罚款两类。经营性罚款是企业在经营活动中被收取的罚款,如合同违约金、逾期归还银行贷款的罚款、罚息,在计算应纳税所得额时准予扣除;但行政性罚款是因纳税人违反相关法规被政府处以罚款,如税收罚款、工商罚款、交通违章罚款等,在计算应纳税所得额时不得扣除。

(5)超过规定标准的捐赠支出。

(6)赞助支出。赞助支出是指企业发生的与生产经营活动无关的各种非广告性质支出。

(7)未经核定的准备金支出。未经核定的准备金支出是指不符合国务院财政、税务主管部门规定的各项资产减值准备、风险准备等准备金支出。

(8)企业之间支付的管理费、企业内部营业机构之间支付的租金和特许权使用费,以及非银行企业内部营业机构之间支付的利息,不得扣除。

非居民企业向总机构支付的合理费用可以扣除,而关联企业之间支付的管理费不得扣除。

(9)与取得收入无关的其他支出。

(三)亏损弥补

亏损是指企业依照企业所得税法和暂行条例的规定,将每一纳税年度的收入总额减除不征税收入、免税收入和各项扣除后小于零的数额。税法规定,企业某一纳税年度发生的亏损可以用下一年度的所得弥补,下一年度的所得不足以弥补的,可以逐年延续弥补,但最长不得超过5年。而且,企业在汇总计算缴纳企业所得税时,其境外营业机构的亏损不得抵减境内营业机构的盈利。

二、资产的税务处理

企业各项资产,主要包括固定资产、生物资产、无形资产、长期待摊费用、投资资产、存货等,均以历史成本为计税基础。企业各项资产的计税基础以及扣除的正确与否,直接关系到企业的应纳税所得额的准确性。因此,企业所得税法规定了纳税人资产的税务处理,其目的是要通过对资产的分类,区分资本性支出与收益性支出,确定准予扣除和不准扣除的项目,正确计算应纳税所得额。

企业持有各项资产期间资产增值或者减值,除国务院财政、税务主管部门规定可以确认损益外,不得调整该资产的计税基础。

(一)固定资产的税务处理

1. 固定资产计税基础

(1)外购的固定资产,以购买价款和支付的相关税费以及直接归属于使该资产达到预定用途发生的其他支出为计税基础。

(2)自行建造的固定资产,以竣工结算前发生的支出为计税基础。

(3)融资租入的固定资产,以租赁合同约定的付款总额和承租人在签订租赁合同过程中发生的相关费用为计税基础,租赁合同未约定付款总额的,以该资产的公允价值和承租人在签订租赁合同过程中发生的相关费用为计税基础。

(4)盘盈的固定资产,以同类固定资产的重置完全价值为计税基础。

(5)通过捐赠、投资、非货币性资产交换、债务重组等方式取得的固定资产,以该资产的公允价值和支付的相关费用为计税基础。

(6)改建的固定资产,除已足额提取折旧的固定资产和租入的固定资产以外的其他固定资产,以改建过程中发生的改建支出增加为计税基础。

2. 固定资产折旧的范围

在计算应纳税所得额时,企业按照规定计算的固定资产折旧,准予扣除。下列固定资产不得计算折旧扣除:

(1)房屋、建筑物以外未投入使用的固定资产。
(2)以经营租赁方式租入的固定资产。
(3)以融资租赁方式租出的固定资产。
(4)已提足折旧继续使用的固定资产。
(5)与经营活动无关的固定资产。
(6)单独估价作为固定资产入账的土地。
(7)其他不得计提折旧扣除的固定资产。

3. 固定资产折旧的计提方法

(1)企业应当自固定资产投入使用月份的次月起计提折旧;停止使用的固定资产,应当从停止使用月份的次月起停止计提折旧。

(2)企业应当根据固定资产的性质和使用情况,合理确定固定资产的预计净残值。固定资产的预计净残值一经确定,不得变更。

(3)固定资产按照直线法计算的折旧,准予扣除。

4. 固定资产折旧的计提年限

除国务院财政、税务主管部门另有规定外,固定资产计算折旧的最低年限如下:

(1)房屋、建筑物,为20年。
(2)飞机、火车、轮船、机器、机械和其他生产设备,为10年。
(3)与生产经营活动有关的器具、工具、家具等,为5年。
(4)飞机、火车、轮船以外的运输工具,为4年。
(5)电子设备,为3年。

(二)生物资产的税务处理

(1)生物资产是指有生命的动物和植物。生物资产分为消耗性生物资产、生产性生物资产和公益性生物资产。消耗性生物资产,是指为出售而持有的、或在将来收获为农产品的生物资产,包括生长中的农田作物、蔬菜、用材林以及存栏待售的牲畜等。生产性生物资产,是指为产出农产品、提供劳务或出租等目的而持有的生物资产,包括经济林、薪炭林、产畜和役畜等。公益性生物资产,是指以防护、环境保护为主要目的的生物资产,包括防风固沙林、水土保持林和水源涵养林等。

(2)生产性生物资产按照直线法计算的折旧,准予扣除。企业应当自生产性生物资产投入使用月份的次月起计算折旧;停止使用的生产性生物资产应当自停止使用月份的次月起停止计算折旧。

(3)生产性生物资产计算折旧的最低年限如下:

①林木类生产性生物资产,为10年。
②畜类生产性生物资产,为3年。

(三)无形资产的税务处理

(1)在计算应纳税所得额时,企业按照规定计算的无形资产摊销费用,准予扣除。外购商誉的支出,在企业整体转让或者清算时准予扣除。

(2)下列无形资产不得计算摊销费用扣除:

①自行开发的支出已在计算应纳税所得额时扣除的无形资产。

②自创商誉。

③与经营活动无关的无形资产。

④其他不得计算摊销费用扣除的无形资产。

⑤无形资产的摊销方法及年限。

(3)无形资产的摊销采取直线法计算。无形资产的摊销年限不得低于10年。作为投资或者受让的无形资产,有关法律规定或者合同约定了使用年限的,可以按照规定或者约定的使用年限分期摊销。

(四)长期待摊费用的税务处理

1. 长期待摊费用的摊销范围

在计算应纳税所得额时,企业发生的下列支出作为长期待摊费用,按照规定摊销的,准予扣除。

(1)已足额提取折旧的固定资产的改建支出。

(2)租入固定资产的改建支出。

(3)固定资产的大修理支出。

(4)其他应当作为长期待摊费用的支出。

企业的固定资产修理支出可作为当期损益直接扣除。企业的固定资产改良支出,如果有关固定资产尚未提足折旧,可增加固定资产价值;如有关固定资产已提足折旧,可作为长期待摊费用。

2. 长期待摊费用的摊销年限

(1)已足额提取折旧的固定资产的改建支出,按照固定资产预计尚可使用年限分期摊销。

(2)租入固定资产的改建支出,按照合同约定的剩余租赁期限分期摊销。

(3)固定资产大修理支出,按照固定资产尚可使用年限分期摊销。

企业所得税法所指固定资产的大修理支出,是指同时符合下列条件的支出:

①修理支出达到取得固定资产时的计税基础50%以上。

②修理后固定资产的使用年限延长2年以上。

(4)其他应当作为长期待摊费用的支出,自支出发生月份的次月起,分期摊销,摊销年限不得低于3年。

（五）存货的税务处理

（1）存货的成本计算方法。企业使用或者销售的存货的成本计算方法，可以在先进先出法、加权平均法、个别计价法中选用一种。计价方法一经选用，不得随意变更。

（2）除国务院财政、税务主管部门另有规定外，企业在重组过程中，应当在交易发生时确认有关资产的转让所得或者损失，相关资产应当按照交易价格重新确定计税基础。

（六）投资资产的税务处理

（1）企业对外投资期间，投资资产的成本在计算应纳税所得额时不得扣除。

（2）企业在转让或者处置投资资产时，投资资产的成本准予扣除。

三、应纳税额的计算

（一）居民企业应纳税额的计算

居民企业应纳税额等于应纳税所得额乘以适用税率，基本计算公式为

居民企业应纳税额＝应纳税所得额×适用税率－减免税额－抵免税额

根据计算公式可以看出，居民企业应纳税额的多少，取决于应纳税所得额和适用税率两个因素。

【例7.6】 假定某企业为居民企业，2015年经营业务如下：

（1）取得销售收入8 600万元，与彩电配比的销售成本5 660元。

（2）转让技术所有权取得收入700万元，直接与技术所有权转让有关的成本和费用100万元。

（3）出租设备取得租金收入200万元，接受原材料捐赠取得增值税专用发票注明材料金额50万元、增值税8.5万元。

（4）取得国债利息收入30万元。

（5）销售费用1 650万元，其中广告费1 200万元，业务宣传费200万元。

（6）管理费用850万元，其中业务招待费90万元，新产品研究开发费150万元。

（7）财务费用60万元，其中含向非金融企业借款500万元所支付的年利息40万元（当年金融企业贷款的年利率为5.8%）。

（8）本年已缴纳增值税120万元，营业税、城建税和教育费附加40万元。

（9）营业外支出300万元（含通过公益性社会团体向贫困山区捐款80万元，支付税务机关罚款6万元）。

（10）计入成本、费用中的实发工资总额540万元、实际发生的职工福利费82万元和职工教育经费18万元，拨缴的工会经费15万元，并取得了专用收据。

要求：计算该企业2015年度实际应纳的企业所得税。

（1）会计利润总额＝8 600－5 660＋700－100＋200＋50＋8.5＋30－1 650－850－80－300－40＝

908.5(万元)

(2)销售(营业)收入=8 600+200=8 800(万元)

(3)居民企业转让技术所有权所得不超过500万元的部分,免征企业所得税;超过500万元的部分,减半征收企业所得税。

该企业技术转让所得额600万元(700-100),超过500万元部分为100万元,减半征收企业所得税,应调减应纳税所得额=500(万元)

(4)国债利息收入免征企业所得税,应调减应纳税所得额30万元。

(5)广告宣传费扣除限额=8 800×15%=1 320(万元)

广告宣传费应调增应纳税所得额=1 200+200-1 320=80(万元)

(5)按实际发生业务招待费的60%计算=90×60%=54(万元)

按销售(营业)收入的5‰计算=8 800×5‰=44(万元)

业务招待费应调增应纳税所得额=90-44=46(万元)

(6)企业为开发新技术、新产品、新工艺发生的研究开发费用,未形成无形资产计入当期损益的,在按照规定据实扣除的基础上,按照研究开发费用的50%加计扣除。

技术开发费调减应纳税所得额=150×50%=75(万元)

(7)利息支出扣除限额=500×5.8%=29(万元)

利息支出调增应纳税所得额=40-29=11(万元)

(8)捐赠支出扣除限额=908.5×12%=109.02(万元)

实际捐赠额80万元小于扣除标准109.02万元,可据实扣除,不做纳税调整。

(9)税务机关罚款支出不允许扣除,应调增应纳税所得额6万元。

(10)职工福利费扣除限额=540×14%=75.6(万元)

实际发生职工福利费82万元小于扣除标准75.6万元

职工福利费应调增应纳税所得额=82-75.6=4.2(万元)

(11)职工教育经费扣除限额=540×2.5%=13.5(万元)

实际发生职工教育经费18万元小于扣除标准13.5万元

职工教育经费应调增应纳税所得额=18-13.5=4.5(万元)

(12)工会经费扣除限额=540×2%=10.8(万元)

实际发生职工教育经费15万元小于扣除标准10.8万元

工会经费应调增应纳税所得额=15-10.8=4.2(万元)

(13)应纳税所得额=908.5-500-30+80+46-75+11+6+4.2+4.5+4.2=459.4(万元)

(14)2015年应缴企业所得税=(459.4-100)×25%+100×25%×50%=102.35(万元)

(二)境外所得抵扣税额的计算

企业取得的下列所得已在境外缴纳的所得税税额,可以从其当期应纳税额中抵免,抵免限额为该项所得依照本法规定计算的应纳税额;超过抵免限额的部分,可以在以后5个年度内,用每年度抵免限额抵免当年应抵税额后的余额进行抵补：

(1)居民企业来源于中国境外的应税所得。

(2)非居民企业在中国境内设立机构、场所,取得发生在中国境外但与该机构、场所有实际联系的应税所得。

居民企业从其直接或者间接控制的外国企业分得的来源于中国境外的股息、红利等权益性投资收益,外国企业在境外实际缴纳的所得税税额中属于该项所得负担的部分,可以作为该居民企业的可抵免境外所得税税额,在企业所得税税法规定的抵免限额内抵免。

抵免限额,是指企业来源于中国境外的所得,依照企业所得税法和本条例的规定计算的应纳税额。除国务院财政、税务主管部门另有规定外,该抵免限额应当分国(地区)不分项计算,计算公式为

$$抵免限额 = 中国境内、境外所得依照企业所得税法和条例规定计算的应纳税总额 \times \frac{来源于某国(地区)的应纳税所得额}{中国境内、境外应纳税所得总额}$$

【例7.7】 某境内居民企业2015年度取得境内所得150万元,适用25%的企业所得税税率。另外,该企业分别在A、B两国设有分支机构,在A国分支机构的应纳税所得额为80万元,A国企业所得税税率为15%;在B国的分支机构的应纳税所得额为50万元,B国企业所得税税率为30%。假设该企业在A、B两国所得按我国税法计算的应纳税所得额和按A、B两国税法计算的应纳税所得额一致,两个分支机构在A、B两国分别缴纳了12万元和15万元的企业所得税。

要求:计算该企业汇总时在我国应缴纳的企业所得税税额。

(1)该企业按我国税法计算的境内、境外所得的应纳税额。

$$应纳税额 = (150+80+50) \times 25\% = 70(万元)$$

(2)A、B两国的扣除限额。

$$A国扣除限额 = 70 \times [80 \div (150+80+50)] = 20(万元)$$

$$B国扣除限额 = 70 \times [50 \div (150+80+50)] = 12.5(万元)$$

在A国缴纳的所得税为12万元,低于扣除限额20万元,可全额扣除。

在B国缴纳的所得税为15万元,高于扣除限额12.5万元,其超过扣除限额的部分2.5万元当年不能扣除。

(3)汇总时在我国应缴纳的所得税 = 70-12-12.5 = 45.5(万元)

本章小结

企业所得税是对我国境内企业在一定时期内的生产经营所得和其他所得所征收的一种税。

企业所得税的纳税义务人是指在中华人民共和国境内的企业和其他取得收入的组织。除个人独资企业、合伙企业不适用企业所得税法外，凡在我国境内，企业和其他取得收入的组织（以下统称企业）为企业所得税的纳税人。企业所得税的纳税人分为居民企业和非居民企业。

企业所得税实行比例税率。基本税率25%，适用于居民企业、非居民企业在中国境内设有机构及场所；低税率20%，适用于非居民企业在中国境内未设立机构、场所的，非居民企业虽设立机构、场所但取得的所得与其所设机构、场所没有实际联系的，实际减按10%的优惠税率执行；符合条件的小型微利企业适用于20%，国家需要重点扶持的高新技术企业适用于10%。

符合条件的技术转让所得免征、减征企业所得税，一个纳税年度内，居民企业转让技术所有权所得不超过500万元的部分，免征企业所得税；超过500万元的部分，减半征收企业所得税。

企业为开发新技术、新产品、新工艺发生的研究开发费用，未形成无形资产计入当期损益的，在按照规定据实扣除的基础上，按照研究开发费用的50%加计扣除；形成无形资产的，按照无形资产成本的150%摊销。

企业的固定资产由于技术进步等原因，确需加速折旧的，可以缩短折旧年限或者采取加速折旧的方法。可采用以上折旧方法的固定资产是指：

（1）由于技术进步，产品更新换代较快的固定资产。

（2）常年处于强震动、高腐蚀状态的固定资产。

采取缩短折旧年限方法的，最低折旧年限不得低于规定折旧年限的60%；采取加速折旧方法的，可以采取双倍余额递减法或者年数总和法。

除税收法律、行政法规另有规定外，居民企业以企业登记注册地为纳税地点；但登记注册地在境外的，以实际管理机构所在地为纳税地点。

企业所得税按年计征，分月或者分季预缴，年终汇算清缴，多退少补。

按月或按季预缴的，应当自月份或者季度终了之日起15日内，向税务机关报送预缴企业所得税纳税申报表，预缴税款。

应纳税所得额是企业所得税的计税依据。应纳税所得额的计算一般有直接计算法和间接计算法两种。

在直接计算法下，应纳税所得额＝收入总额－不征税收入－免税收入－各项扣除－以前年度亏损

在间接计算法下，应纳税所得额＝会计利润总额±纳税调整项目金额

税收调整项目金额包括两方面的内容：一是企业的财务会计处理和税收规定不一致的应予以调整的金额；二是企业按税法规定准予扣除的税收金额。

企业的收入总额包括以货币形式和非货币形式从各种来源取得的收入。包括销售货物收入、劳务收入、财产转让收入、股息、红利等权益性投资收益、利息收入、租金收入、特许权使用

费收入、接受捐赠收入和其他收入。

不征税收入包括财政拨款、依法收取并纳入财政管理的行政事业性收费以及政府性基金和国务院规定的其他不征税收入。

免税收入包括国债利息收入、符合条件的居民企业之间的股息以及红利等权益性收益、在中国境内设立机构及场所的非居民企业从居民企业取得与该机构及场所有实际联系的股息和红利等权益性投资收益、符合条件的非营利组织的收入。

企业实际发生的与取得收入有关的、合理的支出,包括成本、费用、税金、损失其他支出,准予在计算应纳税所得额时扣除。

企业某一纳税年度发生的亏损可以用下一年度的所得弥补,下一年度的所得不足以弥补的,可以逐年延续弥补,但最长不得超过5年。而且,企业在汇总计算缴纳企业所得税时,其境外营业机构的亏损不得抵减境内营业机构的盈利。

居民企业应纳税额等于应纳税所得额乘以适用税率,基本计算公式为

居民企业应纳税额=应纳税所得额×适用税率-减免税额-抵免税额

企业取得的下列所得已在境外缴纳的所得税税额,可以从其当期应纳税额中抵免,抵免限额为该项所得依照本法规定计算的应纳税额;超过抵免限额的部分,可以在以后5个年度内,用每年度抵免限额抵免当年应抵税额后的余额进行抵补。

$$抵免限额=企业所得税法和条例规定计算的应纳税总额 \times \frac{来源于某国(地区)的应纳税所得额}{中国境内、境外应纳税所得总额}$$

思 考 题

一、单选题

1. 以下符合新企业所得税法规定的是(　　)。
   A. 居民企业应当只就其来源于中国境内的所得缴纳企业所得税
   B. 居民企业应当就其来源于中国境内、境外的所得缴纳企业所得税
   C. 非居民企业就其来源于中国境内、境外的所得缴纳企业所得税
   D. 非居民企业发生在我国境外的所得一律不在我国缴纳企业所得税

2. 依据企业所得税法的规定,下列各项中按负担所得的所在地确定所得来源地的是(　　)。
   A. 销售货物所得　　　　　　B. 权益性投资所得
   C. 动产转让所得　　　　　　D. 特许权使用费所得

3. 根据企业所得税法律制度的规定,下列关于不同方式下销售商品收入金额确定的表述中,正确的是(　　)。
   A. 采用商业折扣方式销售商品的,按照商业折扣前的金额确定销售商品收入金额

B. 采用现金折扣方式销售商品的,按照现金折扣前的金额确定销售商品收入金额

C. 采用售后回购方式销售商品的,按照扣除回购商品公允价值后的余额确定销售商品收入金额

D. 采用以旧换新方式销售商品的,按照扣除回收商品公允价值后的余额确定销售商品收入金额

4. 根据企业所得税法规定,下列说法正确的是( )。

   A. 企业发生的费用一律不得重复扣除
   B. 企业的不征税收入产生的费用可以按一般的费用进行扣除
   C. 企业发生的工资都可以在税前扣除
   D. 企业依照有关规定为特殊工种职工支付的人身安全保险费可以扣除

5. 下列各项中,能作为业务招待费税前扣除限额计提依据的是( )。

   A. 销售货物收入
   B. 债务重组收入
   C. 转让无形资产所有权的收入
   D. 确实无法偿付的应付款项

6. 某公司2015年度利润总额为50万元,当年"营业外支出"账户中列支了通过社会团体向希望工程的捐赠10万元,没有其他纳税调整项目。该企业2015年应缴纳的企业所得税为( )万元。

   A. 12.50   B. 12   C. 13.5   D. 13

7. 在计算企业所得税应纳税所得额时,下列项目准予从收入总额中直接扣除的是( )。

   A. 罚金、罚款和被没收财物的损失
   B. 各项税收滞纳、罚款支出
   C. 在利润总额12%以内的公益性捐赠支出
   D. 非广告性质的赞助支出

8. 以下各项中,最低折旧年限为5年的固定资产是( )。

   A. 建筑物   B. 生产设备   C. 家具   D. 电子设备

9. 北京市某企业2014年度境内生产经营亏损20万元,2015年主营业务收入980万,主营业务成本680万元,转让专利技术取得收入500万元,成本248万元,营业税金及附加30万元,从境内居民企业分回投资收益50万元;国库券转让收益25万元;境外投资企业亏损40万元。该企业2015年应纳所得税额为( )万元。

   A. 65   B. 61.55   C. 60   D. 68.75

10. 2015年某居民企业实现产品销售收入1 200万元,视同销售收入400万元,债务重组收益100万元,发生的成本费用总额1 600万元,其中业务招待费支出20万元。假定不存在

其他纳税调整事项,2015年度该企业应缴纳企业所得税(   )万元。
A. 16.2   B. 16.8   C. 27   D. 28

11. 某小型零售企业2015年度自行申报收入总额250万元、成本费用258万元,经营亏损8万元。经主管税务机关审核,发现其发生的成本费用真实,实现的收入无法确认,依据规定对其进行核定征收。假定应税所得率为9%,则该小型零售企业2015年度应缴纳的企业所得税为(   )。
A. 5.10万元   B. 5.63万元   C. 5.81万元   D. 6.38万元

12. 境外某公司在中国境内未设立机构、场所,2014年取得境内甲公司支付的贷款利息收入100万元,取得境内乙公司支付的财产转让收入80万元,该项财产净值60万元。2014年度该境外公司在我国应缴纳企业所得税(   )万元。
A. 12   B. 14   C. 18   D. 36

13. 某城镇的一个居民企业,2015年转让一项两年前购买的无形资产所有权。购买时是160万元,转让的收入是165万元。摊销期限是10年,无残值。转让无形资产应当缴纳的企业所得税是(   )万元。(要求考虑营业税、城建税及教育费附加)
A. 3.8   B. 4.25   C. 6.58   D. 7.02

二、多选题

1. 依据企业所得税法的规定,下列各项中,属于企业所得税纳税人的有(   )。
   A. 取得经营所得的股份有限公司
   B. 取得所得的外商投资企业
   C. 从事经营活动的社会团体
   D. 取得经营收益的个人独资企业

2. 依据企业所得税法的规定,判定居民企业的标准有(   )。
   A. 登记注册地标准   B. 所得来源地标准
   C. 经营行为实际发生地标准   D. 实际管理机构所在地标准

3. 依据新企业所得税法的规定,下列所得来源地规定正确的有(   )。
   A. 销售货物所得按照交易活动发生地确定
   B. 提供劳务所得按照提供劳务的企业或者机构、场所所在地确定
   C. 不动产转让所得按照转让不动产的企业或者机构、场所所在地确定
   D. 权益性投资资产转让所得按照被投资企业所在地确定

4. 以下企业中,一般应使用企业所得税25%税率的企业有(   )。
   A. 在中国境内的居民企业
   B. 在中国境内设有机构场所,且所得与机构场所有关联的非居民企业
   C. 在中国境内设有机构场所,但所得与机构场所没有实际联系的非居民企业
   D. 在中国境内未设立机构场所的非居民企业

5. 纳税人下列行为应视同销售确认所得税收入的有(　　)。
   A. 将货物用于投资　　　　　　　B. 将商品用于捐赠
   C. 将产品用于职工福利　　　　　D. 将产品用于在建工程
6. 企业所得税法规定的转让财产收入包括转让(　　)。
   A. 无形资产　　B. 存货　　C. 股权　　D. 债权
7. 以下关于企业所得税收入确认时间的正确表述有(　　)。
   A. 股息、红利等权益性投资收益,以投资方收到分配金额作为收入的实现
   B. 利息收入,按照合同约定的债务人应付利息的日期确认收入的实现
   C. 租金收入,在实际收到租金收入时确认收入的实现
   D. 接受捐赠收入,在实际收到捐赠资产时确认收入的实现
8. 可以当期直接在所得税前扣除的税金包括(　　)。
   A. 购买材料允许抵扣的增值税　　B. 房产税
   C. 出口关税　　　　　　　　　　D. 企业所得税
9. 以下属于职工福利费范围的项目有(　　)。
   A. 内设职工食堂的设施维修费
   B. 福利人员的工资
   C. 福利人员的社会保险费
   D. 劳动保护费
10. 在计算应纳税所得额时不得扣除的项目有(　　)。
    A. 为企业子女入托支付给幼儿园的赞助支出
    B. 利润分红支出
    C. 企业违反销售协议被采购方索取的罚款
    D. 违反食品卫生法被政府处以的罚款
11. 企业所得税法规定,下列固定资产不得计算折旧扣除(　　)。
    A. 企业购置的尚未投入使用的机器设备
    B. 以融资租赁方式租入的固定资产
    C. 已足额提取折旧仍继续使用的固定资产
    D. 以经营租赁方式租入的固定资产
12. 依据企业所得税相关规定,固定资产大修理支出需要同时符合的条件有(　　)。
    A. 修理后固定资产被用于新的或不同的用途
    B. 修理后固定资产的使用年限延长2年以上
    C. 修理后固定资产的使用年限延长1年以上
    D. 修理支出达到取得固定资产时计税基础的50%以上
13. 根据企业所得税法律制度的规定,下列收入中,不属于企业所得税免税收入的

有( )。
    A. 财政拨款   B. 国债利息
    C. 物资及现金溢余   D. 依法收取并纳入财政管理的政府性基金

14. 在中国境内未设立机构、场所的非居民企业从中国境内取得的下列所得,应按收入全额计算征收企业所得税的有( )。
    A. 股息   B. 利息   C. 租金   D. 转让财产所得

三、计算题

1. 某企业2015年发生下列业务:

(1)销售产品收入2 000万元;

(2)接受捐赠材料一批,取得捐出方开具的增值税专用发票,注明价款10万元,增值税1.7万元;企业找一运输公司将该批材料运回企业,支付运杂费0.3万元。

(3)转让一项商标所有权,取得营业外收入60万元。

(4)收取当年让渡资产使用权的专利实施许可费,取得其他业务收入10万元。

(5)取得国债利息2万元。

(6)全年销售成本1 000万元;销售税金及附加100万元。

(7)全年销售费用500万元,含广告费400万元;全年管理费用200万元,含招待费80万元;全年财务费用50万元。

(8)全年营业外支出40万元:其中含通过政府部门对灾区捐款20万元,直接对私立小学捐款10万元,违反政府规定被工商局罚款2万元。

要求计算:

(1)该企业的会计利润总额。

(2)该企业对收入的纳税调整额。

(3)该企业对广告费用的纳税调整额。

(4)该企业对招待费的纳税调整额。

(5)该企业对营业外支出的纳税调整额。

(6)该企业应纳税所得额和应纳所得税额。

2. 某服装厂2015年产品销售收入3 000万元,销售成本1 500万元,销售税金及附加12万元,销售费用300万元(含广告费110万元),管理费用500万元(含招待费20万元,办公室房租36万元,存货跌价准备2万元),投资收益25万元(含国债利息6万元、从深圳联营企业分回税后利润34万元、权益法计算投资某公司损失15万元),营业外支出30万元,系违反购销合同被供货方处以的违约罚款。其他补充资料:①当年9月1日起租用办公室,支付2年房租36万元;②企业已预缴税款120万元。

要求计算：
(1)该企业所得税前可扣除的销售费用。
(2)该企业所得税前可扣除的管理费用。
(3)该企业计入计税所得的投资收益。
(4)该企业应纳税所得额。
(5)该企业应纳的所得税额。
(6)该企业2015年度应补(退)的所得税额。

3.(1)在日本取得贷款利息收入100万元,被扣缴日本所得税10万元,企业应摊计到此项利息收入的筹资成本及有关费用为70万元。

(2)该企业在日本另设一家分公司,2015年度取得营业利润200万元,缴纳日本所得税100万元。

(3)该企业2015年度在新加坡设立的一家分公司取得营业利润200万元,缴纳新加坡所得税30万元。该企业2015年度境内、境外所得总额1 000万元。

要求:计算该企业2015年度在中国应纳的所得税税额。

第八章

Chapter 8

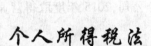

个人所得税法

【学习目标】
1. 掌握个人所得税的纳税人和扣缴义务人；
2. 掌握个人所得税征税对象、税目和计税依据；
3. 掌握个人所得税应纳税所得额、应纳所得税额的计算；
4. 熟悉个人所得税的税率；
5. 熟悉个人所得税税收减免；
6. 了解个人所得税的特点；
7. 了解个人所得税纳税申报、纳税期限与纳税地点。

【能力目标】
1. 实地调研个人所得税的缴纳及申报情况；
2. 正确计算个人所得税的应纳税额并能进行案例分析。

【引导案例】
　　沈阳某出租汽车有限公司成立于2005年5月11日，该公司股东为沈阳广利河出租汽车合作公司和王元军等20多名个人。2013年12月22日，原告王某与被告张某签订股权转让协议一份，协议约定：王元军将持有的沈阳广利河出租汽车有限公司的股权转让给张万洁，转让过程中发生的一切费用由张万洁承担。协议签订后，张万洁将转让费给付原告。2014年，沈阳市地方税务局东陵分局以沈地东税处字(2005)第1501121665号税务处理决定书，要求王元军按"财产转让所得"补缴个人所得税。原告以被告对协议约定的一切费用由被告承担的事项，被告尚未履行为由，诉至法院，要求被告履行股权转让协议，为其交纳个人所得税及滞纳金，并要求被告承担本案诉讼费。

> 法院经过审理认为：根据《中华人民共和国个人所得税法》的规定，股权转让人是纳税义务人，受让人是代扣代缴义务人，纳税人应当按照财产转让所得的20%缴纳个人所得税。本案中，财产转让人即王元军是纳税义务人，张万洁是个人所得税扣缴义务人，应当履行代扣代缴义务。王元军主张双方在协议中已明确个人所得税应当由张万洁缴纳，即双方在协议中约定转让过程中发生的一切费用由受让人承担。王元军及其委托代理人向法院提供了多份其他转让人的证言，称双方在协商过程中主要争议的问题是转让价格是否包括个人所得税。因此可以认定双方在协商转让过程中已经明知该问题的存在，但在合同中未明确约定。税、费是不同的概念，由于双方约定不明，应当根据税法的规定，由财产转让人承担缴纳义务。

第一节 个人所得税概述

一、个人所得税的概念

个人所得税是以个人（自然人）取得的各项应税所得为征税对象所征收的一种税。作为征税对象的个人所得，有广义和狭义之分。所谓广义个人所得，是指个人在一定期间内，通过各种来源或方式所获得的一切利益，不论其是偶然所得，还是经常所得，也不论是货币、有价证券所得，还是实物所得。所谓狭义个人所得，仅限于经常、反复发生的所得。目前，包括我国在内的世界各国所实行的个人所得税，大多采用个人广义所得的概念来界定个人所得税征税对象。一般来讲，可以将个人取得的各种所得分为毛所得和净所得、非劳动所得和劳动所得、经常所得和偶然所得、自由支配所得和非自由支配所得、交易所得和转移所得、应收所得和实现所得、名义所得和实际所得、积极所得和消极所得等。

新中国成立后，《中华人民共和国个人所得税法》于1980年9月10日第五届全国人民代表大会第三次会议通过，根据1993年10月31日第八届全国人民代表大会常务委员会第四次会议《关于修改〈中华人民共和国个人所得税法〉的决定》第一次修正；第九届全国人民代表大会常务委员会第十一次会议于1999年8月30日对《个人所得税法》进行了修正。2000年9月，财政部、国家税务总局又制定了《关于个人独资企业和合伙企业投资者征收个人所得税的规定》，进一步完善了我国个人所得税法律制度。2005年10月27日第十届全国人民代表大会常务委员会第十八次会议对《个人所得税法》进行了第三次修正。2007年6月29日第十届全国人民代表大会常务委员会第二十八次会议对《个人所得税法》进行了第四次修正。2007年12月29日第十届全国人民代表大会常务委员会第三十一次会议对《个人所得税法》进行了第五次修正。2011年6月30日第十一届全国人民代表大会常务委员会第二十一次会议通过了《关于修改〈中华人民共和国个人所得税法〉的决定》，对《个人所得税法》进行了第六次修正，自2011年9月1日起施行。

二、个人所得税的特点

我国现行个人所得税主要有以下几个特点:

(一)实行分类征收

世界各国的个人所得税制根据计税方法的不同,大体可分为三种:分类所得税制、综合所得税制和混合所得税制。分类所得税制是将个人所得按来源不同划分为若干类别,设计不同税率和费用扣除标准,分别计算征收所得税;综合所得税制是将个人全年各种不同性质的所得,不问其来源渠道与收入形式,全部收入汇总,统一扣除,按统一累进税率计算征收所得税;混合所得税制是对纳税人不同来源、性质的所得先分别按照不同的税率征税,然后将全年的各项所得进行汇总征税。这三种税制各有所长,各国可根据本国具体情况选择、运用。我国目前采用的是分类所得税制,即把个人应税所得划分成11类,分别采用不同的费用扣除规定、不同的税率和不同的计税方法。实行分类课征制度,一方面可以通过广泛地采用源泉扣缴的方法,加强税收征管,简化纳税手续,方便征纳双方;另一方面又可以对不同的个人所得按不同征收方法计征,有利于体现国家政策。

(二)累进税率与比例税率并用

分类所得税制一般采用比例税率,综合所得税制通常采用累进税率。比例税率计算简便,便于实行源泉扣缴;累进税率可以合理调节收入分配,体现公平。我国现行个人所得税根据各类个人所得的不同性质和特点,将这两种形式的税率运用于个人所得税制。对工资、薪金所得,个体工商户的生产、经营所得,对企事业单位的承包、承租经营所得采用累进税率,实行量能负担,体现税负公平,合理调节收入分配;对劳务报酬、稿酬等其他所得,采用透明度较高的比例税率,实行等比负担,便于源泉扣缴税款。

(三)费用扣除额较宽

各国的个人所得税均有费用扣除的规定,但扣除的方法及额度不尽相同。我国本着费用扣除从宽、从简的原则,采用费用定额扣除和定率扣除两种方法。对工资、薪金所得,每月减除规定费用;对劳务报酬等所得,每次收入不超过4 000元的减除800元,4 000元以上的减除20%的费用。按照这样的标准减除费用,实际上等于对绝大多数的工资、薪金所得予以免税或只征收很少的税款,使提供一般劳务、取得较低劳务报酬的个人大多不用负担个人所得税。

(四)计算简便

我国个人所得税的费用扣除采取总额扣除法,免去了对个人实际生活费用支出逐项计算的麻烦。而且各种所得项目实行分项扣除,分项定率,分项计税的方式,其费用扣除项目及方法易于掌握,计算简便,符合个人所得税制从简的原则。

(五)采用源泉扣缴和自行申报两种征纳方法

我国《个人所得税法》规定,对纳税人的应纳税额分别采取由支付单位源泉扣缴和纳税人自行申报两种方法。凡是可以在应税所得的支付环节扣缴个人所得税的,均由扣缴义务人履行代扣代缴义务。对于没有扣缴义务人的,个人在两处以上取得工资、薪金所得的,以及个人所得超过国务院规定数额(即年所得12万元以上)的,由纳税人自行申报纳税。此外,对其他不便于扣缴税款的,亦规定由纳税人自行申报纳税。

【例8.1】 个人所得税是世界各国普遍征收的一个税种,但各国对个人所得税规定有所不同。下列表述中属于我国现行个人所得税的特点有(　　)。
A. 实行的是分类所得税制
B. 累进税率和定额税率并用
C. 实行的是混合所得税制
D. 采取源泉扣缴和自行申报两种征纳方法
E. 费用扣除额较宽
【答案】 ADE

第二节 纳税义务人和税目

一、个人所得税的纳税人

个人所得税税法规定的纳税人是指在中国境内有住所、或者无住所但在境内居住满一年的个人,以及无住所又不居住或者居住不满一年但从中国境内取得所得的个人。包括中国公民、个体工商户、外籍个人、无国籍人员,香港、澳门、台湾同胞等。现行个人所得税按照国际通常的做法,依据住所和居住时间两个标准,将纳税人区分为居民纳税人和非居民纳税人,并以此确定其承担不同的纳税义务。

(一)居民纳税人

《个人所得税法》规定,在中国境内有住所,或者无住所而在境内居住满1年的个人,为居民纳税人。居民纳税义务人负有无限纳税义务,应就其来源于中国境内和境外的所得,向我国政府履行全面纳税义务,依法缴纳个人所得税。

所谓在中国境内有住所的个人,是指因户籍、家庭、经济利益关系,而在中国境内习惯性居住的个人。习惯性居住是判定纳税人是居民纳税人还是非居民纳税人的一个重要依据。它是指个人因学习、工作、探亲等原因消除之后,没有理由在其他地方继续居留时,所要回到的地方,而不是指实际居住或在某一个特定时期内的居住地。

所谓在境内居住满一年,是指在一个纳税年度(即公历1月1日起至12月31日止)在中国境内居住满365日,即以居住满1年为时间标准。临时离境的,不得扣减日数。临时离境,是指在一个纳税年度中一次离境不超过30日或者多次累计不超过90日的离境。

此外,为了有利于发展对外经济合作,贯彻从宽从简的原则,对于在中国境内无住所,但是居住1年以上而未超过5年的个人,其来源于中国境外的所得,经主管税务机关批准,可以只就由中国境内公司、企业以及其他经济组织或者个人支付的部分缴纳个人所得税。对于居住超过5年的个人,从第6年起,应当就其来源于中国境内、境外的全部所得缴纳个人所得税。

上述所谓在中国境内居住满5年,是指个人在中国境内连续居住满5年,即在连续5年中的每一纳税年度内均居住满1年。个人从第6年起的以后年度中,凡在境内居住满1年的,应当就其来源于境内、境外的所得申报纳税;凡在境内居住不满1年的,则仅就其该年内来源于境内的所得申报纳税。

(二)非居民纳税人

《个人所得税法》规定,非居民纳税人是在中国境内无住所又不居住,或者无住所而在境内居住不满1年的个人。非居民纳税人承担有限纳税义务,即仅就其来源于中国境内的所得,向中国政府缴纳个人所得税。但对在中国境内无住所且在一个纳税年度中在境内连续或累计居住不超过90天的个人,其来源于中国境内的所得,由境外雇主支付并且不由该雇主在中国境内的机构、场所负担的部分,免予缴纳个人所得税。

【例8.2】 根据个人所得税法律制度的规定,在中国境内无住所但取得所得的下列外籍个人中,属于居民纳税人的是( )。

A. M国甲,在华工作6个月
B. N国乙,2014年1月10日入境,2014年10月10日离境
C. X国丙,2013年10月1日入境,2014年12月31日离境,其间临时离境28天
D. Y国丁,2014年3月1日入境,2015年3月1日离境,其间临时离境100天

【解析】 正确答案为C。选项ABD:在1个纳税年度内,在中国居住时间不满365日;选项C:在1个纳税年度内,在中国境内居住满365日,且临时离境仅28天,可以不扣减其在华居住天数。

二、个人所得税的税目

按应纳税所得的来源划分,现行个人所得税的应税项目,共有以下11个应税项目。

(一)工资、薪金所得

工资、薪金所得,是指个人因任职或者受雇而取得的工资、薪金、奖金、年终加薪、劳动分红、津贴、补贴以及与任职或者受雇有关的其他所得。

(1)一般来说,工资、薪金所得属于非独立个人劳务所得。所谓非独立个人劳务,是指个人所从事的是由他人指定、安排并接受管理的劳动,工作或服务于公司、工厂、行政、事业单位的人员(私营企业主除外)均为非独立劳动者。他们从上述单位取得的劳动报酬,是以工资、薪金的形式体现的。

除工资、薪金以外,奖金、年终加薪、劳动分红、津贴、补贴也被确定为工资、薪金范畴。其

中,年终加薪、劳动分红不分种类和取得情况,一律按工资、薪金所得课税。

(2)根据我国目前个人收入的构成情况,规定对于一些不属于工资、薪金性质的补贴、津贴,不征收个人所得税。这些项目包括:①独生子女补贴;②执行公务员工资制度未纳入基本工资总额的补贴、津贴差额和家属成员的副食补贴;③托儿补助费;④差旅费津贴、误餐补助。其中,误餐补助是指按照财政部规定,个人因公在城区、郊区工作,不能在工作单位或返回就餐的,根据实际误餐顿数,按规定的标准领取的误餐费。单位以误餐补助名义发给职工的补助、津贴不能包括在内。

(3)实行内部退养的个人在其办理内部退养手续后至法定离退休年龄之间从原任职单位取得的工资、薪金,不属于离退休工资,应按"工资、薪金所得"项目计征个人所得税。

个人在办理内部退养手续后从原任职单位取得的一次性收入,应按办理内部退养手续后至法定离退休年龄之间的所属月份进行平均,并与领取当月的"工资、薪金"所得合并后减除当月费用扣除标准,以余额为基数确定适用税率,再将当月工资、薪金加上取得的一次性收入,减去费用扣除标准,按适用税率计征个人所得税。

个人在办理内部退养手续后至法定离退休年龄之间重新就业取得的"工资、薪金"所得,应与其从原任职单位取得的同一月份的工资、薪金所得合并,并依法自行向主管税务机关申报缴纳个人所得税。

(4)退休人员再任职取得的收入,在减除按税法规定的费用扣除标准后,按工资、薪金所得项目缴纳个人所得税。

(5)出租汽车经营单位对出租车驾驶员采取单车承包或承租方式运营,出租车驾驶员从事客货运营取得的收入,按工资、薪金所得项目征税。

【例8.3】 根据个人所得税法律制度的规定,下列各项中,属于工资、薪金所得项目的是( )。

A.年终加薪　　　B.托儿补助费　　　C.独生子女补贴　　　D.差旅费津贴

【答案】 A

(二)个体工商户的生产、经营所得

个体工商业户的生产、经营所得包括:

(1)个体工商户从事工业、手工业、建筑业、交通运输业、商业、饮食业、服务业、修理业以及其他行业生产、经营取得的所得。

(2)个人经政府有关部门批准,取得执照,从事办学、医疗、咨询以及其他有偿服务活动取得的所得。

(3)个体工商户和个人取得的与生产、经营有关的各项应税所得。

(4)出租车属个人所有,但挂靠出租汽车经营单位或企事业单位,驾驶员向挂靠单位缴纳管理费的,或出租汽车经营单位将出租车所有权转移给驾驶员的,出租车驾驶员从事客货运营取得的收入,比照个体工商户的生产、经营所得项目征税。

(5) 其他个人从事个体工商业生产、经营取得的所得。

(6) 个人独资企业和合伙企业比照执行。

(三) 对企事业单位的承包、承租经营所得

对企事业单位的承包、承租经营所得,是指个人承包经营、承租经营以及转包、转租取得的所得,还包括个人按月或者按次取得的工资、薪金性质的所得。个人对企事业单位的承包、承租经营形式较多,分配方式也不尽相同。大体上可以分为两类:

1. 个人对企事业单位承包、承租经营后,工商登记改变为个体工商户的。这类承包、承租经营所得,实际上属于个体工商业户的生产、经营所得,应按个体工商户的生产、经营所得项目征收个人所得税,不再征收企业所得税。

2. 个人对企事业单位承包、承租经营后,工商登记仍为企业的,不论其分配方式如何,均应先按照企业所得税的有关规定缴纳企业所得税,然后根据承包、承租经营者按合同(协议)规定取得的所得,依照《个人所得税法》的有关规定缴纳个人所得税。

(四) 劳务报酬所得

劳务报酬所得,是指个人从事设计、装潢、安装、制图、化验、测试、医疗、法律、会计、咨询、讲学、新闻、广播、翻译、审稿、书画、雕刻、影视、录音、录像、演出、表演、广告、展览、技术服务、介绍服务、经纪服务、代办服务以及其他劳务取得的所得。

(1) 个人担任公司董事、监事,但不在公司任职、受雇,其取得的董事费、监事费收入,按照劳务报酬所得项目征税;个人在公司任职、受雇,同时兼任董事、监事的,应将董事费、监事费与个人工资收入合并,统一按工资、薪金所得项目缴纳个人所得税。

(2) 从2004年1月20日起,对商品营销活动中,企业和单位对营销成绩突出的"非雇员"以培训班、研讨会、工作考察等名义组织旅游活动,通过免收差旅费、旅游费对个人实行的营销业绩奖励(包括实物、有价证券等),应根据所发生费用的全额作为该营销人员当期的劳务收入,按照"劳务报酬所得"项目征收个人所得税,并由提供上述费用的企业和单位代扣代缴。

(3) 个人兼职取得的收入,应按照劳务报酬所得项目缴纳个人所得税。

(4) 在实际操作过程中,还可能出现难以判定一项所得是属于工资、薪金所得,还是属于劳务报酬所得的情况。这两者的区别在于:工资、薪金所得是属于非独立个人劳务活动,即在机关、团体、学校、部队、企业、事业单位及其他组织中任职、受雇而得到的报酬。而劳务报酬所得,则是个人独立从事各种技艺、提供各项劳务取得的报酬。两者的主要区别在于,前者存在雇佣与被雇佣关系,后者则不存在这种关系。

【例8.4】 下列个人所得按"劳务报酬所得"项目缴纳个人所得税的有( )。

A. 外部董事的董事费收入 B. 个人兼职收入
C. 员工退休再任职取得的收入 D. 明星外出参加演唱会走穴的所得

【答案】 ABD

（五）稿酬所得

稿酬所得，是指个人因其作品以图书、报刊形式出版、发表而取得的所得。作品，包括文学作品、书画作品、摄影作品，以及其他作品。作者去世后，财产继承人取得的遗作稿酬，亦应征收个人所得税。

对报刊、杂志、出版等单位的职员在本单位的刊物上发表作品、出版图书取得所得征税问题，有关税收制度规定如下：

1. 任职、受雇于报刊、杂志等单位的记者、编辑等专业人员，因在本单位的报刊、杂志上发表作品取得的所得，属于因任职、受雇而取得的所得，应与其当月工资收入合并，按"工资、薪金所得"项目征收个人所得税。

除上述专业人员以外，其他人员在本单位的报刊、杂志上发表作品取得的所得，应按"稿酬所得"项目征收个人所得税。

2. 出版社的专业作者撰写、编写或翻译的作品，由本社以图书形式出版而取得的稿费收入，应按"稿酬所得"项目计算缴纳个人所得税。

【例8.5】 下列属于稿酬所得的项目有（　　）。
A. 记者在本单位刊物发表文章取得的报酬
B. 编辑在外单位兼职获得的报酬
C. 将国外的作品翻译出版取得的报酬
D. 民间艺人现场雕饰取得的所得
【答案】　C

（六）特许权使用费所得

特许权使用费所得，是指个人提供专利权、商标权、著作权、非专利技术以及其他特许权的使用权取得的所得。

(1) 我国个人所得税法律制度规定，提供著作权的使用权取得的所得，不包括稿酬的所得，但对于作者将自己的文字作品手稿原件或复印件公开拍卖（竞价）取得的所得，属于提供著作权的使用所得，应按特许权使用费所得项目征收个人所得税。

(2) 个人取得特许权的经济赔偿收入，应按"特许权使用费所得"应税项目缴纳个人所得税，税款由支付赔款的单位或个人代扣代缴。

(3) 从2005年5月1日起，编剧从电视剧的制作单位取得的剧本使用费，不再区分剧本的使用方是否为其任职单位，统一按特许权使用费所得项目计征个人所得税。

【例8.6】 下列个人收入，应按照"特许权使用费所得"项目缴纳个人所得税的有（　　）。
A. 个人取得的特许权经济赔偿收入
B. 作家公开拍卖自己的文字作品手稿复印件的收入

C. 作家公开拍卖自己写作时使用过的金笔的收入
D. 电视剧编剧从任职的电视剧制作中心取得的剧本使用费收入
【答案】 ABD

(七)利息、股息、红利所得

利息、股息、红利所得,是指个人拥有债权、股权而取得的利息、股息、红利所得。其中:利息一般是指存款、贷款和债券的利息。股息、红利是指个人拥有股权取得的公司、企业分红,按照一定的比率派发的每股息金,称为股息;根据公司、企业应分配的、超过股息部分的利润,按股派发的红股,称为红利。股息、红利所得,除另有规定外,都应当缴纳个人所得税。

(1)除个人独资企业、合伙企业以外的其他企业的个人投资者,以企业资金为本人、家庭成员及其相关人员支付与企业经营无关的消费性支出及购买汽车、住房等财产性支出,视为企业对个人投资者的红利分配,依照"利息、股息、红利所得"项目计征个人所得税。

(2)纳税年度内个人投资者从其投资企业(个人独资企业、合伙企业除外)借款,在该纳税年度终了后既不归还,又未用于企业生产经营的,其未归还的借款可视为企业对个人投资者的红利分配,依照"利息、股息、红利所得"项目计征个人所得税。

(3)职工个人取得的量化资产

①对职工个人以股份形式取得的仅作为分红依据,不拥有所有权的企业量化资产,不征收个人所得税。

②对职工个人以股份式取得的企业量化资产参与企业分配而获得的股息、红利,应按"利息、股息、红利"项目征收个人所得税。

(八)财产租赁所得

财产租赁所得,是指个人出租建筑物、土地使用权、机器设备、车船以及其他财产取得的所得。个人取得的财产转租收入,属于"财产租赁所得"的征税范围。在确定纳税义务人时,应以产权凭证为依据,对无产权凭证的,由主管税务机关根据实际情况确定;产权所有人死亡,在未办理产权继承手续期间,该财产出租而有租金收入的,以领取租金的个人为纳税义务人。

(九)财产转让所得

财产转让所得,是指个人转让有价证券、股权、建筑物、土地使用权、机器设备、车船以及其他财产取得的所得。

(1)对股票转让所得暂不征收个人所得税。

(2)集体所有制企业在改制为股份合作制企业时,对职工个人以股份形式取得的拥有所有权的企业量化资产,暂缓征收个人所得税;待个人将股份转让时,就其转让收入额,减除个人取得该股份时实际支付的费用支出和合理转让费用后的余额,按"财产转让所得"项目计征个人所得税。

(3)个人出售自有住房。为促进我国居民住宅市场的健康发展,对个人出售住房所得征

收个人所得税的有关问题规定如下:

①根据个人所得税法的规定,个人出售自有住房取得的所得应按照"财产转让所得"项目征收个人所得税。

个人出售自有住房的应纳税所得税额,按下列原则确定:

a. 个人出售除已购公有住房以外的其他自有住房,其应纳税所得额按照个人所得税法的有关规定确定。

b. 个人出售已购公有住房,其应纳税所得额为个人出售已购公有住房的销售价,减除住房面积标准的经济适用房价款、原支付超过住房面积标准的房价款、向财政或原产权单位缴纳的所得收益以及税法规定的合理费用后的余额。

c. 职工以成本价(或标准价)出资的集资合作建房、安居工程住房、经济适用住房以及拆迁安置住房,比照已购公有住房确定应纳税所得额。

②为鼓励个人换购住房,对出售自有住房并拟在现住房出售后1年内重新购买住房的,其出售现住房缴纳的个人所得税,视为重新购买住房的价值可全部或部分给予免税。

③对个人转让自用5年以上并且是家庭唯一生活用房取得的所得,免征个人所得税。

(十)偶然所得

偶然所得,是指个人得奖、中奖、中彩以及其他偶然性质的所得。得奖是指参加各种有奖竞赛活动,取得名次得到的奖金;中奖、中彩是指参加各种有奖活动,如有奖销售、有奖储蓄,或者购买彩票,经过规定程序,抽中、摇中号码而取得的奖金。

个人因参加企业的有奖销售活动而取得的赠品所得,应按"偶然所得"项目计征个人所得税。税款一律由发奖单位或机构代扣代缴。

(十一)经国务院财政部门确定的其他所得

除上述列举的各项个人应税所得外,其他确有必要征税的个人所得,由国务院财政部门确定。个人取得的所得,难以界定应纳税所得项目的,由主管税务机关确定。

第三节 税率和计税依据

一、税率

(一)工资、薪金所得适用税率

根据2011年6月30日新修订的《中华人民共和国个人所得税法》,纳税人2011年9月1日(含)以后实际取得的工资、薪金所得,适用3%-45%的超额累进税率,计算缴纳个人所得税。税率表见表8.1。

表8.1 工资、薪金所得适用

级数	全月应纳税所得额		税率/%	速算扣除数
	含税级距	不含税级距		
1	不超过1 500的	不超过1 455元的	3	0
2	超过1 500元至4 500元的部分	超过1 455元至4 155元的部分	10	105
3	超过4 500元至9 000元的部分	超过4 155元至7 755元的部分	20	555
4	超过9 000元至35 000元的部分	超过7 755元至27 255元的部分	25	1 005
5	超过3 5000元至55 000元的部分	超过27 255元至41 255元的部分	30	2 755
6	超过55 000元至80 000元的部分	超过41 255元至57 505元的部分	35	5 505
7	超过80 000元的部分	超过57 505元的部分	45	13 505

(二)个体工商业户的生产经营所得和对企事业单位的承包、承租经营所得适用税率

根据2011年6月30日新修订的《中华人民共和国个人所得税法》,个体工商户、个人独资企业和合伙企业的投资者(合伙人)2011年人9月1日(含)以后的生产经营所得,适用税法修改后的减除费用标准和税率表,计算缴纳个人所得税。税率表见表8.2。

表8.2 个体工商户的生产、经营所得和对企事业单位的承包经营、承租经营所得适用

级数	全年应纳税所得额		税率/%	速算扣除数
	含税级距	不含税级距		
1	不超过15 000元的	不超过14 250元的	5	0
2	不超过15 000元至30 000元的部分	超过14 250元至27 750元的部分	10	750
3	超过30 000元至60 000元的部分	超过27 750元至51 750元的部分	20	3 750
4	超过60 000元至100 000元的部分	超过51 750元至79 750元的部分	30	9 750
5	超过100 000元的部分	超过79 750元的部分	35	14 750

(三)稿酬所得税率

稿酬所得,适用比例税率,税率为20%,并按应税额减征30%。即只征收70%的税额,其实际税率为14%。

(四)劳务报酬所得适用税率

劳务报酬所得,适用比例税率,税率为20%。对劳务报酬所得一次收入畸高的,可以实行加成征收。

所谓劳务报酬所得一次收入畸高,是指个人一次取得劳务报酬,其应纳税所得额超过

20 000元。对应纳税所得额超过20 000元至50 000元的部分,依照税法规定计算应纳税额后,再按照应纳税额加征五成;超过50 000元的部分,加征十成。税率表见表8.3。

表8.3 劳务报酬所得适用

级数	每次应纳税所得额	税率(%)	速算扣除数
1	不超过20 000元的部分	20	0
2	超过20 000~50 000元的部分	30	2 000
3	超过50 000元的部分	40	7 000

注:本表所称"每次应纳税所得额",是指每次收入额减除费用800元(每次收入额不超过4 000元时)或者减除20%的费用(每次收入额超过40 000元时)后的余额。

(五)特许权使用费所得,利息、股息、红利所得,财产租赁所得,财产转让所得,偶然所得和其他所得适用税率。

特许权使用费所得,利息、股息、红利所得,财产租赁所得,财产转让所得,偶然所得和其他所得,适用比例税率,税率为20%。

自2007年8月15日起,对储蓄存款利息所得征收个人所得税,调减按5%的比例税率执行。自2008年10月9日起,暂免征收储蓄利息所得的个人所得税。自2008年3月1日起,对个人出租住房取得的所得减按10%的税率征收个人所得税。

二、个人所得税计税依据

(一)个人所得税计税依据的概念

个人所得税的计税依据是纳税人取得的应纳税所得额。应纳税所得额是个人取得的各项收入减去税法规定的费用减除标准后的余额。正确计算应纳税所得额,是依法征收个人所得税的基础和前提。

1.收入的形式

个人取得的应纳税所得,包括现金、实物和有价证券。所得为实物的,应当按照所取得的凭证上注明的价格,计算应纳税所得额;无凭证的实物或者凭证上所注明的价格明显偏低的,由主管税务机关参照当地的市场价格核定应纳税所得额;纳税人的所得为有价证券的,根据票面价值和市场价格核定其应纳税所得额。

2.费用扣除的方法

在计算应纳税所得额时,除特殊项目外,一般允许从个人的应税收入中减去税法规定的扣除项目或扣除金额,包括为取得收入所支出的必要的成本或费用。

我国现行的个人所得税采取分项确定、分类扣除,根据其所得的不同情况分别实行定额扣除、定率扣除和会计核算三种扣除办法。

(1)对工资、薪金所得涉及的个人生计费用,采取定额扣除的办法;

(2)个体工商户的生产、经营所得和对企事业单位的承包经营、承租经营所得及财产转让所得,涉及生产、经营及有关成本或费用的支出,采取会计核算办法扣除有关成本、费用或规定的必要费用;

(3)对劳务报酬所得、稿酬所得、特许权使用费所得、财产租赁所得,采取定额和定率两种扣除办法。

(4)利息、股息、红利所得和偶然所得,因不涉及必要费用的支付,所以规定不得扣除任何费用。

(二)费用减除标准

(1)工资、薪金所得,自2011年9月1日起,以每月收入额减除费用3 500元后的余额,为应纳税所得额。

在中国境内的外商投资企业和外国企业中工作取得工资、薪金所得的外籍人员,应聘在中国境内的企业、事业单位、社会团体、国家机关中工作取得工资、薪金所得的外籍专家,在中国境内有住所而在中国境外任职或者受雇取得工资、薪金所得的人员,费用扣除总额为4 800元。

(2)个体工商户的生产、经营所得,以每一纳税年度的收入总额,减除成本、费用以及损失后的余额,为应纳税所得额。成本、费用是指纳税义务人从事生产、经营所发生的各项直接支出和分配计人成本的间接费用以及销售费用、管理费用、财务费用;损失,是指纳税义务人在生产、经营过程中发生的各项营业外支出。

①自2011年9月1日起,个体工商户业主的费用扣除标准统一确定为42 000元/年,即3 500元/月。

②个体工商户向其从业人员实际支付的合理的工资、薪金支出,允许在税前据实扣除。

③个体工商户拨缴的工会经费、发生的职工福利费、职工教育经费支出分别在工资薪金总额2%、14%、2.5%的标准内据实扣除。

④个体工商户每一纳税年度发生的广告费和业务宣传费用不超过当年销售收入15%的部分,可据实扣除;超过部分,准予在以后纳税年度结转扣除。

⑤个体工商户每一纳税年度发生的与其生产经营业务直接相关的业务招待费支出,按照发生额的60%扣除,但最高不得超过当年销售(营业)收入的5‰。

⑥个体工商户在生产、经营期间的借款利息支出,未超过中国人民银行规定的同类、同期利率计算的数额部分,准予扣除。

个人独资企业与合伙企业比照此税目执行。个人独资企业的投资者以全部生产经营所得为应纳税所得额;合伙企业的投资者按照合伙企业的全部生产经营所得和合伙协议约定的分配比例,确定应纳税所得额,合伙协议没有约定分配比例的,以全部生产经营所得和合伙人数量平均计算每个投资者的应纳税所得额。

上述所称生产经营所得,包括企业分配给投资者个人的所得和企业当年留存的所得(利润)。

【例8.7】 某个人独资企业2014年度销售收入为272 000元,发生广告费和业务宣传费50 000元,根据个人所得税法律的规定,该企业当年可以在税前扣除的广告费和业务宣传费最高为(　　)元。

A.30 000　　　　B.38 080　　　　C.40 800　　　　D.50 000

【解析】 答案C。个人独资企业和合伙企业每一纳税年度发生的广告费和业务宣传费用不超过当年销售(营业)收入15%的部分,可据实扣除;超过部分,准予在以后纳税年度结转扣除;该企业当年可以在税前扣除的广告费和业务宣传费=272 000×15%=40 800(元)。

(3)对企事业单位的承包、承租经营所得,以每一纳税年度的收入总额,减除必要费用后的余额,为应纳税所得额。每一纳税年度的收入总额,是指纳税义务人按照承包经营、承租经营合同规定分得的经营利润和工资、薪金性质的所得;所说的减除必要费用,是指按月减除3 500元。

(4)劳务报酬所得、稿酬所得、特许权使用费用所得、财产租赁所得每次收入不超过4 000元的,减除费用800元;4 000元以上的,减除20%的费用,其余额为应纳税所得额。

(5)转让财产所得,以转让财产的收入额减除财产原值和合理费用后的余额,为应纳税所得额。

(6)利息、股息、红利所得,偶然所得和其他所得,以每次收入额为应纳税所得额。

(三)每次收入的确定

(1)劳务报酬所得,属于一次性收入的,以取得该项收入为一次。属于同一项目连续性收入的,以一个月内取得的收入为一次。

(2)稿酬所得,以每次出版、发表取得的收入为一次。具体可分为:

①同一作品再版取得的所得,应视作另一次稿酬所得计征个人所得税。

②同一作品先在报刊上连载,然后再出版,或先出版,再在报刊上连载的,应视为两次稿酬所得征税。即连载作为一次,出版作为另一次,计征个人所得税。

③同一作品在报刊上连载取得收入的,以连载完成后取得的所有收入合并为一次,计征个人所得税。

④同一作品在出版和发表时,以预付稿酬或分次支付稿酬等形式取得的稿酬收入,应合并计算为一次。

⑤同一作品出版、发表后,因添加印数而追加稿酬的,应与以前出版、发表时取得的稿酬合并计算为一次,计征个人所得税。

(3)特许权使用费所得,以一项特许权的一次许可使用所取得的收入为一次。

(4)财产租赁所得,以一个月内取得的收入为一次。

(5)利息、股息、红利所得,以支付利息、股息、红利时取得的收入为一次。

(6)偶然所得,以每次收入为一次。

(7)其他所得,以每次收入为一次。

【例8.8】 下列应税项目中,以一个月为一次确定应纳税所得额的有( )。
A.劳务报酬所得　　　　B.特许权使用费所得
C.财产租赁所得　　　　D.财产转让所得
【解析】 答案为C。劳务报酬所得、特许权使用费所得、财产转让所得以取得一次确定应纳税所得额。

(四)计税依据的特殊规定

(1)个人将其所得通过中国境内非营利的社会团体、国家机关向教育、公益事业和遭受严重自然灾害地区、贫困地区的捐赠,捐赠额不超过应纳税所得额的30%的部分,可以从其应纳税所得额中扣除。

(2)个人通过非营利的社会团体和国家机关向农村义务教育的捐赠,准予在缴纳个人所得税前的所得额中全额扣除。

(3)个人通过非营利性的社会团体和国家机关向红十字事业的捐赠,在计算缴纳个人所得税时,准予在税前的所得额中全额扣除。

(4)个人通过非营利性社会团体和国家机关对公益性青少年活动场所(其中包括新建)的捐赠,在计算缴纳个人所得税时,准予在税前的所得额中全额扣除。

(5)个人的所得(不含偶然所得和经国务院财政部门确定征税的其他所得)用于对非关联的科研机构和高等学校研究开发新产品、新技术、新工艺所发生的研究开发经费的资助,可以全额在下月(工资、薪金所得)或下次(按次计征的所得)或当年(按年计征的所得)计征个人所得税时,从应纳税所得额中扣除,不足抵扣的,不得结转抵扣。

(6)对个人通过公益性社会团体、县级以上人民政府及其部门向汶川地震灾区的捐赠,允许在当年个人所得税前全额扣除。

第四节　应纳税额的计算

一、应纳税额的计算

根据国家有关税收规定,对适用超额累进税率的工资、薪金所得,个体工商户的生产、经营所得,企事业单位的承包经营、承租经营所得,以及适用加成征收税率的劳务报酬所得,运用速算扣除数法计算其应纳税额。

(一)工资、薪金所得应纳税额的计算

1.工资、薪金所得应纳税额的计算公式为

应纳税额=应纳税所得额×适用税率-速算扣除数=
(每月收入额-减除费用标准)×适用税率-速算扣除数

公式中的速算扣除数具体见表9.1。

2. 对个人取得全年一次性奖金计算征收个人所得税的方法

全年一次性奖金,是指行政机关、企事业单位等扣缴义务人根据其全年经济效益和对雇员全年工作业绩的综合考核情况,向雇员发放的一次性奖金。一次性奖金也包括年终加薪、实行年薪制和绩效工资办法的单位根据考核情况兑现的年薪和绩效工资。

纳税义务人取得全年一次性奖金,单独作为一个月工资、薪金所得计算纳税,由扣缴义务人发放时代扣代缴。具体计税办法如下:

(1)先将雇员当月内取得的全年一次性奖金,除以12个月,按其商数确定适用税率和速算扣除数。如果在发放年终一次性奖金的当月,雇员当月工资薪金所得低于税法规定的费用扣除额,应将全年一次性奖金减除"雇员当月工资薪金所得与费用扣除的差额"后的余额,按上述办法确定全年一次性奖金的适用税率和速算扣除数。计算公式如下:

雇员当月工资薪金所得高于(或等于)税法规定的费用扣除额:

应纳税额=雇员当月取得全年一次性奖金×适用税率-速算扣除数

雇员当月工资薪金所得低于税法规定的费用扣除额:

应纳税额=(雇员当月取得全年一次性奖金-雇员当月工资薪金所得与费用扣除的差额)×适用税率-速算扣除数

(2)雇员取得除全年一次性奖金以外的其他各种名目奖金,如半年奖、季度奖、加班奖、先进奖、考勤奖等,一般应将全部奖金与当月工资、薪金收入合并,按税法规定缴纳个人所得税。但对于合并计算后适用税率提高的,可采取以月份所属奖金加当月工资、薪金,减去当月费用扣除标准后的余额为基数确定适用税率,然后将当月工资、薪金加上全部奖金,减去当月费用扣除标准后的余额,按适用税率计算征收个人所得税。对按上述方法计算无应纳税所得额的,免予征税。

【例8.9】 中国公民张某2015年12月在中国境内取得全年一次性奖金30 000元,当月工资为4 000元,请计算其应纳个人所得税税额。

(1)当月工资4 000元应纳个人所得税=(4 000-35 00)×3%=15(元);

(2)将全年一次性奖金(30 000元)除以12个月,按其商数(2 500元)确定适用税率(10%)和速算扣除数(105元);全年一次性奖金30 000元应纳个人所得税=30 000×10%-105=2 895(元)。

(二)个体工商户的生产、经营所得应纳税额的计算

个体工商户的生产、经营所得应纳税额的计算公式为:

应纳税额=应纳税所得额×适用税率-速算扣除数=

(全年收入总额-成本、费用及损失)×适用税率-速算扣除数

个体工商户的生产、经营所得适用的速算扣除数见表9.2。

(三)对企事业单位的承包经营、承租经营所得应纳税额的计算

对企事业单位的承包经营、承租经营所得应纳税额的计算公式为

应纳税额 = 应纳税所得额 × 适用税率 - 速算扣除数 =
　　　　　(纳税年度收入总额 - 必要费用) × 适用税率 - 速算扣除数

(四)劳务报酬所得应纳税额的计算

劳务报酬所得应纳税额的计算公式为

(1)每次收入不足 4 000 元：

　　　　应纳税额 = 应纳税所得额 × 适用税率 =
　　　　　　　　(每次收入额 - 800) × 20%

(2)每次收入在 4 000 元以上：

　　　　应纳税额 = 应纳税所得额 × 适用税率 =
　　　　　　　　每次收入额 × (1 - 20%) × 20%

(3)每次收入的应纳税所得额超过 20 000 元的：

应纳税额 = 应纳税所得额 × 适用税率 - 速算扣除数 =
　　　　每次收入额 × (1 - 20%) × 适用税率 - 速算扣除数

劳务报酬所得适用的速算扣除数见表 9.3。

(五)稿酬所得应纳税额的计算

稿酬所得应纳税额的计算公式为

(1)每次收入不足 4 000 元的：

　　　　应纳税额 = 应纳税所得额 × 适用税率 × (1 - 30%) =
　　　　　　　　(每次收入额 - 800) × 20% × (1 - 30%)

(2)每次收入在 4 000 元以上的：

　　　　应纳税额 = 应纳税所得额 × 适用税率 × (1 - 30%) =
　　　　　　　　每次收入额 × (1 - 20%) × 20% × (1 - 30%)

【例 8.10】 作家马某 2016 年 6 月初在杂志上发表一篇小说,取得稿酬 3 800 元,自 6 月 15 日起又将该小说在晚报上连载 10 天,每天稿酬 450 元。马某当月需缴纳个人所得税(　　)。

　　A.420 元　　　B.924 元　　　C.929.6 元　　　D.1320 元

【解析】 答案 B。应纳个人所得税 = (3 800 - 800) × 20% × (1 - 30%) + 450 × 10 × (1 - 20%) × 20% × (1 - 30%) = 924(元)。

(六)对特许权使用费所得应纳税额的计算

对特许权使用费所得应纳税额的计算公式为

(1)每次收入不足 4 000 元的：

　　　　应纳税额 = 应纳税所得额 × 适用税率 =

$$(每次收入额-800)\times 20\%$$

(2)每次收入在4000元以上的：
$$应纳税额=应纳税所得额\times 适用税率=$$
$$每次收入额\times(1-20\%)\times 20\%$$

【例8.11】 作家李某将自己一部畅销小说的手稿原件拍卖给某公司用于拍摄同名电影，拍卖所得801 000元。请根据个人所得税法相关规定计算李某应缴纳的个人所得税税额。

【解析】 该项收入属于特许权使用费所得，其应缴个人所得税=801 000×(1-20%)×20%=128 160(元)。

(七)利息、股息、红利所得应纳税额的计算

利息、股息、红利所得应纳税额的计算公式为：
$$应纳税额=应纳税所得额\times 适用税率=$$
$$每次收入额\times 适用税率$$

(八)财产租赁所得应纳税额的计算

财产租赁所得应纳税额的计算公式为

(1)每次(月)收入不足4 000元的：
$$应纳税额=[每次(月)收入额-准予扣除项目-$$
$$修缮费用(800元为限)-800元]\times 20\%$$

(2)每次(月)收入在4000元以上的：
$$应纳税额=[每次(月)收入额-准予扣除项目-$$
$$修缮费用(800元为限)]\times(1-20\%)\times 20\%$$

【例8.12】 王某按市场价格出租住房，2015年3月取得租金收入8 000元，当月发生的准予扣除项目金额合计为200元，修缮费用1 300元，均取得合法票据。请计算王某当月应缴纳个人所得税税额。

王某当月应缴纳个人所得税=(8 000-200-800)×(1-20%)×10%=560(元)。

(九)财产转让所得应纳税额的计算

财产转让所得应纳税额的计算公式为
$$应纳税额=应纳税所得额\times 适用税率=$$
$$(收入总额-财产原值-合理费用)\times 20\%$$

(十)偶然所得应纳税额的计算

偶然所得应纳税额的计算公式为
$$应纳税额=应纳税所得额\times 适用税率=每次收入额\times 20\%$$

(十一)其他所得应纳税额的计算

其他所得应纳税额的计算公式为

应纳税额=应纳税所得额×适用税率=每次收入额×20%

二、应纳税额计算的特殊规定

1. 对在中国境内无住所的个人一次性取得数月奖金或年终加薪、劳动分红(以下简称奖金,不包括应按每月支付的奖金)的计算征税问题

对上述个人取得的奖金,可单独作为一个月的工资、薪金所得计算纳税。由于对每月的工资、薪金所得计税时已经按月扣除了费用,因此,对上述奖金不再减除费用,全额作为应纳税所得额直接按适用税率计算应纳税额,并且不再按居住天数进行划分计算。上述个人应在取得奖金月份的次月7日内申报纳税。但有一种特殊情况,即:在中国境内无住所的个人在担任境外企业职务的同时,兼任该外国企业在华机构的职务,但并不实际或不经常到华履行该在华机构职务,对其一次取得的数月奖金中属于全月未在华的月份奖金,依照劳务发生地原则,可不作为来源于中国境内的奖金收入计算纳税。

2. 特定行业职工取得的工资、薪金所得的计税问题

为了照顾采掘业、远洋运输业、远洋捕捞业因季节、产量等因素的影响,职工的工资、薪金收入呈现较大幅度波动的实际情况,对这三个特定行业的职工取得的工资、薪金所得采取按年计算、分月预缴的方式计征个人所得税。年度终了后30日内,合计其全年工资、薪金所得,再按12个月平均,并计算实际应纳的税款,多退少补。用公式表示为:

全年应纳所得税额=[(全年工资薪金收入/12-费用扣除标准)×

适用税率-速算扣除数]×12

年终汇算应补(退)税额=全年应纳所得税额-全年累计已预缴所得税额

3. 个人取得公务交通、通讯补贴收入征税问题

个人因公务用车和通讯制度改革而取得的公务用车、通讯补贴收入,扣除一定标准的公务费用后,按照"工资、薪金"所得项目计征个人所得税。按月发放的,并入当月"工资、薪金"所得计征个人所得税;不按月发放的,分解到所属月份并与该月份"工资、薪金"所得合并后计征个人所得税。

公务费用的扣除标准,由省级地方税务局根据纳税人公务、交通费用的实际发生情况调查测算,报经省级人民政府批准后确定,并报国家税务总局备案。

4. 关于失业保险费(金)征税问题

城镇企业事业单位及其职工个人按照《失业保险条例》规定的比例,实际缴付的失业保险费,均不计入职工个人当期的工资、薪金收入,免予征收个人所得税;超过《失业保险条例》规定的比例缴付失业保险费的,应将其超过规定比例缴付的部分计入职工个人当期的工资、薪金收入,依法计征个人所得税。

具备《失业保险条例》规定条件的失业人员,领取的失业保险金,免予征收个人所得税。

5. 关于企业改组改制过程中个人取得的量化资产征税问题

对职工个人以股份形式取得的仅作为分红依据,不拥有所有权的企业量化资产,不征收个人所得税。

对职工个人以股份形式取得的拥有所有权的企业量化资产,暂缓征收个人所得税;待个人将股份转让时,就其转让收入额,减除个人取得该股份时实际支付的费用支出和合理转让费用后的余额,按"财产转让所得"项目计征个人所得税。

对职工个人以股份形式取得的企业量化资产参与企业分配而获得的股息、红利,应按"利息、股息、红利"项目征收个人所得税。

6. 个人因与用人单位解除劳动关系而取得的一次性补偿收入征免税问题

(1)个人因与用人单位解除劳动关系而取得的一次性补偿收入(包括用人单位发放的经济补偿金、生活补助费和其他补助费用),其收入在当地上年职工平均工资3倍数额以内的部分,免征个人所得税;超过3倍数额部分的一次性补偿收入,可视为一次取得数月的工资、薪金收入,允许在一定期限内平均计算。方法为:以超过3倍数额部分的一次性补偿收入,除以个人在本企业的工作年限数(超过12年的按12年计算),以其商数作为个人的月工资、薪金收入,按照税法规定计算缴纳个人所得税。

(2)个人领取一次性补偿收入时,按照国家和地方政府规定的比例实际缴纳的住房公积金、医疗保险费、基本养老保险费、失业保险费可以在计征其一次性补偿收入的个人所得税时予以扣除。

(3)企业按照国家有关法律规定宣告破产,企业职工从该破产企业取得的一次性安置收入,免征个人所得税。

7. 关于个人取得退职费收入征免个人所得税问题

(1)《个人所得税法》第四条第七款所说的可以免征个人所得税的"退职费"是指个人符合《国务院关于工人退休、退职的暂行办法》规定的退职条件并按该办法规定的退职费标准所领取的退职费。

(2)个人取得的不符合上述办法规定的退职条件和退职费标准的退职费收入,应属于与其任职、受雇活动有关的工资、薪金性质的所得,应在取得的当月按工资、薪金所得计算缴纳个人所得税。但考虑到作为雇主给予退职人员经济补偿的退职费,通常为一次性发给,且数额较大,以及退职人员有可能在一段时间内没有固定收入等实际情况,依照《个人所得税法》有关工资、薪金所得计算征税的规定,对退职人员一次取得较高退职费收入的,可视为其一次取得数月的工资、薪金收入,并以原每月工资、薪金收入总额为标准,划分为若干月份的工资、薪金收入后,计算个人所得税的应纳税所得额及应纳税额。但按上述方法划分超过了6个月工资、薪金收入的,应按6个月平均划分计算。个人取得全部退职费收入的应纳税款,应由其原雇主在支付退职费时负责代扣并于次月7日内缴入国库。个人退职后6个月内又再次任职、受雇的,对个人已缴纳个人所得税的退职费收入,不再与再次任职、受雇取得的工资、薪金所得合并计算补缴个人所得税。

第五节 税收减免

一、免税项目

(1) 省级人民政府、国务院部委和中国人民解放军军以上单位,以及外国组织、国际组织颁发的科学、教育、技术、文化、卫生、体育、环境保护等方面的奖金;

(2) 国债和国家发行的金融债券利息。国债利息,是指个人持有中华人民共和国财政部发行的债券而取得的利息所得;国家发行的金融债券利息,是指个人持有经国务院批准发行的金融债券而取得的利息所得。

(3) 按照国家统一规定发给的补贴、津贴。是指按照国务院规定发给的政府特殊津贴、院士津贴、资深院士津贴和国务院规定免纳个人所得税的补贴、津贴。

(4) 福利费、抚恤金、救济金;福利费,是指由于某些特定事件或原因而给职工或其家庭的正常生活造成一定困难,企业、事业单位、国家机关、社会团体从其根据国家有关规定提留的福利费或者工会经费中支付给职工的临时性生活困难补助。救济金,是指国家民政部门支付给个人的生活困难补助费。

(5) 保险赔款。

(6) 军人的转业费、复员费。

(7) 按照国家统一规定发给干部、职工的安家费、退职费、退休工资、离休工资、离休生活补助费。

(8) 依照我国有关法律规定应予免税的各国驻华使馆、领事馆的外交代表、领事官员和和其他人员的所得。

(9) 中国政府参加的国际公约、签订的协议中规定免税的所得。

(10) 经国务院财政部门批准免税的所得。

二、减税项目

下列项目经批准可以减征个人所得税,减征的幅度和期限由各省、自治区、直辖市人民政府决定:

(1) 残疾、孤寡人员和烈属的所得。

(2) 因自然灾害造成重大损失的。

(3) 其他经国务院财政部门批准减免的。

三、暂免征税项目

根据《财政部、国家税务总局关于个人所得税若干政策问题的通知》和有关文件的规定,对下列所得暂免征收个人所得税：

(1)外籍个人以非现金形式或实报实销形式取得的住房补贴、伙食补贴、搬迁费、洗衣费。

(2)外籍个人按合理标准取得的境内、境外出差补贴。

(3)外籍个人取得的语言训练费、子女教育费等,经当地税务机关审核批准为合理的部分。

(4)外籍个人从外商投资企业取得的股息、红利所得。

(5)凡符合下列条件之一的外籍专家取得的工资、薪金所得,可免征个人所得税：

①根据世界银行专项贷款协议由世界银行直接派往我国工作的外国专家；

②联合国组织直接派往我国工作的专家；

③为联合国援助项目来华工作的专家；

④援助国派往我国专为该国援助项目工作的专家；

⑤根据两国政府签订的文化交流项目来华工作两年以内的文教专家,其工资、薪金所得由该国负担的；

⑥根据我国大专院校国际交流项目来华工作两年以内的文教专家,其工资、薪金所得由该国负担的；

⑦通过民间科研协定来华工作的专家,其工资、薪金所得由该国政府机构负担的。

(6)个人举报、协查各种违法、犯罪行为而获得的奖金。

(7)个人办理代扣代缴手续,按规定取得的扣缴手续费。

(8)个人转让自用达5年以上、并且是唯一的家庭生活用房取得的所得。

(9)对个人购买福利彩票、赈灾彩票、体育彩票,一次中奖收入在1万元以下的(含1万元)暂免征收个人所得税,超过1万元的,全额征收个人所得税。

(10)达到离休、退休年龄,但确因工作需要,适当延长离休、退休年龄的高级专家,其在延长离休、退休期间的工资、薪金所得,视同离休、退休工资免征个人所得税。

(11)对国有企业职工,因企业依照《中华人民共和国企业破产法(试行)》宣告破产,从破产企业取得的一次性安置费收入,免予征收个人所得税。

(12)职工与用人单位解除劳动关系取得的一次性补偿收入,在当地上年职工年平均工资3倍数额内的部分,可以免征个人所得税。

(13)城镇企业事业单位及其职工个人按照《失业保险条例》规定的比例,实际缴付的失业保险费,均不计入职工个人当期的工资、薪金收入,免予征收个人所得税。

(14)企业和个人按照国家或地方政府规定的比例,提取并向指定金融机构实际缴付的住房公积金、医疗保险金、基本养老保险金,免予征收个人所得税。

(15)个人领取原提存的住房公积金、医疗保险金、基本养老保险金,以及具备《失业保险条例》规定条件的失业人员领取的失业保险金,免予征收个人所得税。

(16)自2008年10月9日(含)起,暂免征收储蓄存款利息所得税。

(17)自2009年5月25日(含)起,以下情形的房屋产权无偿赠与,对当事双方不征收个人所得税:

①房屋产权所有人将房屋产权无偿赠与配偶、父母、子女、祖父母、外祖父母、孙子女、外孙子女、兄弟姐妹;

②房屋产权所有人将房屋产权无偿赠与对其承担直接抚养或者赡养义务的抚养人或者赡养人;

③房屋产权所有人死亡,依法取得房屋产权的法定继承人、遗嘱继承人或者受遗赠人。

【例8.13】 根据个人所得税法律制度的规定,下列各项中,免征个人所得税的有( )。

A. 离退休人员从社保部门提取的养老金

B. 国债利息

C. 个人取得的保险赔款

D. 个人提取由单位和个人共同缴付的住房公积金

【答案】 ABCD

【解析】 选项D。个人提取原提存的住房公积金、医疗保险金、基本养老保险金时,免予征收个人所得税。

【例8.14】 根据个人所得税法律制度的规定,张某于2015年4月份取得的下列所得中,应缴纳个人所得税的是( )。

A. 股票转让所得10万元

B. 领取原提存的住房公积金5万元

C. 转让自用5年并且是家庭唯一生活用房取得的收入100万元

D. 购买体育彩票取得中奖收入2万元

【答案】 D

【解析】 (1)选项A:股票转让所得暂不征收个人所得税;(2)选项BC:属于暂免征税项目;(3)选项D:对个人购买福利彩票、赈灾彩票、体育彩票,一次中奖收入在1万元以下(含1万元)的,暂免征收个人所得税;超过1万元的,全额征收个人所得税。

第六节 征收管理

现行个人所得税的征收方法采用自行申报纳税和代扣代缴两种。

一、自行申报纳税

自行申报纳税,是由纳税人在税法规定的纳税期限内,自行向税务机关申报取得的应税所得项目和数额,如实填写个人所得税纳税申报表,并按照税法规定计算应纳税额,据此缴纳个人所得税的一种征收方法。

（一）自行申报纳税的纳税人

税法规定，凡有下列情形之一的，纳税人必须自行向税务机关申报所得并缴纳税款：

(1)年所得12万元以上的。

(2)从中国境内两处或者两处以上取得工资、薪金所得的。

(3)从中国境外取得所得的。

(4)取得应税所得，没有扣缴义务人的。

(5)国务院规定的其他情形。

【例8.15】 下列各项中，纳税人应当自行申报缴纳个人所得税的有(　　)。

A.年所得12万元以上的

B.从中国境外取得所得的

C.取得应税所得没有扣缴义务人的

D.从中国境内两处或者两处以上取得工资、薪金所得的

【答案】 ABCD

（二）自行申报纳税的纳税期限

一般情况下，纳税人应在取得应纳税所得的次月15日内向主管税务机关申报所得并缴纳税款。具体规定如下：

(1)工资、薪金所得的纳税期限，按月计征，由纳税人在次月15日内缴入国库，并向税务机关报送个人所得税纳税申报表。采掘业、远洋运输业、远洋捕捞业等特定行业的纳税人，其工资、薪金所得应纳的税款，考虑其工作的特殊性，可以实行按年计算，分月预缴的方式计征。自年度终了之日起30日内，合计全年工资、薪金所得，再按12个月平均并计算实际应缴纳的税款，多退少补。

(2)对账册健全的个体工商户，其生产、经营所得应纳的税款实行按年计算、分月预缴，由纳税人在次月15日内申报预缴，年度终了后3个月汇算清缴，多退少补。

(3)纳税人年终一次性取得承包经营、承租经营所得的，自取得收入之日起30日内申报纳税；在一年内分次取得承包经营、承租经营所得的，应在取得每次所得后的15日内预缴税款，年度终了后3个月内汇算清缴，多退少补。

(4)劳务报酬、稿酬、特许权使用费、利息、股息、红利、财产租赁、财产转让所得和偶然所得等，按次计征。取得所得的纳税人应当在次月15日内将应纳税款缴入国库，并向税务机关报送个人所得税纳税申报表。

(5)个人从中国境外取得所得的，其来源于中国境外的应纳税所得，在境外以纳税年度计算缴纳个人所得税的，应在所得来源国的纳税年度终了、结清税款后的30日内，向中国主管税务机关申报纳税；在取得境外所得时结清税款的，或者在境外按所得来源国税法规定免予缴纳

个人所得税的,应当在次年1月1日起30日内,向中国主管税务机关申报纳税。

(三)自行申报纳税的申报方式

个人所得税的申报纳税方式主要有3种,即由本人直接申报纳税,委托他人代来申报纳税,以及采用邮寄方式在规定的申报期限内申报纳税。其中,采取邮寄申报纳税的,以寄出地的邮戳日期为实际申报日期。

(四)自行申报纳税的地点

(1)个人所得税自行申报的,其申报地点一般应为收入来源地的主管税务机关。

(2)纳税人从两处或两处以上取得工资、薪金的,可选择并固定在其中一地税务机关申报纳税。

(3)从境外取得所得的,应向其境内户籍所在地或经营居住地税务机关申报纳税。

(4)扣缴义务人应向其主管税务机关进行纳税申报。

(5)纳税人要求变更申报纳税地点的,须经原主管税务机关批准。

(6)个人独资企业和合伙企业投资者个人所得税纳税地点。

个人独资企业和合伙企业投资者应向企业实际经营管理所在地主管税务机关申报缴纳个人所得税。投资者从合伙企业取得的生产经营所得,由合伙企业向企业实际经营管理所在地主管税务机关申报缴纳投资者应纳的个人所得税,并将个人所得税申报表抄送投资者。

投资者兴办两个或两个以上企业的,应分别向企业实际经营管理所在地主管税务机关预缴税款。年度终了后办理汇算清缴时,区别不同情况分别处理:

①投资者兴办的企业全部是个人独资性质的,分别向各企业的实际经营管理所在地主管税务机关办理年度纳税申报,并依所有企业的经营所得总额确定适用税率,以本企业的经营所得为基础,计算应缴税款,办理汇算清缴;

②投资者兴办的企业中含有合伙性质的,投资者应向经常居住地主管税务机关申报纳税,办理汇算清缴,但经常居住地与其兴办企业的经营管理所在地不一致的,应选定其参与兴办的某一合伙企业的经营管理所在地为办理年度汇算清缴所在地。

【例8.16】 根据个人所得税法律制度的规定,在中国境内两处或两处以上取得工资、薪金的纳税人,其纳税地点是( )。

A.纳税人选择其中一地税务机关申报纳税　　B.收入来源地
C.纳税人的住所所在地　　　　　　　　　　D.税务局指定的地

【答案】 A

【解析】 纳税人从两处或两处以上取得工资、薪金的,可选择并固定在其中一地税务机关申报纳税。

二、代扣代缴

代扣代缴是指按照税法规定负有扣缴义务的单位或个人,在向个人支付应纳税所得时,应计算应纳税额,从其所得中扣出并缴入国库,同时向税务机关报送扣缴个人所得税报告表。

（一）代扣代缴的扣缴义务人

凡支付个人应纳税所得的企业（公司）事业单位、机关、社团组织、军队、驻华机构、个体户等单位或个人,为个人所得税的扣缴义务人。

（二）代扣代缴的范围

代扣代缴的范围包括个人所得税法中除个体工商户所得、个人独资企业和合伙企业所得以外所列的各个应税所得项目。其形式包括现金支付、汇款支付、转账支付和以有价证券、实物以及其他形式的支付。

（三）代扣代缴的期限

扣缴义务人每月所扣的税款,应当在次月15日内缴入国库。

（四）扣缴义务人的法律责任

根据现行的《税收征收管理法》规定,扣缴义务人应扣未扣、应收而不收税款的,由税务机关向纳税人追缴税款,对扣缴义务人处应扣未扣、应收未收税款50%以上3倍以下的罚款。纳税人、扣缴义务人逃避、拒绝或者以其他方式阻挠税务机关检查的,由税务机关责令改正,可以处1万元以下的罚款;情节严重的,处1万元以上5万元以下的罚款。

本 章 小 结

个人所得税是对中国居民来源于中国境内外的一切所得和非中国居民来源于境内的所得征收的一种税。它具有实行分类征收、累进税率与比例税率并用、费用扣除额较宽、计算简便的特点。

个人所得税采用住所标准和居住时间标准来确定居民纳税人和非居民纳税人。前者负担无限纳税义务,就其来源于中国境内、境外的全部应税所得缴纳个人所得税;后者负担有限纳税义务,仅就其来源于中国境内的应税所得缴纳个人所得税。

个人所得税包括工资、薪金所得等11个应税项目。采用7级、5级超额累进税率和比例税率形式,按照不同的应税项目而适用。

个人所得税应纳税额的计算,核心是正确计算应纳税所得额,然后按照适用的税率计算。个人所得税的纳税办法主要有自行申报和代扣代缴两种。

思 考 题

一、关键概念

个人所得税居民纳税人

非居民纳税人

居住时间标准

费用减除标准

二、简答题

1. 简述个人所得税的纳税人及征税对象。
2. 个人所得税法规定的应税所得项目有哪些?
3. 简述个人所得税应纳税所得额的确定。
4. 简述个人所得税的免税项目。
5. 简述个人所得税的自行申报纳税。

三、计算题

1. 中国公民王某系国内某公司高级管理人员,2015年12月的收入情况如下：

(1)当月工资薪金收入8 000元(已扣除"三险一金"等免税项目金额),全年一次性奖金收入20 000元。

(2)从所任职公司取得股息股利收入10 000元。

(3)从某杂志社取得发表一篇论文的稿费收入2 000元。

(4)从某大学取得讲座收入5 000元。

假定王某取得的以上收入均由本人计算缴纳个人所得税。

【要求】

(1)计算王某当月工资薪金收入应缴纳的个人所得税税额。

(2)计算王某一次性奖金收入应缴纳的个人所得税税额。

(3)计算王某当月股息红利收入应缴纳的个人所得税税额。

(4)计算王某当月稿费收入应缴纳的个人所得税税额。

(5)计算王某当月讲座收入应缴纳的个人所得税税额。

【参考答案】

(1)王某当月工资薪金收入应缴纳的个人所得税税额 = (8 000 - 3 500) × 10% - 105 = 345(元) (2) 20 000/12 ≈ 1 666.67,适用10%的税率,速算扣除数为105。

王某一次性奖金收入应缴纳的个人所得税税额 = 20 000 × 10% - 105 = 1 895(元)

(3)王某当月股息红利收入应缴纳的个人所得税税额 = 10 000 × 20% = 2 000(元)

(4)王某当月稿费收入应缴纳的个人所得税税额 = (2 000 - 800) × 20% × (1 - 30%) = 168(元)

(5)王某当月讲座收入应缴纳的个人所得税税额 = 5 000 × (1 - 20%) × 20% = 800(元)

2. 中国公民张某2015年12月取得以下收入：

(1)全年一次性奖金21 600元(张某当月工资薪金所得高于税法规定的费用扣除额,并且已由单位代扣代缴个人所得税)。

(2)为某公司设计产品营销方案,取得一次性设计收入18 000元。

(3)购买福利彩票支出500元,取得一次性中奖收入15 000元。

(4)股票转让所得20 000元。

(5)转让自用住房一套,取得转让收入100万元,支付转让税费5万元,该套住房购买价为80万元,购买时间为2009年6月份并且是唯一的家庭生活用房。

【要求】

(1)分别说明张某当月各项收入是否应缴纳个人所得税。

(2)计算张某当月应缴纳的个人所得税税额。

【参考答案】

(1)①该笔奖金适用的税率和速算扣除数为:

每月奖金平均额=21 600÷12=1 800(元)

根据工资、薪金七级超额累进税率的规定,适用的税率为10%,速算扣除数为105。

该笔奖金应缴纳的个人所得税为:应纳税额=21 600×10%−105=2 055(元)

②为某公司设计产品营销方案取得的设计收入,属于劳务报酬所得,应缴纳的个人所得税为:应纳税额=18 000×(1−20%)×20%=2880(元)

③根据规定,对个人购买福利彩票、赈灾彩票、体育彩票,一次中奖收入在1万元以下(含1万元)的暂免征收个人所得税,超过1万元的,全额征收个人所得税。本题中,中奖收入为15 000,超过了1万元,应全额计征个人所得税。应纳税额=15 000×20%=3 000(元)

④目前,我国对股票转让所得暂不征收个人所得税。

⑤对个人出售自有住房取得的所得按照财产转让所得征收个人所得税,但对个人转让自用5年以上并且是家庭唯一生活用房取得的所得,免征个人所得税。

(2)张某当月应缴纳的个人所得税税额=2 055+2 880+3 000=7935(元)。

3. 中国公民李某系职业撰稿人,2016年5月的收入情况如下:

(1)出版中篇小说一部,取得稿酬40 000元,后因小说加印和报刊连载,分别取得出版社稿酬20 000元和报社稿酬3 800元。

(2)该月李某的一篇论文被编入某论文集出版,取得稿酬5 000元,当年因添加印数又取得追加稿酬2 000元。

(3)李某和好友合作出了一本散文集,稿酬总计36 000,双方约定稿酬均分。

请计算李某应纳的个人所得税。

【参考答案】

出版小说、小说加印及报刊连载应缴纳的个人所得税:

(1)出版小说、小说加印应纳个人所得税=(40 000+20 000)×(1−20%)×20%×(1−30%)=6 720(元)。

小说连载应纳个人所得税=(3 800−800)×20%×(1−30%)=420(元)。

(2)论文集稿酬应缴纳的个人所得税=(5 000+2 000)×(1−20%)×20%×(1−30%)=784(元)。

(3)散文集稿酬应缴纳的个人所得税=18 000×(1−20%)×20%×(1−30%)=2016(元)。

第九章
Chapter 9

税收征收管理法

【学习目标】
1. 掌握税收征收管理法的立法目的;
2. 掌握税收征收管理法的适用范围;
3. 掌握税务登记的种类和范围;
4. 掌握纳税申报的内容和方式;
5. 熟悉税款征收的方式及制度;
6. 了解违反税收征收管理法的法律责任。

【能力目标】
1. 熟悉对账簿、凭证、发票的管理;
2. 掌握税务登记、纳税申报、税款缴纳的程序。

【引导案例】

2014年3月的一天,一名江姓男子匆匆来到湖南省汉寿县地税局办税服务厅办理纳税申报。因其孩子定于2014年11月底赴英留学,必须有承付留学期间各项开支的收入完税证明方能办理签证,为此特前来申报缴纳汉寿县黑杨种植有限责任公司(以下简称黑杨公司)分得的股息红利个人所得税共计88 000元。办税人员查询征管系统,发现黑杨公司已注销了税务登记,此前未向税务机关申报代扣代缴个人所得税。办税人员为江某办理申报纳税业务后,县地税局稽查局立即派出稽查人员到黑杨公司调查核实,经检查,发现该公司账务混乱,白条支付情况严重。其中,账本上记载的股息红利有30多万元,已由各股东以个人名义申报缴纳个人所得税54 000元;但在其分配股息红利的明细账上,主动申报的江某红利只有3 000多元;其次该公司往来账列支在"其他应付款"账户的有多达75个往来子账户,贷方余额合计高达

1134 548元。通过展开深入调查,以及对江某讲解相关税收政策及作伪证的后果,调查出该公司红利分配方案为:股东75名,红利合计5 675 741元,分三期分配,共代扣税款850 911元未申报缴纳,少代扣税款283 637元;江某也承认公司的费用和往来账中有做假的情况。最终,汉寿县地税局对该公司作出了补缴营业税、城建税、印花税和已代扣而未申报的个人所得税共计1 024 355元,加收滞纳金53 000元,处以罚款50万元的处理决定。该公司税款、滞纳金及罚款已全部追缴入库,其法人代表郭某因涉嫌偷税罪已被公安机关刑事拘留。

第一节 税收征收管理法概述

税收征收管理法是有关税收征收管理法律规范的总称,包括税收征收管理法及税收征收管理的有关法律、法规和规章。

《中华人民共和国税收征收管理法》于1992年9月4日第七届全国人民代表大会常务委员会第二十七次会议通过,1993年1月1日起施行,1995年2月28日第八届全国人民代表大会常务委员会第十二次会议修正。2001年4月28日,第九届全国人民代表大会常务委员会第二十一次会议通过了修订后的《中华人民共和国税收征收管理法》(以下简称《征管法》),并于2001年5月1日起施行。2013年6月29日第十二届全国人民代表大会常务委员会第三次会议修订通过。

一、税收征收管理法的立法目的

《征管法》第一条规定:"为了加强税收征收管理,规范税收征收和缴纳行为,保障国家税收收入,保护纳税人的合法权益,促进经济和社会发展,制定本法。"此条规定对《征管法》的立法目的作了高度概括。

(一)加强税收征收管理

税收征收管理是国家征税机关依据国家税收法律、行政法规的规定,按照统一的标准,通过一定的程序,对纳税人应纳税额组织入库的一种行政活动,是国家将税收政策贯彻实施到每个纳税人,有效地组织税收收入及时、足额入库的一系列活动的总称。税收征管工作的好坏,直接关系到税收职能作用能否很好地发挥。理所当然,加强税收征收管理,成为《征管法》立法的首要目的。

(二)规范税收征收和缴纳行为

《征管法》既要为税务机关、税务人员依法行政提供标准和规范,税务机关、税务人员必须依照该法的规定进行税收征收,其一切行为都要依法进行,违者要承担法律责任;同时也要为纳税人缴纳税款提供标准和规范,纳税人只有按照法律规定的程序和办法缴纳税款,才能更好地保障自身的权益。因此,在该法中加入"规范税收征收和缴纳行为"的目的,是对依法治国、依法治税思想的深刻理解和运用,为《征管法》其他条款的修订指明了方向。

(三)保障国家税收收入

税收收入是国家财政的主要来源,组织税收收入是税收的基本职能之一。《征管法》是税收征收管理的标准和规范,其根本目的是保证税收收入的及时、足额入库,这也是任何一部《征管法》都具有的目的。

(四)保护纳税人的合法权益

税收征收管理作为国家的行政行为,一方面要维护国家的利益;另一方面要保护纳税人的合法权益不受侵犯。纳税人按照国家税收法律、行政法规的规定缴纳税款之外的任何其他款项,都是对纳税人合法权益的侵害。保护纳税人的合法权益一直是《征管法》的立法目的。

(五)促进经济发展和社会进步

税收是国家宏观调控的重要杠杆,《征管法》是市场经济的重要法律规范,这就要求税收征收管理的措施,如税务登记、纳税申报、税款征收、税收检查以及税收政策等以促进经济发展和社会进步为目标,方便纳税人,保护纳税人。因此,在该法中加入"促进经济和社会发展"的目的,表明了税收征收管理的历史使命和前进方向。

二、税收征收管理法的适用范围

《征管法》第二条规定:"凡依法由税务机关征收的各种税收的征收管理,均适用本法。"这就明确界定了《征管法》的适用范围。

我国税收的征收机关有税务、海关、财政等部门,税务机关征收各种工商税收,海关征收关税。《征管法》只适用于由税务机关征收的各种税收的征收管理。

农税征收机关负责征收的耕地占用税、契税的征收管理,由国务院另行规定;海关征收的关税及代征的增值税、消费税,适用其他法律、法规的规定。

值得注意的是,目前还有一部分费由税务机关征收,如教育费附加。这些费不适用《征管法》,不能采取《征管法》规定的措施,其具体管理办法由各种费的条例和规章决定。

三、税收征收管理法的遵守主体

(一)税务行政主体——税务机关

《征管法》第五条规定:"国务院税务主管部门主管全国税收征收管理工作。各地国家税务局和地方税务局应当按照国务院规定的税收征收管理范围分别进行征收管理。"《征管法》和《细则》规定:税务机关是指各级税务局、税务分局、税务所和省以下税务局的稽查局。稽查局专司偷税、逃避追缴欠税、骗税、抗税案件的查处。国家税务总局应明确划分税务局和稽查局的职责,也明确了《征管法》的遵守主体。

（二）税务行政管理相对人——纳税人、扣缴义务人和其他有关单位

《征管法》第四条规定："法律、行政法规规定负有纳税义务的单位和个人为纳税人。法律、行政法规规定负有代扣代缴、代收代缴税款义务的单位和个人为扣缴义务人。纳税人、扣缴义务人必须依照法律、行政法规规定缴纳税款、代扣代缴、代收代缴税款。"第六条第二款规定："纳税人、扣缴义务人和其他有关单位应当按照国家有关规定如实向税务机关提供与纳税和代扣代缴税款有关的信息。"根据上述规定，纳税人、扣缴义务人和其他有关单位是税务行政管理的相对人，是《征管法》的遵守主体，必须按照《征管法》的有关规定接受税务管理，享受合法权益。

（三）有关单位和部门

《征管法》第五条规定："地方各级人民政府应当依法加强对本行政区域内税收管理工作的领导或者协调，支持税务机关依法执行职务，依照法定税率计算税额，依法征收税款。各有关部门和单位应当支持、协助税务机关依法执行职务。"这说明包括地方各级人民政府在内的有关单位和部门同样是《征管法》的遵守主体，必须遵守《征管法》的有关规定。

四、税收征收管理权利和义务的设定

（一）税务机关和税务人员的权利和义务

1. 税务机关和税务人员的权利

(1)负责税收征收管理工作。

(2)税务机关依法执行职务，任何单位和个人不得阻挠。

2. 税务机关和税务人员的义务

(1)税务机关应当广泛宣传税收法律、行政法规，普及纳税知识，无偿地为纳税人提供纳税咨询服务。

(2)税务机关应当加强队伍建设，提高税务人员的政治业务素质。

(3)税务机关、税务人员必须秉公执法、忠于职守、清正廉洁、礼貌待人、文明服务，尊重和保护纳税人、扣缴义务人的权利，依法接受监督。

(4)税务人员不得索贿受贿、徇私舞弊、玩忽职守，不征或者少征应征税款；不得滥用职权多征税款或者故意刁难纳税人和扣缴义务人。

(5)各级税务机关应当建立、健全内部制约和监督管理制度。

(6)上级税务机关应当对下级税务机关的执法活动依法进行监督。

(7)各级税务机关应当对其工作人员执行法律、行政法规和廉洁自律准则的情况进行监督检查。

(8)税务机关负责征收、管理、稽查，行政复议人员的职责应当明确，并相互分离、相互制约。

(9)税务机关应为检举人保密,并按照规定给予奖励。
(10)建立回避制度。

(二)纳税人、扣缴义务人的权利与义务

1. 纳税人、扣缴义务人的权利

(1)纳税人、扣缴义务人有权向税务机关了解国家税收法律、行政法规的规定以及与纳税程序有关的情况。

(2)纳税人、扣缴义务人有权要求税务机关为纳税人、扣缴义务人的情况保密。税务机关应当为纳税人、扣缴义务人的情况保密。

保密是指纳税人、扣缴义务人的商业秘密及个人隐私。纳税人、扣缴义务人的税收违法行为不属于保密范围。

(3)纳税人依法享有申请减税、免税、退税的权利。

(4)纳税人、扣缴义务人对税务机关所作出的决定,享有陈述权、申辩权;依法享有申请行政复议、提起行政诉讼、请求国家赔偿等权利。

(5)纳税人、扣缴义务人有权控告和检举税务机关、税务人员的违法违纪行为。

2. 纳税人、扣缴义务人的义务

(1)纳税人、扣缴义务人必须依照法律、行政法规的规定缴纳税款、代扣代缴、代收代缴税款。

(2)纳税人、扣缴义务人和其他有关单位应当按照国家有关规定如实向税务机关提供与纳税和代扣代缴、代收代缴税款有关的信息。

(3)纳税人、扣缴义务人和其他有关单位应当接受税务机关依法进行的税务检查。

(三)地方各级人民政府、有关部门和单位的权利与义务

1. 地方各级人民政府、有关部门和单位的权利

(1)地方各级人民政府应当依法加强对本行政区域内税收征收管理工作的领导或者协调,支持税务机关依法执行职务,依照法定税率计算税额,依法征收税款。

(2)各有关部门和单位应当支持、协助税务机关依法执行职务。

(3)任何单位和个人都有权检举违反税收法律、行政法规的行为。

2. 地方各级人民政府、有关部门和单位的义务

(1)任何机关、单位和个人不得违反法律、行政法规的规定,擅自做出税收开征、停征以及减税、免税、退税、补税和其他与税收法律、行政法规相抵触的决定。

(2)收到违反税收法律、行政法规行为检举的机关和负责查处的机关应当为检举人保密。

第二节 税务管理

一、税务登记管理

税务登记是税务机关对纳税人的生产、经营活动进行登记并据此对纳税人实施税务管理的一种法定制度。税务登记又称纳税登记,它是税务机关对纳税人实施税收管理的首要环节和基础工作,是征纳双方法律关系成立的依据和证明,也是纳税人必须依法履行的义务。

根据《征管法》和国家税务总局印发的《税务登记管理办法》,我国税务登记制度大体包括以下内容:

(一)开业税务登记

1. 开业税务登记的对象

根据有关规定,开业税务登记的纳税人分为以下两类:

(1)领取营业执照从事生产、经营的纳税人。

(2)其他纳税人。根据有关法规规定,不从事生产、经营,但依照法律、法规的规定负有纳税义务的单位和个人,除临时取得应税收入或发生应税行为以及只缴纳个人所得税、车船税的外,都应按规定向税务机关办理税务登记。

2. 开业税务登记的时间和地点

(1)从事生产、经营的纳税人,应当自领取营业执照之日起30日内,向生产、经营地或者纳税义务发生地的主管税务机关申报办理税务登记,如实填写税务登记表并按照税务机关的要求提供有关证件、资料。

(2)除上述以外的其他纳税人,除国家机关和个人外,应当自纳税义务发生之日起30日内,持有关证件向所在地主管税务机关申报办理税务登记。

以下几种情况应比照开业登记办理:

(1)扣缴义务人应当自扣缴义务发生之日起30日内,向所在地的主管税务机关申报办理扣缴税款登记,领取扣缴税款登记证件;税务机关对已办理税务登记的扣缴义务人,可以只在其税务登记证件上登记扣缴税款事项,不再发给扣缴税款登记证件。

(2)跨地区的非独立核算分支机构应当自设立之日起30日内,向所在地税务机关办理注册税务登记。

(3)从事生产、经营的纳税人外出经营,在同一地连续12个月内累计超过180天的,应当自期满之日起30日内,向生产、经营所在地税务机关申报办理税务登记,税务机关核发临时税务登记证及副本。

(二)变更、注销税务登记

变更税务登记,是纳税人税务登记内容发生重要变化时向税务机关申报办理的税务登记手续;注销税务登记,则是指纳税人税务登记内容发生了根本性变化,需终止履行纳税义务时向税务机关申报办理的税务登记手续。

1. 变更税务登记的范围及时间要求

(1)适用范围。纳税人办理税务登记后,如发生下列情形之一,应当办理变更税务登记:发生改变名称、改变法定代表人、改变经济性质或经济类型、改变住所和经营地点(不涉及主管税务机关变动的)、改变生产经营或经营方式、增减注册资金(资本)、改变隶属关系、改变生产经营期限、改变或增减银行账号、改变生产经营权属以及改变其他税务登记内容的。

(2)时间要求。纳税人税务登记内容发生变化的,应当自工商行政管理机关或者其他机关办理变更登记之日起30日内,持有关证件向原税务登记机关申报办理变更税务登记。纳税人税务登记内容发生变化,不需要到工商行政管理机关或者其他机关办理变更登记的,应当自发生变化之日起30日内,持有关证件向原税务登记机关申报办理变更税务登记。

2. 注销税务登记的适用范围及时间要求

(1)适用范围。纳税人因经营期限届满而自动解散;企业由于改组、分立、合并等原因而被撤销;企业资不抵债而破产;纳税人住所、经营地址迁移而涉及改变原主管税务机关的;纳税人被工商行政管理部门吊销营业执照;以及纳税人依法终止履行纳税义务的其他情形。

(2)时间要求。纳税人发生解散、破产、撤销以及其他情形,依法终止纳税义务的,应当在向工商行政管理机关办理注销登记前,持有关证件向原税务登记管理机关申报办理注销税务登记;按照规定不需要在工商管理机关办理注销登记的,应当自有关机关批准或者宣告终止之日起15日内,持有关证件向原税务登记管理机关申报办理注销税务登记。纳税人因住所、生产、经营场所变动而涉及改变主管税务登记机关的,应当在向工商行政管理机关申请办理变更或注销登记前,或者住所、生产、经营场所变动前,向原税务登记机关申报办理注销税务登记,并在30日内向迁达地主管税务登记机关申报办理税务登记。

纳税人被工商行政管理机关吊销营业执照的,应当自营业执照被吊销之日起15日内,向原税务登记机关申报办理注销税务登记。

(三)停业、复业登记

实行定期定额征收方式的纳税人,在营业执照核准的经营期限内需要停业的,应当向税务机关提出停业登记,说明停业的理由、时间、停业前的纳税情况和发票的领、用、存情况,并如实填写申请停业登记表。税务机关经过审核(必要时可实地审查),应当责成申请停业的纳税人结清税款并收回税务登记证件、发票领购簿和发票,办理停业登记。纳税人停业期间发生纳税义务,应当及时向主管税务机关申报,依法补缴应纳税款。

纳税人应当于恢复生产、经营之前,向税务机关提出复业登记申请,经确认后,办理复业登记,领回或启用税务登记证件和发票领购簿及其领购的发票,纳入正常管理。

纳税人停业期满不能及时恢复生产、经营的,应当在停业期满前向税务机关提出延长停业登记。纳税人停业期满未按期复业又不申请延长停业的,税务机关应当视为已恢复营业,实施正常的税收征收管理。

(四)税务登记证的作用和管理

1. 税务登记证的作用

除按照规定不需要发给税务登记证件的外,纳税人办理下列事项时,必须持以下税务登记证件:

(1)开立银行账户。
(2)申请减税、免税、退税。
(3)申请办理延期申报、延期缴纳税款。
(4)领购发票。
(5)申请开具外出经营活动税收管理证明。
(6)办理停业、歇业。
(7)其他有关税务事项。

2. 税务登记证管理

(1)税务机关对税务登记证件实行定期验证和换证制度。
(2)纳税人应当将税务登记证件正本在其生产、经营场所或者办公场所公开悬挂,接受税务机关检查。
(3)纳税人遗失税务登记证件的,应当在15日内书面报告主管税务机关,并登报声明作废。

(五)非正常户处理

1. 已办理税务登记的纳税人未按照规定的期限申报纳税

已办理税务登记的纳税人未按照规定的期限申报纳税,在税务机关责令其限期改正后,逾期不改正的,税务机关应当派员实地检查,查无下落并且无法强制其履行纳税义务的,由检查人员制作非正常户认定书,存入纳税人档案,税务机关暂停其税务登记证件、发票领购簿和发票的使用。

2. 纳税人被列入非正常户超过3个月

税务机关可以宣布其税务登记证件失效,其应纳税款的追征仍按《征管法》及其《实施细则》的规定执行。

二、账簿、凭证管理

(一)账簿、凭证管理

1. 关于对账簿、凭证设置的管理

从事生产、经营的纳税人应当自领取营业执照或者发生纳税义务之日起15日内设置账簿。

扣缴义务人应当自税收法律、行政法规规定的扣缴义务发生之日起10日内,按照所代扣、代收的税种,分别设置代扣代缴、代收代缴税款账簿。

生产、经营规模小又确无建账能力的纳税人,可以聘请经批准从事会计代理记账业务的专业机构或者经税务机关认可的财会人员代为建账和办理账务;聘请上述机构或者人员有实际困难的,经县以上税务机关批准,可以按照税务机关的规定,建立收支凭证粘贴簿、进货销货登记簿或者使用税控装置。

2. 关于对财务会计制度的管理

(1)备案制度。根据《征管法》第二十条和《实施细则》第二十四条的有关规定,凡从事生产、经营的纳税人必须将所采用的财务、会计制度和具体的财务、会计处理办法,按税务机关的规定,自领取税务登记证件之日起15日内,及时报送主管税务机关备案。

(2)财会制度、办法与税收规定相抵触的处理办法。根据《征管法》第二十条的有关规定,当从事生产、经营的纳税人、扣缴义务人所使用的财务会计制度和具体的财务、会计处理办法与国务院和财政部、国家税务总局有关税收方面的规定相抵触时,纳税人、扣缴义务人必须按照国务院制定的税收法规的规定或者财政部、国家税务总局制定的有关税收的规定计缴税款。

3. 关于账簿、凭证的保管

账簿、记账凭证、报表、完税凭证、发票、出口凭证以及其他有关涉税资料的保管期限,根据《实施细则》第二十九条,除另有规定者外,应当保存10年。

(二)发票管理

1. 发票印刷管理

根据《征管法》第二十二条规定:增值税专用发票由国务院税务主管部门指定的企业印制;其他发票,按照国务院税务主管部门的规定,分别由省、自治区、直辖市国家税务局、地方税务局指定企业印制。

2. 发票领购管理

依法办理税务登记的单位和个人,在领取税务登记证后,向主管税务机关申请领购发票。对无固定经营场地或者财务制度不健全的纳税人申请领购发票,主管税务机关有权要求其提供担保人,不能提供担保人的,可以视其情况,要求其提供保证金,并限期缴销发票。对发票保证金应设专户储存,不得挪作他用。纳税人可以根据自己的需要申请领购普通发票。增值税专用发票只限于增值税一般纳税人领购使用。

3. 发票开具、使用、取得管理

根据《征管法》第二十一条的规定:"单位、个人在购销商品、提供或者接受经营服务以及从事其他经营活动中,应当按照规定开具、使用、取得发票。"发票不得跨省、自治区、直辖市使用。发票限于领购单位和个人在本省、自治区、直辖市内开具。发票领购单位未经批准不得跨规定使用区域携带、邮寄、运输空白发票,禁止携带、邮寄或者运输空白发票出入境。

4. 发票保管管理

根据发票管理的要求，发票保管分为税务机关保管和用票单位、个人保管两个层次，都必须建立严格的发票保管制度：包括：专人保管制度；专库保管制度；专账登记制度；保管交接制度；定期盘点制度。

5. 发票缴销管理

发票缴销包括发票收缴和发票销毁：发票收缴是指用票单位和个人按照规定向税务机关上缴已经使用或者未使用的发票；发票销毁是指由税务机关统一将自己或者他人已使用或未使用的发票进行销毁。

（三）税控管理

《征管法》第二十三条规定："国家根据税收征收管理的需要，积极推广使用税控装置。纳税人应当按照规定安装、使用税控装置，不得损毁或者擅自改变税控装置。"同时还在第六十条中增加了一款，规定："不能按照规定安装、使用税控装置，或者损毁或者擅自改动税控装置的，由税务机关责令限期改正，可以处以2 000元以下的罚款；情节严重的，处2 000元以上10 000元以下的罚款。"

三、纳税申报管理

（一）纳税申报的对象

根据《征管法》第二十五条的规定，纳税申报的对象为纳税人和扣缴义务人。纳税人在纳税期内没有应纳税款的，也应当按照规定办理纳税申报。纳税人享受减税、免税待遇的，在减税、免税期间应当按照规定办理纳税申报。

（二）纳税申报的内容

纳税申报的内容，主要在各税种的纳税申报表和代扣代缴、代收代缴税款报告表中体现，还有的是随纳税申报表附报的财务报表和有关纳税资料中体现。纳税人和扣缴义务人的纳税申报和代扣代缴。代收代缴税款报告的主要内容包括：税种、税目，应纳税项目或者应代扣代缴、代收代缴税款项目，计税依据，扣除项目及标准，适用税率或者单位税额，应退税项目及税额、应减税项目及税额，应纳税额或者应代扣代缴、代收代缴税额，税款所属期限、延期缴纳税款、欠税、滞纳金等。

（三）纳税申报的期限

《征管法》规定纳税人和扣缴义务人都必须按照法定的期限办理纳税申报。申报期限有两种：一种是法律、行政法规明确规定的；另一种是税务机关按照法律、行政法规的原则规定，结合纳税人生产经营的实际情况及其所应缴纳的税种等相关问题予以确定的。两种期限具有同等的法律效力。

（四）纳税申报的要求

纳税人办理纳税申报时，应当如实填写纳税申报表，并根据不同的情况相应报送下列有关证件、资料：

（1）财务会计报表及其说明材料。

（2）与纳税有关的合同、协议书及凭证。

（3）税控装置的电子报税资料。

（4）外出经营活动税收管理证明和异地完税凭证。

（5）境内或者境外公证机构出具的有关证明文件。

（6）税务机关规定应当报送的其他有关证件、资料。

（7）扣缴义务人办理代扣代缴、代收代缴税款报告时，应当如实填写代扣代缴、代收代缴税款报告表，并报送代扣代缴、代收代缴税款的合法凭证以及税务机关规定的其他有关证件、资料。

（五）纳税申报的方式

《征管法》第二十六条规定："纳税人、扣缴义务人可以直接到税务机关办理纳税申报或者报送代扣代缴、代收代缴税款报告表，也可以按照规定采取邮寄、数据电文或者其他方式办理上述申报、报送事项。"目前，纳税申报的形式主要有以下三种：

1. 直接申报

直接申报，是指纳税人自行到税务机关办理纳税申报。这是一种传统申报方式。

2. 邮寄申报

邮寄申报，是指经税务机关批准的纳税人使用统一规定的纳税申报特快专递专用信封，通过邮政部门办理交寄手续，并向邮政部门索取收据作为申报凭据的方式。

3. 数据电文

数据电文，是指经税务机关确定的电话语音、电子数据交换和网络传输等电子方式。例如目前纳税人的网上申报，就是数据电文申报方式的一种形式。

除上述方式外，实行定期定额缴纳税款的纳税人，可以实行简易申报、简并征期等申报纳税方式。

（六）延期申报管理

根据《征管法》第二十七条和《实施细则》第三十七条及有关法规的规定，纳税人因有特殊情况，不能按期进行纳税申报的，经县以上税务机关核准，可以延期申报。但应当在规定的期限内向税务机关提出书面延期申请，经税务机关核准，在核准的期限内办理。

第三节　税款征收

税款征收是税收征收管理工作中的中心环节,是全部税收征管工作的目的和归宿,在整个税收工作中占据着极其重要的地位。

一、税款征收的原则

1. 税务机关是征税的唯一行政主体的原则

根据《征管法》第二十九条的规定:"除税务机关、税务人员以及经税务机关依照法律、行政法规委托的单位和个人外,任何单位和个人不得进行税款征收活动。"第四十一条同时规定:"采取税收保全措施、强制执行措施的权利,不得由法定的税务机关以外的单位和个人行使。"

2. 税务机关只能依照法律、行政法规的规定征收税款

根据《征管法》第二十八条的规定,税务机关只能依照法律、行政法规的规定征收税款。未经法定机关和法定程序调整,征纳双方均不得随意变动:税务机关代表国家向纳税人征收税款,不能任意征收,只能依法征收。

3. 税务机关不得违反法律、行政法规的规定开征、停征、多征、少征、提前征收或者延缓征收税款或者摊派税款

《征管法》第二十八条规定:"税务机关依照法律、行政法规的规定征收税款,不得违反法律、行政法规的规定开征、停征、多征、少征、提前征收、延缓征收或者摊派税款。"

4. 税务机关征收税款必须遵守法定权限和法定程序的原则

税务机关执法必须遵守法定权限和法定的程序,这也是税款征收的一项基本原则。例如,采取税收保全措施或强制执行措施时;办理减税、免税、退税时;核定应纳税额时;进行纳税调整时;针对纳税人的欠税,进行清理,采取各种措施时;税务机关都必须按照法律或者行政法规规定的审批权限和程序进行操作,否则就是违法。

5. 税务机关征收税款或扣押、查封商品、货物或其他财产时,必须向纳税人开具完税凭证或开付扣押、查封的收据或清单

《征管法》第三十四条规定:"税务机关征收税款时,必须给纳税人开具完税凭证。"第四十七条规定:"税务机关扣押商品、货物或者其他财产时,必须开付收据;查封商品、货物或者其他财产时,必须开付清单。"这是税款征收的又一原则。

6. 税款、滞纳金、罚款统一由税务机关上缴国库

《征管法》第五十三条规定:"国家税务局和地方税务局应当按照国家规定的税收征管范围和税款入库预算级次,将征收的税款缴入国库。"这也是税款征收的一个基本原则。

7.税款优先的原则

《征管法》第四十五条的规定,第一次在税收法律上确定了税款优先的地位,确定了税款征收在纳税人支付各种款项和偿还债务时的顺序。税款优先的原则不仅增强了税法的刚性,而且增强了税法在执行中的可操作性。

(1)税收优先于无担保债权。这里所说的税收优先于无担保债权是有条件的,也就是说并不是优先于所有的无担保债权,对于法律上另有规定的无担保债权,不能行使税收优先权。

(2)纳税人发生欠税在前的,税收优先于抵押权、质权和留置权的执行。这里有两个前提条件:其一,纳税人有欠税;其二,欠税发生在前。即纳税人的欠税发生在以其财产设定抵押、质押或被留置之前。纳税人在有欠税的情况下设置抵押权、质权、留置权时,纳税人应当向抵押权人、质权人说明其欠税情况。

(3)税收优先于罚款、没收非法所得。

①纳税人欠缴税款,同时又被税务机关决定处以罚款、没收非法所得的,税收优先于罚款、没收非法所得。

②纳税人欠缴税款,同时又被税务机关以外的其他行政部门处以罚款、没收非法所得的,税款优先于罚款、没收非法所得。

二、税款征收的方式

税款征收方式,是指税务机关根据各税种的不同特点、征纳双方的具体条件而确定的计算征收税款的方法和形式。税款征收的方式主要有:

(一)查账征收

查账征收,是指税务机关按照纳税人提供的账表所反映的经营情况,依照适用税率计算缴纳税款的方式。这种方式一般适用于财务会计制度较为健全,能够认真履行纳税义务的纳税单位。

(二)查定征收

查定征收,是指税务机关根据纳税人的从业人员、生产设备、采用原材料等因素,对其产制的应税产品查实核定产量、销售额并据以征收税款的方式。这种方式一般适用于账册不够健全,但是能够控制原材料或进销货的纳税单位。

(三)查验征收

查验征收,是指税务机关对纳税人应税商品,通过查验数量,按市场一般销售单价计算其销售收入并据以征税的方式。这种方式一般适用于经营品种比较单一,经营地点、时间和商品来源不固定的纳税单位。

(四)定期定额征收

定期定额征收,是指税务机关通过典型调查,逐户确定营业额和所得额并据以征税的方式。这种方式一般适用于无完整考核依据的小型纳税单位。

（五）委托代征税款

委托代征税款，是指税务机关委托代征人以税务机关的名义征收税款，并将税款缴入国库的方式。这种方式一般适用于小额、零散税源的征收。

（六）邮寄纳税

邮寄纳税是一种新的纳税方式。这种方式主要适用于那些有能力按期纳税，但采用其他方式纳税又不方便的纳税人。

（七）其他方式

如利用网络申报、用 IC 卡纳税等方式。

三、税款征收制度

（一）代扣代缴、代收代缴税款制度

对法律、行政法规没有规定负有代扣、代收税款义务的单位和个人，税务机关不得要求其履行代扣、代收税款义务。税法规定的扣缴义务人必须依法履行代扣、代收税款义务。如果不履行义务，就要承担法律责任。除按《征管法》及实施细则的规定给予处罚外，应当责成扣缴义务人限期将应扣未扣、应收未收的税款补扣或补收。

（二）延期缴纳税款制度

纳税人和扣缴义务人必须在税法规定的期限内缴纳、解缴税款。但考虑到纳税人在履行纳税义务的过程中，可能会遇到特殊困难的客观情况，为了保护纳税人的合法权益，《征管法》第三十一条第二款规定："纳税人因有特殊困难，不能按期缴纳税款的，经省、自治区、直辖市国家税务局、地方税务局批准，可以延期缴纳税款，但最长不得超过 3 个月。"

特殊困难的主要内容包括：一是因不可抗力，导致纳税人发生较大损失，正常生产经营活动受到较大影响的。二是当期货币资金在扣除应付职工工资、社会保险费后，不足以缴纳税款的。所谓"当期货币资金"，是指纳税人申请延期缴纳税款之日的资金余额，其中不含国家法律和行政法规明确规定企业不可动用的资金；"应付职工工资"是指当期计提数。

（三）税收滞纳金征收制度

《征管法》第三十二条规定："纳税人未按照规定期限缴纳税款的，规定期限解缴税款的，税务机关除责令限期缴纳外，从滞纳税款之日起，万分之五的滞纳金。"

（四）减免税收制度

根据《征管法》第三十三条的有关规定，办理减税、免税应注意下列事项：

(1) 减免税必须有法律、行政法规的明确规定（具体规定将在税收实体法中体现）。

(2) 纳税人申请减免税，应向主管税务机关提出书面申请，并按规定附送有关资料。

(3)减免税的申请须经法律、行政法规规定的减税、免税审查批准机关审批。

(4)纳税人在享受减免税待遇期间,仍应按规定办理纳税申报。

(5)纳税人享受减税、免税的条件发生变化时,应当自发生变化之日起15日内向税务机关报告,经税务机关审核后,停止其减税、免税;对不报告的,又不再符合减税、免税条件的,税务机关有权追回已减免的税款。

(6)减税、免税期满,纳税人应当自期满次日起恢复纳税。

(五)税额核定和税收调整制度

1. 税额核定制度

根据《征管法》第三十五条的规定,纳税人(包括单位纳税人和个人纳税人)有下列情形之一的,税务机关有权核定其应纳税额:

(1)依照法律、行政法规的规定可以不设置账簿的。

(2)依照法律、行政法规的规定应当设置但未设置账簿的。

(3)擅自销毁账簿或者拒不提供纳税资料的。

(4)虽设置账簿,但账目混乱或者成本资料、收入凭证、费用凭证残缺不全,难以查账的。

(5)发生纳税义务,未按照规定的期限办理纳税申报,经税务机关责令限期申报,逾期仍不申报的。

(6)纳税人申报的计税依据明显偏低,又无正当理由的。

目前税务机关核定税额的方法主要有以下四种:

(1)参照当地同类行业或者类似行业中,经营规模和收入水平相近的纳税人的收入额和利润率核定。

(2)按照成本加合理费用和利润的方法核定。

(3)按照耗用的原材料、燃料、动力等推算或者测算核定。

(4)按照其他合理的方法核定。

采用以上一种方法不足以正确核定应纳税额时,可以同时采用两种以上的方法核定。

纳税人对税务机关采取规定的方法核定的应纳税额有异议的,应当提供相关证据,经税务机关认定后,调整应纳税额。

2. 税收调整制度

这里所说的税收调整制度,主要指的是关联企业的税收调整制度。

《征管法》第三十六条规定:"企业或者外国企业在中国境内设立的从事生产、经营的机构、场所与其关联企业之间的业务往来,应当按照独立企业之间的业务往来收取或者支付价款、费用;不按照独立企业之间的业务往来收取或者支付价款、费用,而减少其应纳税的收入或者所得额的,税务机关有权进行合理调整。"

(六)未办理税务登记的从事生产、经营的纳税人,以及临时从事经营纳税人的税款征收制度

《征管法》第三十七条规定:"对未按照规定办理税务登记的从事生产、经营的纳税人以及临时从事生产、经营的纳税人,由税务机关核定其应纳税额,责令缴纳;不缴纳的,税务机关可以扣押其价值相当于应纳税款的商品、货物。扣押后缴纳应纳税款的,税务机关必须立即解除扣押,并归还所扣押的商品、货物;扣押后仍不缴纳应纳税款的,经县以上税务局(分局)局长批准,依法拍卖或者变卖所扣押的商品、货物,以拍卖或者变卖所得抵缴税款。"

(七)税收保全措施

税收保全措施,是指税务机关对可能由于纳税人的行为或者某种客观原因,致使以后税款的征收不能保证或难以保证的案件,采取限制纳税人处理或转移商品、货物或其他财产的措施。

《征管法》第三十八条规定:税务机关有根据认为从事生产、经营的纳税人有逃避纳税义务行为的,可以在规定的纳税期之前,责令限期缴纳税款;在限期内发现纳税人有明显的转移、隐匿其应纳税的商品、货物以及其他财产迹象的,税务机关应责令其提供纳税担保。如果纳税人不能提供纳税担保,经县以上税务局(分局)局长批准,税务机关可以采取下列税收保全措施:

(1)书面通知纳税人开户银行或者其他金融机构冻结纳税人的金额相当于应纳税款的存款。

(2)扣押、查封纳税人的价值相当于应纳税款的商品、货物或者其他财产:其他财产包括纳税人的房地产、现金、有价证券等不动产和动产。

纳税人在上款规定的限期内缴纳税款的,税务机关必须立即解除税收保全措施;限期期满仍未缴纳税款的,经县以上税务局(分局)局长批准,税务机关可以书面通知纳税人开户银行或者其他金融机构,从其冻结的存款中扣缴税款,或者依法拍卖或者变卖所扣押、查封的商品、货物或者其他财产,以拍卖或者变卖所得抵缴税款。

采取税收保全措施不当,或者纳税人在期限内已缴纳税款,税务机关未立即解除税收保全措施,使纳税人的合法利益遭受损失的,税务机关应当承担赔偿责任。

个人及其所扶养家属维持生活必需的住房和用品,不在税收保全措施的范围之内。个人所扶养家属,是指与纳税人共同居住生活的配偶、直系亲属以及无生活来源并由纳税人扶养的其他亲属。生活必需的住房和用品不包括机动车辆、金银饰品、古玩字画、豪华住宅或者一处以外的住房。税务机关对单价5 000元以下的其他生活用品,不采取税收保全措施和强制执行措施。

(八)税收强制执行措施

税收强制执行措施,是指当事人不履行法律、行政法规规定的义务,有关国家机关采用法

定的强制手段,强迫当事人履行义务的行为。

《征管法》第四十条规定:从事生产、经营的纳税人、扣缴义务人未按照规定的期限缴纳或者解缴税款,纳税担保人未按照规定的期限缴纳所担保的税款,由税务机关责令限期缴纳,逾期仍未缴纳的,经县以上税务局(分局)局长批准,税务机关可以采取下列强制执行措施:

(1)书面通知其开户银行或者其他金融机构从其存款中扣缴税款。

(2)扣押、查封、依法拍卖或者变卖其价值相当于应纳税款的商品、货物或者其他财产,以拍卖或者变卖所得抵缴税款。税务机关采取强制执行措施时,对上款所列纳税人、扣缴义务人、纳税担保人未缴纳的滞纳金同时强制执行。个人及其所扶养家属维持生活必需的住房和用品,不在强制执行措施的范围之内。

根据上述规定,采取税收强制执行措施应注意以下方面:

1. 税收强制执行的适用范围

强制执行措施的适用范围仅限于未按照规定的期限缴纳或者解缴税款,经责令限期缴纳,逾期仍未缴纳的从事生产、经营的纳税人。需要强调的是,采取强制执行措施适用于扣缴义务人、纳税担保人,采取税收保全措施时则不适用。

2. 税收强制执行应坚持的原则

税务机关采取税收强制执行措施时,必须坚持告诫在先的原则,即纳税人、扣缴义务人、纳税担保人未按照规定的期限缴纳或者解缴税款的,应当先行告诫,责令限期缴纳。逾期仍未缴纳的,再采取税收强制执行措施。如果没有责令限期缴纳就采取强制执行措施,也就违背了告诫在先的原则,所采取的措施和程序就是违法的。

3. 采取税收强制执行措施的程序

(1)税款的强制征收(扣缴税款)。纳税人、扣缴义务人、纳税担保人在规定的期限内未缴纳或者解缴税款或者提供担保的,经主管税务机关责令限期缴纳,逾期仍未缴纳的,经县以上税务局(分局)局长批准,书面通知其开户银行或者其他金融机构,从其存款中扣缴税款。

在扣缴税款的同时,主管税务机关应按照《征管法》第六十八条的规定,可以处以不缴或者少缴的税款50%以上5倍以下的罚款。

(2)扣押、查封、拍卖或者变卖,以拍卖或者变卖所得抵缴税款。按照《征管法》第四十条的规定,扣押、查封、拍卖或者变卖等行为具有连续性,即扣押、查封后,不再给纳税人自动履行纳税义务的期间,税务机关可以直接拍卖或者变卖其价值相当于应纳税款的商品、货物或者其他财产,以拍卖或者变卖所得抵缴税款。

4. 滞纳金的强行划拨

采取税收强制执行措施时,对纳税人、扣缴义务人、纳税担保人未缴纳的滞纳金必须同时强制执行。对纳税人已缴纳税款,但拒不缴纳滞纳金的,税务机关可以单独对纳税人应缴未缴的滞纳金采取强制执行措施。

(九)欠税清缴制度

欠税是指纳税人未按照规定期限缴纳税款,扣缴义务人未按照规定期限解缴税款的行为。《征管法》在欠税清缴方面主要采取以下措施:

1. 严格控制欠缴税款的审批权限

根据《征管法》第三十一条的规定,缓缴税款的审批权限集中在省、自治区、直辖市国家税务局、地方税务局。这样规定,一方面能帮助纳税人渡过暂时的难关;另一方面也体现了严格控制欠税的精神,保证国家税收免遭损失。

2. 限期缴税时限

从事生产、经营的纳税人、扣缴义务人未按照规定的期限缴纳或者解缴税款的,纳税担保人未按照规定的期限缴纳所担保的税款的,由税务机关发出限期缴纳税款通知书,责令缴纳或者解缴税款的最长期限不得超过15日。

3. 建立欠税清缴制度,防止税款流失

(1)扩大了阻止出境对象的范围。《征管法》第四十四条规定:"欠缴税款的纳税人及其法定代表需要出境的,应当在出境前向税务机关结清应纳税款或者提供担保。未结清税款,又不提供担保的,税务机关可以通知出境管理机关阻止其出境。"

执行离境清税制度应注意下列问题:

①离境清税制度适用于依照我国税法规定,负有纳税义务且欠缴税款的所有自然人、法人的法定代表人和其他经济组织的负责人,包括外国人、无国籍人和中国公民。

②纳税人以其所拥有的未作抵押的财产作纳税担保的,应当作为纳税担保的财产的监管和处分等事项在中国境内委托代理人,并将作为纳税担保的财产清单和委托代理证书(副本)交税务机关。担保使用的所有文书和手续如前所述。

③需要阻止出境的,税务机关应当书面通知出入境管理机关执行。阻止出境是出入境管理机关依法对违反我国法律或者有未了结民事案件,以及其他法律规定不能离境等原因的外国人、中国公民告之不准离境、听候处理的一项法律制度,是国家实施主权管理的重要方面。

(2)建立改制纳税人欠税的清缴制度。《征管法》第四十八条规定:"纳税人有合并、分立情形的,应当向税务机关报告,并依法缴清税款。纳税人合并时未缴清税款的,应当由合并后的纳税人继续履行未履行的纳税义务;纳税人分立时未缴清税款的,分立后的纳税人对未履行的纳税义务应当承担连带责任。"

(3)大额欠税处分财产报告制度。根据《征管法》第四十九条和《实施细则》第七十七条的规定,欠缴税款数额在5万元以上的纳税人,在处分其不动产或者大额资产之前,应当向税务机关报告。这一规定有利于税务机关及时掌握欠税企业处置不动产和大额资产的动向。税务机关可以根据其是否侵害了国家税收,是否有转移资产、逃避纳税义务的情形,决定是否行使税收优先权,是否采取税收保全措施或者强制执行措施。

(4)税务机关可以对欠缴税款的纳税人行使代位权、撤销权,即对纳税人的到期债权等财产权利,税务机关可以依法向第三者追索以抵缴税款。《征管法》第五十条规定了在哪些情况下税务机关可以依据《中华人民共和国合同法》行使代位权、撤销权。税务机关代表国家,拥有对欠税的债权,是纳税人应该偿还国家的债务。

如果欠税的纳税人,怠于行使其到期的债权,怠于收回其到期的资产、款项等,税务机关可以向人民法院请求以自己的名义代为行使债权:

(5)建立欠税公告制度。根据《征管法》第四十五条和《实施细则》第七十六条的规定,税务机关应当对纳税人欠缴税款的情况,在办税场所或者广播、电视、报纸、期刊、网络等新闻媒体上定期予以公告。定期公告是指税务机关定期向社会公告纳税人的欠税情况。同时税务机关还可以根据实际情况和实际需要,制定纳税人的纳税信用等级评比制度。

(十)税款的退还和追征制度

1. 税款的退还

《征管法》第五十一条规定,纳税人超过应纳税额缴纳的税款,税务机关发现后应当立即退还;纳税人自结算缴纳税款之日起3年内发现的,可以向税务机关要求退还多缴的税款并加算银行同期存款利息,税务机关及时查实后应当立即退还;涉及从国库中退库的,依照法律、行政法规中有关国库管理的规定退还。

根据上述规定,税务机关在办理税款退还时应注意以下几个问题:

(1)税款退还的前提是纳税人已经缴纳了超过应纳税额的税款。

(2)税款退还的范围包括:

①技术差错和结算性质的退税。

②为加强对收入的管理,规定纳税人先按应纳税额如数缴纳入库,经核实后再从中退还应退的部分。

(3)退还的方式有:

①税务机关发现后立即退还。

②纳税人发现后申请退还。

(4)退还的时限有:

①纳税人发现的,可以自结算缴纳税款之日起3年内要求退还。

②税务机关发现的多缴税款,《征管法》没有规定多长时间内可以退还。法律没有规定期限的,推定为无限期。因此,税务机关发现的多缴税款,无论多长时间,都应当退还给纳税人。

③对纳税人超过应纳税额缴纳的税款,无论是税务机关发现的,还是纳税人发现后提出退还申请的,税务机关经核实后都应当立即办理退还手续,不应当拖延。《实施细则》第七十八条规定:"税务机关发现纳税人多缴税款的,应当自发现之日起10日内办理退还手续;纳税人发现多缴税款,要求退还的,税务机关应当自接到纳税人退还申请之日起30日内查实并办理退还手续。"

2. 税款的追征

《征管法》第五十二条规定:"因税务机关责任,致使纳税人、扣缴义务人未缴或者少缴税款的,税务机关在3年内可要求纳税人、扣缴义务人补缴税款,但是不得加收滞纳金。

因纳税人、扣缴义务人计算等失误,未缴或者少缴税款的,税务机关在3年内可以追征税款、滞纳金;有特殊情况的追征期可以延长到5年。

所称特殊情况,是指纳税人或者扣缴义务人因计算错误等失误,未缴或者少缴、未扣或者少扣、未收或者少收税款,累计数额在10万元以上的。

对偷税、抗税、骗税的,税务机关追征其未缴或者少缴的税款、滞纳金或者所骗取的税款,不受前款规定期限的限制。"

根据上述规定,税务机关在追征税款时应注意以下几个方面:

(1)对于纳税人、扣缴义务人和其他当事人偷税、抗税和骗取税款的,应无限期追征。

(2)纳税人、扣缴义务人未缴或者少缴税款的,其补缴和追征税款的期限,应自纳税人、扣缴义务人应缴未缴或少缴税款之日起计算。

(3)应注意明确划分征纳双方的责任。

(十一)税款入库制度

(1)审计机关、财政机关依法进行审计、检查时,对税务机关的税收违法行为做出的决定,税务机关应当执行;发现被审计、检查单位有税收违法行为的,向被审计、检查单位下达决定、意见书,责成被审计、检查单位向税务机关缴纳应当缴纳的税款、滞纳金。税务机关应当根据有关机关的决定、意见书,依照税收法律、行政法规的规定,将应收的税款、滞纳金按照国家规定的税收征收管理范围和税款入库预算级次缴入国库。

(2)税务机关应当自收到审计机关、财政机关的决定、意见书之日起30日内将执行情况书面回复审计机关、财政机关。有关机关不得将其履行职责过程中发现的税款、滞纳金自行征收入库或者以其他款项的名义自行处理、占压。

第四节　法律责任

一、违反税务管理基本规定行为的处罚

(1)根据《征管法》第六十条和《实施细则》第九十条规定:纳税人有下列行为之一的,由税务机关责令限期改正,可以处2 000元以下的罚款;情节严重的,处2 000元以上1万元以下的罚款。

①未按照规定的期限申报办理税务登记、变更或者注销登记的。

②未按照规定设置、保管账簿或者保管记账凭证和有关资料的。

③未按照规定将财务、会计制度或者财务、会计处理办法和会计核算软件报送税务机关备

查的。
④未按照规定将其全部银行账号向税务机关报告的。
⑤未按照规定安装、使用税控装置,或者损毁或擅自改动税控装置的。
⑥纳税人未按照规定办理税务登记证件验证或者换证手续的。

(2)纳税人不办理税务登记的,由税务机关责令限期改正;逾期不改正的,由工商行政管理机关吊销其营业执照。

(3)纳税人未按照规定使用税务登记证件,或者转借、涂改、损毁、买卖、伪造税务登记证件的,处2 000元以上1万元以下的罚款;情节严重的,处1万元以上5万元以下的罚款。

二、扣缴义务人违反账簿、凭证管理的处罚

《征管法》第六十一条规定:"扣缴义务人未按照规定设置、保管代扣代缴、代收代缴税款账簿或者保管代扣代缴、代收代缴税款记账凭证及有关资料的,由税务机关责令限期改正,可以处2 000元以下的罚款;情节严重的,处2 000元以上5 000元以下的罚款。"

三、纳税人、扣缴义务人未按规定进行纳税申报的法律责任

《征管法》第六十二条规定:"纳税人未按照规定的期限办理纳税申报和报送纳税资料的,或者扣缴义务人未按照规定的期限向税务机关报送代扣代缴、代收代缴税款报告表和有关资料的,由税务机关责令限期改正,可以处2 000元以下的罚款;情节严重的,可以处2 000元以上1万元以下的罚款。"

四、对偷税的认定及其法律责任

(1)《征管法》第六十三条规定:"纳税人伪造、变造、隐匿、擅自销毁账簿、记账凭证,或者在账簿上多列支出或者不列、少列收入,或者经税务机关通知申报而拒不申报或者进行虚假的纳税申报,不缴或者少缴应纳税款的,是偷税。对纳税人偷税的,由税务机关追缴其不缴或者少缴的税款、滞纳金,并处不缴或者少缴的税款50%以上5倍以下的罚款;构成犯罪的,依法追究刑事责任。

扣缴义务人采取前款所列手段,不缴或者少缴已扣、已收税款,由税务机关追缴其不缴或者少缴的税款、滞纳金,并处不缴或者少缴的税款50%以上5倍以下的罚款;构成犯罪的,依法追究刑事责任。"

(2)《中华人民共和国刑法》(以下简称《刑法》)第二百零一条规定:"纳税人采取欺骗、隐瞒手段进行虚假纳税申报或者不申报,逃避缴纳税款数额较大并且占应纳税额10%以上的,处3年以下有期徒刑或者拘役,并处罚金;数额巨大并且占应纳税额30%以上的,处3年以上7年以下有期徒刑,并处罚金。

扣缴义务人采取前款所列手段,不缴或者少缴已扣、已收税款,数额较大的,依照前款的规

定处罚。

对多次实施前两款行为,未经处理的,按照累计数额计算。

有第一款行为,经税务机关依法下达追缴通知后,补缴应纳税款,缴纳滞纳金,已受行政处罚的,不予追究刑事责任;但是,五年内因逃避缴纳税款受过刑事处罚或者被税务机关给予二次以上行政处罚的除外。"

五、进行虚假申报或不进行申报行为的法律责任

《征管法》第六十四条规定:"纳税人、扣缴义务人编造虚假计税依据的,由税务机关,并处5万元以下的罚款。

纳税人不进行纳税申报,不缴或者少缴应纳税款的,由税务机关追缴其不缴或者少缴的税款、滞纳金,并处不缴或者少缴税款50%以上5倍以下的罚款。"

六、逃避追缴欠税的法律责任

《征管法》第六十五条规定:"纳税人欠缴应纳税款,采取转移或者隐匿财产的手段,妨碍税务机关追缴欠缴的税款的,由税务机关追缴欠缴的税款、滞纳金,并处欠缴税款50%以上5倍以下的罚款;构成犯罪的,依法追究刑事责任。"

《刑法》第二百零三条规定:"纳税人欠缴应纳税款,采取转移或者隐匿财产的手段,致使税务机关无法追缴欠缴的税款,数额在1万元以上不满10万元的,处3年以下有期徒刑或者拘役,并处或者单处欠缴税款1倍以上5倍以下罚金;数额在10万元以上的,处3年以上7年以下有期徒刑,并处欠缴税款1倍以上5倍以下罚金。"

七、骗取出口退税的法律责任

《征管法》第六十六条规定:"以假报出口或者其他欺骗手段,骗取国家出口退税款的,由税务机关追缴其骗取的退税款,并处骗取税款1倍以上5倍以下的罚款;构成犯罪的,依法追究刑事责任。"

对骗取国家出口退税款的,税务机关可以在规定期间内停止为其办理出口退税;

《刑法》第二百零四条规定:"以假报出口或者其他欺骗手段,骗取国家出口退税款,数额较大的,处5年以下有期徒刑或者拘役,并处骗取税款1倍以上5倍以下罚金;数额巨大或者有其他严重情节的,处5年以上10年以下有期徒刑,并处骗取税款1倍以上5倍以下罚金;数额特别巨大或者有其他特别严重情节的,处10年以上有期徒刑或者无期徒刑,并处骗取税款1倍以上5倍以下罚金或者没收财产。"

八、抗税的法律责任

《征管法》第六十七条规定:"以暴力、威胁方法拒不缴纳税款的,是抗税,除由税务机关追

缴其拒缴的税款、滞纳金外,依法追究刑事责任。情节轻微,未构成犯罪的,由税务机关追缴其拒缴的税款、滞纳金,并处拒缴税款1倍以上5倍以下的罚款。"

《刑法》第二百零二条规定:"以暴力、威胁方法拒不缴纳税款的,处3年以下有期徒刑或者拘役,并处拒缴税款1倍以上5倍以下罚金;情节严重的,处3年以上7年以下有期徒刑,并处拒缴税款1倍以上5倍以下罚金。"

九、在规定期限内不缴或者少缴税款的法律责任

《征管法》第六十八条规定:"纳税人、扣缴义务人在规定期限内不缴或者少缴应纳或者应解缴的税款,经税务机关责令限期缴纳,逾期仍未缴纳的,税务机关除依照本法第四十条规定采取强制执行措施追缴其不缴或者少缴的税款外,可以处不缴或者少缴税款50%以上5倍以下的罚款。"

十、扣缴义务人不履行扣缴义务的法律责任

《征管法》第六十九条规定:"扣缴义务人应扣未扣、应收而不收税款的,由税务机关向纳税人追缴税款,对扣缴义务人处应扣未扣、应收未收税款50%以上3倍以下的罚款。"

十一、不配合税务机关依法检查的法律责任

《征管法》第七十条规定:"纳税人、扣缴义务人逃避、拒绝或者以其他方式阻挠税务机关检查的,由税务机关责令改正,可以处1万元以下的罚款;情节严重的,处1万元以上5万元以下的罚款。"

十二、非法印制发票的法律责任

《征管法》第七十一条规定:"违反本法第二十二条规定,非法印制发票的,由税务机关销毁非法印制的发票,没收违法所得和作案工具,并处1万元以上5万元以下的罚款;构成犯罪的,依法追究刑事责任。"

十三、有税收违法行为而拒不接受税务机关处理的法律责任

《征管法》第七十二条规定:"从事生产、经营的纳税人、扣缴义务人有本法规定的税收违法行为,拒不接受税务机关处理的,税务机关可以收缴其发票或者停止向其发售发票。"

十四、银行及其他金融机构拒绝配合税务机关依法执行职务的法律责任

《征管法》第七十三条规定:"纳税人、扣缴义务人的开户银行或者其他金融机构拒绝接受税务机关依法检查纳税人、扣缴义务人存款账户,或者拒绝执行税务机关做出的冻结存款或者扣缴税款的决定,或者在接到税务机关的书面通知后帮助纳税人、扣缴义务人转移存款,造成

税款流失的,由税务机关处 10 万元以上 50 万元以下的罚款,对直接负责的主管人员和其他直接责任人员处 1 000 元以上 1 万元以下的罚款。"

本章小结

税收征收管理法是有关税收征收管理法律规范的总称,包括税收征收管理法及税收征收管理的有关法律、法规和规章。税收征收管理的主体是税务机关,对象是纳税人。

税务管理包括税务登记管理,账簿、凭证管理,纳税申报管理。

税款征收是纳税人应当缴纳的税款组织入库的一系列管理活动的总称。征收方式有查账征收、查定征收、查验征收、定期定额征收、委托代征税款、邮寄纳税等形式。

思考题

一、关键概念

税收征收管理法

税务登记

税款征收

二、简答题

1. 简述登记的种类及各自的办理程序。
2. 简述账簿、凭证管理的内容。
3. 简述发票的领购、使用和保管的规定。
4. 简述税款缴纳的程序。
5. 简述税务违法行为承担哪些法律责任。

三、案例分析题

1. 某基层税务所 2015 年 7 月 15 日接到群众举报,辖区内某服装厂(系个体工商户)开业两个月没有纳税。

2015 年 7 月 16 日,税务所对该服装厂依法进行了税务检查。经查,该服装厂 2015 年 5 月 8 日办理了营业执照,5 月 10 日正式投产,没有办理税务登记,共生产销售服装 420 套,销售额 90 690 元,没有申报纳税。根据检查情况,税务所于 7 月 18 日拟作出如下处理建议:责令服装厂 7 月 25 日前办理税务登记,并处以 500 元罚款;按规定补缴税款、加收滞纳金,并对未缴税款在《税收征管法》规定的处罚范围内,处以 6 000 元罚款。2015 年 7 月 19 日送达税务处罚事项告知书,7 月 21 日税务所按上述处理意见作出了税务处理决定书和税务行政处罚决定书,同时下发限期缴纳税款通知书,限该服装厂于 2014 年 7 月 28 日前缴纳税款和罚款,并于当天将两份文书送达服装厂。服装厂认为本厂刚开业两个月,产品为试销阶段,回款率低,资金十分紧张,请求税务所核减税款和罚款,被税务所拒绝。7 月 28 日该服装厂缴纳了部分税款。7 月 29 日税务所又下达了催缴税款通知书,催缴欠缴的税款、滞纳金和罚款。在两次催缴无效的情况下,经税务所长会议研究决定,对服装厂采取强制执行措施。8月2日,税务所扣押了服装厂23套服装,以变卖收入抵缴部分税款和罚款。服装厂在多次找税务所交涉没有结果的情况下,8月15日书面向税务所的上级机关某县税务局提出行政复议申请:要求撤销税务所对其作出的处理决定,并要求税务所赔偿因扣押服装给其造成的经济损失。

问:(1)县税务局是否应予受理?

(2)税务所在执法方面存在哪些问题?

【参考答案】

(1)县税务局对补缴税款和加收滞纳金的复议申请不予受理;对处罚的复议申请应予受理。

按照《税收征管法》第88条规定:纳税人、扣缴义务人、纳税担保人同税务机关在纳税上发生争议时,必须先依照税务机关的纳税决定缴纳或者解缴税款及滞纳金或者提供相应的担保,然后可以依法申请行政复议。该服装厂未缴清税款和滞纳金,县税务局不能受理复议申请。

按照《税收征管法》第88条规定:当事人对税务机关的处罚决定、强制执行措施或者税收保全措施不服的,可以依法申请行政复议,也可以依法向人民法院起诉。由于该服装厂在法定的期限内提出复议申请,县税务局应当受理。

(2)税务所在执法方面存在如下问题:

①执法主体不合格。《税收征管法》第74条规定:本法规定的行政处罚,罚款额在2 000元以下的,可以由税务所决定。税务所对服装厂因偷税罚款3 000元,超越了执法权限,是越权行为。

②执法程序不合法。作出税务行政处罚决定书的时间不符合法律规定。国家税务总局《税务行政处罚听证实施办法》第40条规定,要求听证的当事人,应当在税务行政处罚事项告知书送达后3日内向税务机关书面提出听证;逾期不提出的,视为放弃听证权利。税务所7月19日送达税务行政处罚事项告知书,而7月21日就作出了税务处理决定书,听证告知的时间只有2天,不符合法定程序。

③扣押服装厂的服装不符合法定程序。根据《税收征管法》第40条的规定,其一,税务机关采取强制执行措施时必须经县以上税务局(分局)局长批准,税务所没有经县税务局长批准对服装厂采取强制执行措施,是不符合法定程序的;其二,税务机关对罚款采取强制执行措施不合法。根据《税收征管法》第88条第3款规定:"当事人对税务机关的处罚决定逾期不申请行政复议也不向人民法院起诉、又不履行的,作出处罚决定的税务机关可以采取本法第40条规定的强制执行措施。"而该服装厂在法定的期限内申请了行政复议,税务机关就不能对罚款采取强制执行措施。

2. 2014年7月12日,某厂张会计在翻阅5月份账簿时,发现多缴税款15 000元,于是该厂向税务机关提出给予退还税款并加算银行同期存款利息的请求。

问:税务机关是否应当给予退还,如果可以退还税款,应如何计算利息?为什么?退还税款有几种方式?

【参考答案】

税务机关应当退还。根据《税收征管法》第51条规定:"纳税人超过应纳税额缴纳的税款,税务机关发现后应当立即退还,纳税人自结算缴纳税款之日起3年内发现的,可以向税务机关要求退还多缴的税款并加算银行同期存款利息,税务机关查实后应当立即退还。退还的利息按照退还税款当天,银行的同期活期存款利率计算利息。"

根据《实施细则》的规定,税务机关为纳税人办理多缴税款的退还渠道:①直接退还税款和利息;②如果纳税人有欠税,税务机关可以用应退税款和利息抵顶欠税,剩余部分退还纳税人。

Chapter 10

税务行政法制

【学习目标】
1. 掌握税务行政处罚程序；
2. 掌握税务行政复议的概念、受案范围和管辖；
3. 熟悉税务行政复议的申请、受理和对税务行政复议作出决定；
4. 熟悉税务行政诉讼的概念和管辖；
5. 掌握税务行政诉讼的受案范围；
6. 熟悉税务行政赔偿要件、范围和方式。

【能力目标】
1. 熟悉和掌握税务行政处罚、复议、诉讼和赔偿的主要规定，并能熟练运用；
2. 根据相关规定，能综合、灵活地分析税务违法行为以及税务机关应承担的责任。

【引导案例】
2015年9月，某市国税一分局对该市某机械厂2015年1月~5月的增值税纳税情况进行了检查，查补税款8万元，在按规定加收滞纳金后，又对该厂处以8万元的罚款。2015年10月11日，该分局向该机械厂送达了税务处理决定书和行政处罚事项告知书，10月15日向其送达了税务处罚决定书，而该厂没有按规定的期限缴纳税款、滞纳金和罚款。2015年10月25日，该分局向机械厂送达了催缴税款通知书。限期期满后，该厂仍未缴纳所欠税款。11月8日，税务机关对机械厂采取了强制执行措施。因该厂的银行账户上只有5万元存款，市国税一分局在从其存款中扣缴了税款和滞纳金后又查封了该厂2台价值7.6万元的机械产品，准备拍卖后抵缴罚款。由于查封了产品，该厂无法向购货单位供货，致使购货单位解除了与该厂签订的购货合同。而该厂如果履行了合同将会取得4万元的利润。机械厂认为一分局的查封行为侵犯其合法权益,便向市国税局申请行政复议,请求复议机关解除对其产品的查封,并赔偿因解除合同而造成的4万元损失。市国税局经审查后作出两项决定:一是解除一分局对产品的查封;二是由于被查封的产品没有损坏或灭失,对机械厂请求赔偿的4万元损失不予赔偿。机械厂对复议机关不予赔偿的决定不服,依法向人民法院提起了行政赔偿诉讼,法院审理后,判决驳回了机械厂的赔偿请求。

第一节　税务行政处罚

　　为了保障和监督行政机关有效实施行政管理,保护公民、法人和其他组织的合法权益,1996年3月17日第八届全国人民代表大会第四次会议通过了《中华人民共和国行政处罚法》(以下简称《行政处罚法》),于1996年10月1日实施。它的颁布实施,进一步完善了我国的社会主义民主法制制度。

　　税务行政处罚是行政处罚的重要组成部分。为了贯彻实施《行政处罚法》,规范税务行政处罚的实施,保护纳税人和其他税务当事人的合法权益,1996年9月28日国家税务总局发布了《税务案件调查取证与处罚决定分开制度实施办法(试行)》和《税务行政听证程序实施办法(试行)》,并于1996年10月1日施行。

　　税务行政处罚是指公民、法人或者其他组织有违反税收征收管理秩序的违法行为,尚未构成犯罪,依法应当承担行政责任的,由税务机关给予行政处罚。它包括以下几方面内容:

　　第一,当事人行为违反了税收法律规范,侵犯的客体是税收征收管理秩序,应当承担税务行政责任。

　　第二,从当事人主观方面说,并不区分是否具有主观故意或者过失,只要有税务违法行为存在,并有法定依据给予行政处罚的,就要承担行政责任,依法给予税务行政处罚。

　　第三,当事人行为一般是尚未构成犯罪,依法应当给予行政处罚的行为。需要注意的是:一要区分税收违法与税收犯罪的界限。进行税务行政处罚的一般是尚不构成税收犯罪的行为,如果构成了危害税收征管罪,就应当追究刑事责任。二要区分税收违法行为是不是轻微。并不是对所有的税务违法行为都一定要处罚,如果税务违法行为显著轻微,没有造成危害后果,只要予以纠正,经过批评教育后可以不必给予处罚。

　　第四,给予行政处罚的主体是税务机关。

一、税务行政处罚的原则

(一)法定原则

　　其基本内涵就是主体法定、职责法定、依据法定、程序法定、形式法定,即税务行政处罚要由法定的税务机关在法定的职权范围内根据法定依据、法定程序,以法定的形式实施。

(二)公正、公开原则

公正,一是要防止偏听偏信;二是要使当事人了解其违法行为的性质,并给予当事人进行陈述和申辩的机会;三是要防止自查自断,实行查处分开制度。公开,一是指税务行政处罚的规定要公开,凡是需要公民、法人或者其他组织遵守的法律、规范都要事先公布;二是指处罚程序要公开,如依法举行听证会等。

(三)过罚相当原则

过罚相当是指在税务行政处罚的设定和实施方面,都要根据税务违法行为的性质、情节、社会危害性的大小而定,防止畸轻畸重或者"一刀切"的行政处罚现象。

(四)监督、制约原则

一是税务机关内部的监督制约,如将违法行为的调查与处罚相分离,当场作出的处罚决定必须报上级税务机关备案,上级税务机关对下级税务机关依法进行监督等;二是税务机关与其他机关相互监督制约,如决定罚款的机关与收缴的机构分离;三是司法监督,如税务行政诉讼等。

(五)处罚与教育相结合原则

实行惩戒处罚与说服教育相结合的原则是税务行政处罚的特色。税务行政处罚的目的是纠正违反税法的行为,对纳税人进行教育,只是在教育无效的基础上,才将处罚作为纳税人履行义务的手段,其最终还是要达到教育的目的,既教育违法者,也教育广大纳税人自觉遵守税法,增强税收观念。经税务机关说服教育,限期改正无效,纳税人逾期不改正时,税务机关才对纳税人处以罚款。这充分体现了处罚与教育相结合的原则。

二、税务行政处罚的设定和种类

(一)税务行政处罚的设定

税务行政处罚的设定,是指由特定的国家机关通过一定形式首次独立规定公民、法人或者其他组织的行为规范,并规定违反该行为规范的行政制裁措施。现行我国税收法制的原则是税权集中、税法统一,税收的立法权主要集中在中央。

(1)全国人民代表大会及其常务委员会可以通过法律的形式设定各种税务行政处罚。

(2)国务院可以通过行政法规的形式设定除限制人身自由以外的税务行政处罚。

(3)国家税务总局可以通过规章的形式设定警告和罚款。税务行政规章对非经营活动中的违法行为设定罚款不得超过1 000元;对经营活动中的违法行为,有违法所得的,设定罚款不得超过违法所得的3倍,且最高不得超过3万元,没有违法所得的,设定罚款不得超过1万元;超过限额的,应当报国务院批准。

除上述规定以外,地方性法规和地方性规章,均不得设定税务行政处罚。

(二)税务行政处罚的种类

根据税务行政处罚的设定原则,税务行政处罚的种类是可变的,它将随着税收法律、法规、规章设定的变化而变化或者增减。现行执行的税务行政处罚种类主要有四种:一是罚款。二是没收非法所得。三是停止出口退税权。四是收缴发票和暂停供应发票。

【例10.1】 下列各项中,属于我国现行税务行政处罚种类的有(   )。
A.罚款   B.加收滞纳金
C.停止出口退税权   D.收缴发票和暂停供应发票
【答案】 ACD

三、税务行政处罚的主体与管辖

(一)主体

税务行政处罚的实施主体是县以上的税务机关。我国税务机关的组织构成包括国家税务总局,省、自治区、直辖市国家税务局、地方税务局,地(市、州、盟)国家税务局、地方税务局,县(市、旗)国家税务局、地方税务局四级。

各级税务机关的内设机构、派出机构不具处罚主体资格,不能以自己的名义实施税务行政处罚。但是税务所可以实施罚款额在2 000元以下的税务行政处罚。这是《征管法》对税务所的特别授权。

(二)管辖

根据《行政处罚法》和《征管法》的规定,税务行政处罚由当事人税收违法行为发生地的县(市、旗)以上税务机关管辖。具体含义如下:

(1)从税务行政处罚的地域管辖来看,税务行政处罚实行行为发生地原则。只有当事人违法行为发生地的税务机关才有权对当事人实施处罚,其他地方的税务机关则无权实施。

(2)从税务行政处罚的级别管辖来看,必须是县(市、旗)以上的税务机关。法律特别授权的税务所除外。

(3)从税务行政处罚的管辖主体的要求来看,必须有税务行政处罚权。

【例10.2】 我国税务行政处罚的实施主体是(   )。
A.税务机关的内设机构   B.税务机关的派出机构
C.县以上的税务机关   D.税务所
【答案】 C

四、税务行政处罚的程序

根据税收违法行为的不同情形,税务行政处罚的程序是有所区别的。税收违法行为通常有两类情形:一类是违法事实清楚,情节轻微,需即时处罚的,这类处罚通常适用于集市贸易市场上的无照经营者。另一类是案情比较复杂,需经过调查的。对于前者通常按简易程序处罚,而对于后者则需要一般程序。

(一)税务行政处罚的简易程序

简易程序的适用条件:一是案情简单、事实清楚、违法后果比较轻微且有法定依据,应当给予处罚的违法行为。二是给予的处罚较轻,仅适用于对公民处以50元以下和对法人或者其他组织处以1 000元以下罚款的违法案件。

符合上述条件,税务行政执法人员当场做出税务行政处罚决定应当按照下列程序进行:①向当事人出示税务行政执法身份证件;②告知当事人受到税务行政处罚的违法事实、依据和陈述申辩权;③听取当事人陈述申辩意见;④填写具有预定格式、编有号码的税务行政处罚决定书,并当场交付当事人。

(二)税务行政处罚的一般程序

除了适用简易程序的税务违法案件外,对于其他违法案件,税务机关在做出处罚决定之前都要经过立案、调查取证(有的案件还要举行听证)、审查、决定、执行程序。适用一般程序的案件一般是情节比较复杂、处罚比较重的案件。

1. 受理和立案

税务机关根据行政管辖权的规定,在自身的管辖权限范围内,受理涉及违法行为的线索和材料,包括通过税务机关的计算机系统选案发现的、有关单位移送的、群众举报的、当事人自述或者申诉的以及国际情报交换获取的。然后对这些线索和材料进行初步审查,了解所反映的问题是否存在。经过初步审查认为有税务违法事实需要给予行政处罚的,应当立案;认为没有税务违法事实或者税务违法事实显著轻微的,不需要给予行政处罚的,不予立案。

2. 调查

对于已立案的税收违法案件,税务机关应当派税务人员进行深入调查,做到事实清楚,证据确凿,为了便于工作,防止舞弊,要求进行调查的税务人员不得少于两人,并应当向当事人或有关人员出示证件。调查取证时可以记录、录音、录像、照相和复制。税务违法案件调查终结,调查人员应当写出调查报告,报告书的内容包括:立案依据、违法事实及性质、当事人的法律责任、当事人的态度及意见、处罚意见及处罚依据,以及调查人签名和报告时间等。同时,对于符合法定听证条件的案件,应当告知当事人有要求听证的权利。

3. 审查

审查机构收到调查机构移交的案卷后,应对案卷材料进行登记,填写《税务案件审查登记簿》。审查机构应对案件下列事项进行审查:一是调查机构认定的事实、证据和处罚建议适用的处罚种类、依据是否正确;二是调查取证是否符合法定程序;三是当事人陈述申辩的事实、证据是否成立;四是听证人、当事人听证申辩的事实、证据是否成立。

审查机构应在自收到调查机构移交案卷之日起10日内审查终结,制作审查报告,并连同案卷材料报送税务机关负责人审批。

4. 决定

审查机构作出审查意见并报送税务机关负责人审批后,应当在收到审批意见之日起3日内,根据不同情况分别制作以下处理决定书再报税务机关负责人签发:

(1)有应受行政处罚的违法行为的,根据情节轻重及具体情况予以处罚。

(2)违法行为轻微,依法可以不予行政处罚的不予行政处罚。

(3)违法事实不能成立,不得予以行政处罚。

(4)违法行为已构成犯罪的,移送公安机关。

税务机关做出罚款决定的行政处罚决定书应当载明罚款代收机构的名称、地址和当事人应当缴纳罚款的数额、期限等,并明确当事人逾期缴纳是否加处罚款。

五、税务行政处罚的执行

税务机关依法作出行政处罚决定后,当事人应当在行政处罚决定规定的期限内,予以履行。当事人在法定期限内不申请复议又不起诉,并且在规定期限内又不履行的,税务机关可以申请法院强制执行。

税务机关对当事人作出罚款行政处罚决定的,当事人应当在收到行政处罚决定书之日起15日内缴纳罚款,到期不缴纳的,税务机关可以对当事人每日按罚款数额的3%加处罚款。

(一)税务机关行政执法人员当场收缴罚款

有下列情形之一的,执法人员可以当场收缴罚款:

(1)依法给予二十元以下的罚款的。

(2)不当场收缴事后难以执行的。

(二)税务行政罚款决定与罚款收缴分离

税务机关应当同代收机构签订代收罚款协议。代收罚款协议应当包括下列事项:一是税务机关、代收机构名称;二是具体代收网点;三是代收机构上缴罚款的预算科目、预算级次;四是代收机构告知税务机关代收罚款情况的方式、期限;五是需要明确的其他事项。

自代收罚款协议签订之日起15日内,税务机关应当将代收罚款协议报上一级税务机关和同级财政部门备案;代收机构应当将代收罚款协议报中国人民银行或当地分支机构备案。

【例10.3】 税务机关对当事人作出罚款行政处罚决定的,当事人应当在收到行政处罚决定书之日起15日内缴纳罚款。到期不缴纳的,税务机关可以对当事人每日按罚款数额的3%加处罚款。( )

【答案】 √

第二节 税务行政复议

为了防止和纠正税务机关违法或者不当的具体行政行为,保护纳税人及其他当事人的合法权益,保障和监督税务机关依法行使职权,根据《中华人民共和国行政复议法》、《中华人民共和国税收征收管理法》和其他有关规定。国家税务总局制定了《税务行政复议规则》,已经2009年12月15日国家税务总局第2次局务会议审议通过并予公布,自2010年4月1日起施行。

税务行政复议是我国行政复议制度的一个重要组成部分。税务行政复议是指纳税人及其他当事人认为税务机关的具体行政行为侵犯其合法权益,可依法向税务行政复议机关申请行政复议;税务行政复议机关(简称复议机关),是指依法受理行政复议申请,对具体行政行为进行审查并作出行政复议决定的税务机关。

一、税务行政复议的受案范围

复议机关受理申请人对下列具体行政行为不服提出的行政复议申请:

(1)税务机关做出的征税行为,包括确认纳税主体、征税对象、征税范围,减税、免税及退税、适用税率、计税依据、纳税环节、纳税期限、纳税地点以及税款征收方式等具体行政行为和征收税款、加收滞纳金及扣缴义务人、受税务机关委托征收的单位做出的代扣代缴、代收代缴行为。

(2)税务机关做出的税收保全措施:
①书面通知银行或者其他金融机构冻结存款。
②扣押、查封商品、货物或者其他财产。

(3)税务机关未及时解除保全措施,使纳税人及其他当事人合法权益遭受损失的行为。

(4)税务机关做出的强制执行措施:
①书面通知银行或者其他金融机构从其存款中扣缴税款。
②变卖、拍卖扣押、查封的商品、货物或者其他财产。

(5)税务机关做出的行政处罚行为:
①罚款。
②没收财物和违法所得。
③停止出口退税权。

(6)税务机关不予依法办理或者答复的行为:
①不予审批减免税或者出口退税。
②不予抵扣税款。
③不予退还税款。

④不予颁发税务登记证、发售发票。
⑤不予开具完税凭证和出具票据。
⑥不予认定为增值税一般纳税人。
⑦不予核准延期申报、批准延期缴纳税款。
(7)税务机关做出的取消增值税一般纳税人资格的行为。
(8)收缴发票、停止发售发票。
(9)税务机关责令纳税人提供纳税担保或者不依法确认纳税担保有效的行为。
(10)税务机关不依法给予举报奖励的行为。
(11)税务机关作出的通知出境管理机关阻止出境行为。
(12)税务机关作出的其他具体行政行为。

纳税人和其他税务当事人认为税务机关的具体行政行为所依据的下列规定不合法,在对具体行政行为申请行政复议时,可一并向复议机关提出对该规定(不含规章)的审查申请:
①国家税务总局和国务院其他部门的规定。
②其他各级税务机关的规定。
③地方各级人民政府的规定。
④地方人民政府工作部门的规定。

【例 10.4】 下列各项属于税务行政复议受案范围的有( )。
A.税务机关制定规范性文件的行为　　B.税务机关作出的税收保全措施
C.税务机关作出的征税行为　　　　　D.税务机关作出的行政处罚行为
【答案】 BCD

【例 10.5】 根据税务行政复议法律制度的规定,纳税人对税务机关作出的下列具体行政行为不服时,可以选择申请行政复议或者直接提起行政诉讼的是( )。
A.确认适用率　　　　　　B.收缴发票
C.确认计税依据　　　　　D.加收税收滞纳金
【答案】 B
【解析】 (1)选项ACD:均属于征税行为,纳税人对征税行为不服的,应当先申请行政复议,对行政复议不服的,再向人民法院提起行政诉讼;(2)选项B:可以先申请行政复议,对复议决定不服的,再向人民法院提起诉讼;也可以直接向人民法院提起诉讼。

二、税务行政复议的管辖

我国税务行政复议管辖的基本制度是对各级税务机关做出的具体行政行为不服的,向其上一级税务机关申请行政复议。具体内容如下:
(1)对省、自治区、直辖市地方税务局做出的具体行政行为不服的,可以向国家税务总局或者省、自治区、直辖市人民政府申请行政复议。

(2)对国家税务总局做出的具体行政行为不服的,向国家税务总局申请行政复议。对行政复议决定不服,申请人可以向人民法院提起行政诉讼,也可以向国务院申请裁决,国务院的裁决为终局裁决。

(3)对上述第(1)条、第(2)条规定以外的其他税务机关、组织等做出的具体行政行为不服的,按照下列规定申请行政复议:

①对计划单列市税务局做出的具体行政行为不服的,向省税务局申请行政复议。

②对税务所、各级税务局的稽查局做出的具体行政行为不服的,向其主管税务局申请行政复议。

③对扣缴义务人做出的扣缴税款行为不服的,向主管该扣缴义务人的税务机关的上一级税务机关申请行政复议;对受税务机关委托的单位做出的代征税款行为不服的,向委托税务机关的上一级税务机关申请行政复议。

④国税局(稽查局、税务所)与地税局(稽查局、税务所)、税务机关与其他行政机关联合调查的涉税案件,应当根据各自的法定职权,经协商分别做出具体行政行为,不得共同做出具体行政行为。

对国税局(稽查局、税务所)与地税局(稽查局、税务所)共同做出的具体行政行为不服的,向国家税务总局申请行政复议;对税务机关与其他行政机关共同做出的具体行政行为不服的,向其共同上一级行政机关申请行政复议。

⑤对被撤销的税务机关在撤销前所做出的具体行政行为不服的,向继续行使其职权的税务机关的上一级税务机关申请行政复议。

有前款②、③、④、⑤项所列情形之一的,申请人也可以向具体行政行为发生地的县级地方人民政府提出行政复议申请,由接受申请的县级地方人民政府依法进行转送。

【例10.6】 下列各项中,符合税务行政一级复议具体规定的有(　　)。

A.对国家税务总局做出的具体行政行为不服的,应向国家税务总局申请复议

B.对省级地方税务局做出的具体行政行为不服的,可以向省级人民政府申请复议

C.对受税务机关委托的单位做出的代征税款行为不服的,向委托代征的税务机关申请复议

D.对国家税务局和地方税务局共同做出的具体行政行为不服的,可以向当地县级以上人民政府申请复议

【答案】 ABD

三、税务行政复议申请

申请人可以在知道税务机关作出具体行政行为之日起60日内提出行政复议申请。因不可抗力或者被申请人设置障碍等其他正当理由耽误法定申请期限的,申请期限自障碍消除之日起继续计算。

纳税人及其他税务当事人对税务机关作出的征税行为不服,应当先向行政复议机关申请行政复议;对行政复议决定不服的,可以向人民法院提起行政诉讼。

申请人按照前款规定申请行政复议的,必须依照税务机关根据法律、法规确定的税额、期限,先行缴纳或者解缴税款和滞纳金,或者提供相应的担保,才可以在缴清税款和滞纳金以后或者所提供的担保得到作出具体行政行为的税务机关确认之日起60日内提出行政复议申请。

申请人对税务机关作出的征税行为以外的其他税务具体行政行为不服,可以申请行政复议,也可以直接向人民法院提起行政诉讼。

申请行政复议,可以书面申请和口头申请。对于口头申请的,复议机关应当场记录申请人的基本情况、行政复议请求、申请行政复议的主要事实、理由和时间,交申请人核对或者向申请人宣读,并由申请人确认。

依法提起行政复议的纳税人或其他税务当事人为税务行政复议申请人,具体是指纳税义务人、扣缴义务人、纳税担保人和其他税务当事人。纳税人或其他税务当事人对税务机关的具体行政行为不服申请行政复议的,作出具体行政行为的税务机关是被申请人。

申请人向复议机关申请行政复议,复议机关已经受理的,在法定行政复议期限内申请人不得再向人民法院起诉;申请人向人民法院提起行政诉讼,人民法院已经依法受理的,不得申请行政复议。

【例10.7】 纳税人及其他税务当事人对税务机关作出的具体税务行为不服,可以采用书面或口头形式申请行政复议。(　　)

【答案】 √

四、税务行政复议的受理

复议机关收到行政复议申请后,应当在5日内进行审查,决定是否受理。对不符合规定的复议申请,决定不予受理,并书面告知申请人;对符合规定的复议申请,自复议机关收到之日起即为受理。受理行政复议申请,应当书面告知申请人。

对应当先向行政复议机关申请行政复议,对行政复议决定不服再向人民法院提起行政诉讼的具体行政行为,行政复议机关决定不予受理或者受理以后超过行政复议期限不作答复的,申请人可以自收到不予受理决定书之日起或者行政复议期满之日起15日内,依法向人民法院提起行政诉讼。

行政复议期间具体行政行为不停止执行;但是有下列情形之一的,可以停止执行:
(1)被申请人认为需要停止执行的。
(2)行政复议机关认为需要停止执行的。
(3)申请人申请停止执行,行政复议机关认为其要求合理,决定停止执行的。
(4)法律规定停止执行的。

五、税务行政复议决定

行政复议原则上采用书面审查的办法,但是申请人提出要求或者复议机关认为有必要时,应当听取申请人、被申请人和第三人的意见,并可以向有关组织和人员调查了解情况。

复议机关对被申请人做出的具体行政行为所依据的事实证据、法律程序、法律依据及设定的权利义务内容之合法性、适当性进行全面审查。经行政复议机关负责人批准,按照下列规定作出行政复议决定:

(1)具体行政行为认定事实清楚,证据确凿,适用依据正确,程序合法,内容适当的,决定维持。

(2)被申请人不履行法定职责的,决定其在一定期限内履行。

(3)具体行政行为有下列情形之一的,决定撤销、变更或者确认该具体行政行为违法;决定撤销或者确认该具体行政行为违法的,可以责令被申请人在一定期限内重新作出具体行政行为:

①主要事实不清、证据不足的。
②适用依据错误的。
③违反法定程序的。
④超越职权或者滥用职权的。
⑤具体行政行为明显不当的。

(4)被申请人不按照规定提出书面答复,提交当初作出具体行政行为的证据、依据和其他有关材料的,视为该具体行政行为没有证据、依据,决定撤销该具体行政行为。

申请人在申请行政复议时可以一并提出行政赔偿请求,行政复议机关对符合国家赔偿法的规定应当赔偿的,在决定撤销、变更具体行政行为或者确认具体行政行为违法时,应当同时决定被申请人依法赔偿。

申请人在申请行政复议时没有提出行政赔偿请求的,行政复议机关在依法决定撤销、变更原具体行政行为确定的税款、滞纳金、罚款和对财产的扣押、查封等强制措施时,应当同时责令被申请人退还税款、滞纳金和罚款,解除对财产的扣押、查封等强制措施,或者赔偿相应的价款。

行政复议机关应当自受理申请之日起60日内作出行政复议决定。情况复杂,不能在规定期限内作出行政复议决定的,经行政复议机关负责人批准,可以适当延期,并告知申请人和被申请人;但是延期不得超过30日。

行政复议机关作出行政复议决定,应当制作行政复议决定书,并加盖行政复议机关印章。行政复议决定书一经送达,即发生法律效力。申请人逾期不起诉又不履行行政复议决定的,或者不履行最终裁决的行政复议决定的,按照下列规定分别处理:

(1)维持具体行政行为的行政复议决定,由做出具体行政行为的行政机关依法强制执行,或者申请人民法院强制执行。

(2)变更具体行政行为的行政复议决定,由复议机关依法强制执行,或者申请人民法院强制执行。

【例10.8】 在税务行政复议中,被申请人不按照规定提出书面答复,提交当初作出具体行政行为的证据、依据和其他有关材料的,视为该具体行政行为没有证据、依据,决定撤销该具体行政行为。( )

【答案】 √

第三节 税务行政诉讼

行政诉讼是人民法院处理行政纠纷、解决行政争议的法律制度,它与民事诉讼和刑事诉讼并列成为我国的三大基本诉讼制度。具体来讲,行政诉讼是指公民、法人和其他组织认为行政机关及其工作人员的具体行政行为侵犯其合法权益,依照行政诉讼法向人民法院提起诉讼,由人民法院进行审理并做出裁决的诉讼制度和诉讼活动。《行政诉讼法》颁布实施后,人民法院审理行政案件以及公民、法人和其他组织与行政机关进行行政诉讼进入了一个有法可依的新阶段。税务行政诉讼作为行政诉讼的一个重要组成部分,整个税收行政诉讼活动都必须遵守《行政诉讼法》的规定。税务行政诉讼与其他行政诉讼相比,在内容上具有区别于其他行政诉讼、突出税务专业的特点。

一、税务行政诉讼的概念

税务行政诉讼,是指公民、法人和其他组织认为税务机关及其工作人员的具体税务行政行为违法或者不当,侵犯了其合法权益,依法向人民法院提起行政诉讼,由人民法院对具体税务行政行为的合法性和适当性进行审理并做出裁决的司法活动。其目的是保证人民法院正确、及时审理税务行政案件,保护纳税人、扣缴义务人等当事人的合法权益,维护和监督税务机关依法行使行政职权。

从税务行政诉讼与税务行政复议及其他行政诉讼活动的比较中可以看出,税务行政诉讼具有以下特殊性:

(1)税务行政诉讼是人民法院按司法程序进行审理并作出裁决的一种司法活动。它不同于税务行政复议,虽然两者解决的都是税务行政争议,但两者在受理机关、审理方式、审理程序等方面都不相同,不能相互取代。

(2)税务行政诉讼以解决税务行政争议为前提,这是税务行政诉讼与其他行政诉讼活动的根本区别,具体体现在以下几方面。

①税务行政诉讼是以不服税务具体行政行为的公民、法人或者其他组织为原告,以作出具体行政行为的税务机关为被告的诉讼。

②税务行政诉讼解决的争议发生在税务行政管理过程中。

③因税款征纳问题发生的争议，当事人在向人民法院提起行政诉讼前，必须先经税务行政复议程序，即复议前置。

二、税务行政诉讼的管辖

税务行政诉讼的管辖，是指人民法院受理第一审税务案件的职权分工。具体来讲，税务行政诉讼的管辖分为级别管辖、地域管辖和裁定管辖。

（一）级别管辖

级别管辖是上下级人民法院之间受理第一审税务案件的分工和权限。根据《行政诉讼法》的规定，基层人民法院管辖一般的税务行政诉讼案件；中高级人民法院管辖本辖区内重大、复杂的税务行政诉讼案件；最高人民法院管辖全国范围内重大、复杂的税务行政诉讼案件。

（二）地域管辖

地域管辖是同级人民法院之间受理第一审行政案件的分工和权限，分一般地域管辖和特殊地域管辖两种。

（1）一般地域管辖，是指按照最初做出具体行政行为的机关所在地来确定管辖法院。凡是未经复议直接向人民法院提起诉讼的，或者经过复议，复议裁决维持原具体行政行为，当事人不服向人民法院提起诉讼的，根据《行政诉讼法》第十七条的规定，均由最初做出具体行政行为的税务机关所在地人民法院管辖。

（2）特殊地域管辖，是指根据特殊行政法律关系或特殊行政法律关系所指的对象来确定管辖法院。税务行政案件的特殊地域管辖主要是指：经过复议的案件，复议机关改变原具体行政行为的，由原告选择最初做出具体行政行为的税务机关所在地的人民法院，或者复议机关所在地人民法院管辖。原告可以向任何一个有管辖权的人民法院起诉，最先收到起诉状的人民法院为第一审法院。

（三）裁定管辖

裁定管辖，是指人民法院依法自行裁定的管辖，包括移送管辖、指定管辖及管辖权的转移三种情况。

（1）移送管辖，是指人民法院将已经受理的案件，移送给有管辖权的人民法院审理。受移送的人民法院应当受理。受移送的人民法院认为受移送的案件按照规定不属于本院管辖的，应当报请上级人民法院指定管辖，不得再自行移送。

根据《行政诉讼法》第二十一条的规定，移送管辖必须具备三个条件：一是移送人民法院已经受理了该案件；二是移送法院发现自己对该案件没有管辖权；三是接受移送的人民法院必须对该案件确有管辖权。

（2）指定管辖，是指上级人民法院以裁定的方式，指定某下一级人民法院管辖某一案件。

根据《行政诉讼法》第二十二条的规定,有管辖权的人民法院因特殊原因不能行使对行政诉讼的管辖权的,由其上级人民法院指定管辖;人民法院对管辖权发生争议且协商不成的,由它们共同的上级人民法院指定管辖。

(3)管辖权的转移。根据《行政诉讼法》第二十三条的规定,上级人民法院有权审理下级人民法院管辖的第一审税务行政案件,也可以将自己管辖的第一审行政案件移交下级人民法院审判;下级人民法院对其管辖的第一审税务行政案件,认为需要由上级人民法院审判的,可以报请上级人民法院决定。

【例10.9】 税务行政诉讼的(　　)是指同级人民法院之间受理第一审税务行政案件的分工和权限。

A.级别管辖　　　　　　B.地域管辖
C.裁定管辖　　　　　　D.管辖权的转移
【答案】　B

三、税务行政诉讼的受案范围

税务行政诉讼的受案范围,是指人民法院对税务机关的哪些行为拥有司法审查权。税务行政诉讼案件的受案范围除受《行政诉讼法》有关规定的限制外,也受《征管法》及其他相关法律、法规的调整和制约。具体说来,税务行政诉讼的受案范围与税务行政复议的受案范围基本一致,包括:

(1)税务机关做出的征税行为:一是征收税款、加收滞纳金;二是扣缴义务人、受税务机关委托的单位做出代扣代缴、代收代缴行为及代征行为。

(2)税务机关做出的责令纳税人提交纳税保证金或者纳税担保行为。

(3)税务机关做出的行政处罚行为:一是罚款;二是没收违法所得;三是停止出口退税权。四是收缴发票和暂停供应发票。

(4)税务机关做出的通知出境管理机关阻止出境行为。

(5)税务机关做出的税收保全措施:一是书面通知银行或者其他金融机构冻结存款;二是扣押、查封商品、货物或者其他财产。

(6)税务机关做出的税收强制执行措施:一是书面通知银行或者其他金融机构扣缴税款;二是拍卖所扣押、查封的商品、货物或者其他财产抵缴税款。

(7)认为符合法定条件申请税务机关颁发税务登记证和发售发票,税务机关拒绝颁发、发售或者不予答复的行为。

(8)税务机关的复议行为:一是复议机关改变了原具体行政行为;二是期限届满,税务机关不予答复。

四、税务行政诉讼的起诉和受理

(一)税务行政诉讼的起诉

税务行政诉讼起诉,是指公民、法人或者其他组织认为自己的合法权益受到税务机关具体行政行为的侵害,而向人民法院提出诉讼请求,要求人民法院行使审判权,依法予以保护的诉讼行为。在税务行政诉讼等行政诉讼中,起诉权是单向性的权利,税务机关不享有起诉权,只有应诉权,即税务机关只能作为被告;与民事诉讼不同,作为被告的税务机关不能反诉。

纳税人、扣缴义务人等税务管理相对人在提起税务行政诉讼时,必须符合下列条件:

(1)原告是认为具体税务行为侵犯其合法权益的公民、法人或者其他组织。
(2)有明确的被告。
(3)有具体的诉讼请求和事实、法律根据。
(4)属于人民法院的受案范围和受诉人民法院管辖。

此外,提起税务行政诉讼,还必须符合法定的期限和必经的程序。对税务机关的征税行为提起诉讼,必须先经过复议;对复议决定不服的,可以在接到复议决定书之日起15日内向人民法院起诉。对其他具体行政行为不服的,当事人可以在接到通知或者知道之日起15日内直接向人民法院起诉。

税务机关做出具体行政行为时,未告知当事人诉权和起诉期限,致使当事人逾期向人民法院起诉的,其起诉期限从当事人实际知道诉权或者起诉期限时计算。但最长不得超过2年。

(二)税务行政诉讼的受理

原告起诉,经人民法院审查,认为符合起诉条件并立案审理的行为,称为受理。对当事人的起诉,人民法院一般从以下几方面进行审查并做出是否受理的决定:一是审查是否属于法定的诉讼受案范围;二是审查是否具备法定的起诉条件;三是审查是否已经受理或者正在受理;四是审查是否有管辖权;五是审查是否符合法定的期限;六是审查是否经过必经复议程序。

根据新《行政诉讼法》第五十一条和第五十二条,人民法院在收到起诉状时对符合本法规定的起诉条件的,应当登记立案。

对当场不能判定是否符合本法规定的诉讼条件的,应当接受起诉状,出具注明收到日期的书面凭证,并在7日内决定是否立案。不符合起诉条件的,作出不予立案的裁定。裁定书应当载明不予立案的理由。原告对裁定不服的,可以提起上诉。

起诉状内容欠缺或者有其他错误的,应当给予指导和释明,并一次性告知当事人需要补正的内容。不得未经指导和释明即以起诉不符合条件为由不接收起诉状。

对于不接收起诉状、接收起诉状后不出具书面凭证,以及不一次性告知当事人需要补正的起诉状内容的,当事人可以向上级人民法院投诉,上级人民法院应当责令改正,并对直接负责的主管人员和其他直接责任人员依法给予处分。

人民法院既不立案,又不作出立案裁定的,当事人可以向上一级人民法院起诉。上一级人民法院认为符合起诉条件的,应当立案、受理,也可以指定其他下级人民法院立案、受理。

五、税务行政诉讼的审理和判决

(一)税务行政诉讼的审理

人民法院审理行政案件实行合议、回避、公开审判和两审终审的审判制度。审理的核心是审查被诉具体行政行为是否合法,即做出该行为的税务机关是否依法享有该税务行政管理权;该行为是否依据一定的事实和法律做出;税务机关做出该行为是否遵照必备的程序等。2014年国家税务总局发布《重大税务案件审理办法》(以下简称《办法》,已于2015年2月1日起施行。该《办法》的推出是落实《中共中央关于全面推进依法治国若干重大问题的决定》的"税务行动"之一,它的贯彻实施有助于推进税务机关科学民主决策、强化内部权力制约、保护纳税人合法权益。

重大税务案件的范围是:重大税务行政处罚案件,根据《重大税收违法案件督办管理暂行办法》督办的案件,应司法、监察机关要求出具认定意见的案件,拟移送公安机关处理的案件,审理委员会成员单位认为案件重大、需要审理的案件,其他需要审理委员会审理的案件。

(二)税务行政诉讼的判决

人民法院对受理的税务行政案件,经过调查、搜集证据、开庭审理之后,分别作出如下判决:

1. 维持判决

适用于具体行政行为证据确凿,适用法律、法规正确,符合法定程序的案件。

2. 撤销判决

具体行政行为有下列情形之一的,判决撤销或者部分撤销,并可以判决被告重新作出具体行政行为:①主要证据不足的;②适用法律、法规错误的;③违反法定程序的;④超越职权的;⑤滥用职权的。

3. 判决履行

被告不履行或者拖延履行法定职责的,判决其在一定期限内履行。

4. 变更判决

税务行政处罚明显不当或显失公平的,可以判决变更。

对一审人民法院的判决不服当事人可以上诉。对发生法律效力的判决,当事人必须执行,否则人民法院有权依对方当事人的申请予以强制执行。

【例10.10】 根据税务行政法制的规定,下列对税务行政诉讼判决的表述中,正确的有( )。

A.具体行政行为证据确凿,适用法律、法规正确,符合法定程序的,判决维持

B. 具体行政行为违反法定程序的,判决撤销或者部分撤销,并可以判决被告重新作出具体行政行为
C. 被告不履行或者拖延履行法定职责的,判决其在一定期限内履行
D. 行政处罚显失公平的,判决撤销或者部分撤销,并可以判决被告重新作出具体行政行为

【答案】 ABC
【解析】 选项D:行政处罚显失公平的,可以判决变更。

第四节 税务行政赔偿

税务行政赔偿属于国家赔偿中的行政赔偿。所谓国家赔偿,是指国家机关及其工作人员违法行使职权,对公民、法人和其他组织的合法权益造成的损害,由国家承担赔偿责任的制度。我国现行的国家赔偿法由人民代表大会常务委员会第十四次会议于2010年4月29日通过,自2010年12月1日起施行。它即是一部规范国家赔偿的实体法,又是一部具有较强操作性的程序法。

一、税务行政赔偿的概念和构成要件

(一)税务行政赔偿的概念

税务行政赔偿是指税务机关作为履行国家赔偿义务的机关,对本机关及其工作人员的职务违法行为给纳税人和其他税务当事人的合法权益造成的损害,代表国家予以赔偿的制度。

(二)税务行政赔偿的构成要件

(1)税务机关及其工作人员的职务违法行为。这是构成税务行政赔偿责任的核心要件,也是税务行政赔偿责任存在的前提。如果税务机关及其工作人员合法行使职权,对纳税人和其他税务当事人利益造成损害的,可以给予税务行政补偿,而不存在赔偿问题。

(2)存在对纳税人和其他税务当事人合法权益造成损害的事实。这是构成税务行政赔偿责任的必备要件。如果税务机关及其工作人员违法行使职权没有造成纳税人和其他税务当事人利益的实际损害。税务机关就没有赔偿义务,也不存在税务行政赔偿。

(3)税务机关及其工作人员的职务违法行为与现实发生的损害事实存在因果关系,即行为与结果之间存在逻辑上的直接关系。如果税务机关及其工作人员在行使职务时虽有违法行为,纳税人和其他税务当事人合法权益也受到损害了,但是这种损害却不是税务机关及其工作人员职务违法行为引起的,税务机关没有赔偿义务。

【例10.11】 税务行政赔偿的核心和前提是指(   )。
A. 税务职务违法行为   B. 税务非职务违法行为

C. 税务人员行政行为　　　　D. 税务当事人权益损害事实

【答案】　A

二、税务行政赔偿请求人和赔偿义务机关

（一）税务行政赔偿请求人

根据国家赔偿法的规定，税务行政赔偿请求人可以分为以下几类：

（1）受害的纳税人和其他税务当事人。作为税务机关及其工作人员职务违法行为的直接受害者，他们有要求税务行政赔偿的当然权利。

（2）受害公民的继承人，其他具有抚养关系的亲属。当受害公民死亡后，其权利由其继承人、亲属继承。

（3）承受原法人或其他组织权利义务的法人或其他组织。

（二）税务行政赔偿的赔偿义务机关

税务行政赔偿义务机关，是指具体代表国家处理赔偿请求、支付赔偿费用、参加赔偿诉讼的行政机关。税务行政赔偿义务机关主要是指各级税务机关。

（1）一般情况下，哪个税务机关及其工作人员行使职权侵害公民、法人和其他组织的合法权益，该税务机关就是履行赔偿义务的机关。如果两个以上税务机关或者其工作人员共同违法行使职权侵害纳税人和其他税务当事人合法权益的，则共同行使职权的税务机关均为赔偿义务机关，赔偿请求人有权对其中任何一个提出赔偿请求。

（2）经过上级税务机关行政复议的，最初造成侵权的税务机关为赔偿义务机关，但上级税务机关的复议决定加重损害的，则上级税务机关对加重损害部分履行赔偿义务。

（3）应当履行赔偿义务的税务机关被撤销的，继续行使其职权的税务机关是赔偿义务机关；没有继续行使其职权的，撤销该赔偿义务机关的行政机关为赔偿义务机关。

三、税务行政赔偿的范围

税务行政赔偿的范围，是指税务机关对本机关及其工作人员因违法行使职权而给受害人造成的哪些损害应予赔偿。

我国的国家赔偿法将损害赔偿的范围限于对财产权和人身权中的生命健康权、人身自由权的损害，未将精神损害等列入赔偿范围。此外，我国国家赔偿法中的损害赔偿仅包括对直接损害的赔偿，不包括间接损害。

依据《国家赔偿法》的规定，税务行政赔偿的范围包括：

（一）侵犯人身权的赔偿

（1）税务机关及其工作人员非法拘禁纳税人和其他税务当事人或者以其他方式剥夺纳税人和其他税务当事人人身自由的。

(2)税务机关及其工作人员以殴打等暴力行为或者唆使他人以殴打等暴力行为造成公民身体伤害或者死亡的。

(3)造成公民身体伤害或者死亡的税务机关及其工作人员的其他违法行为。

(二)侵犯财产权的赔偿

(1)税务机关及其工作人员违法征收税款及滞纳金的。

(2)税务机关及其工作人员对当事人违法实施罚款、没收非法所得等行政处罚的。

(3)税务机关及其工作人员对当事人财产违法采取强制措施或者税收保全措施的。

(4)税务机关及其工作人员违反国家规定向当事人征收财物、摊派费用的。

(5)税务机关及其工作人员造成当事人财产损害的其他违法行为。

(三)税务机关不承担赔偿责任的情形

(1)税务机关工作人员与行政职权无关的个人行为。

(2)因纳税人和其他税务当事人自己的行为致使损害发生的。

(3)法律规定的其他情形。

【例10.12】 税务行政赔偿的范围主要有(　　)。
A. 侵犯人身权　　　　　B. 税务人员非职权行为侵害
C. 侵犯财产权　　　　　D. 纳税人自身行为发生损害
【答案】 AC

四、税务行政赔偿的方式

税务行政赔偿方式,是指税务机关承担行政赔偿责任的具体形式。《国家赔偿法》规定,国家赔偿以支付赔偿金为主要方式,能够返还财产或者恢复原状的,予以返还财产或者恢复原状。税务行政赔偿有以下三种方式:

(一)支付赔偿金

支付赔偿金是指税务机关以货物形式支付赔偿金额,补偿受害人所受损害的方式。支付赔偿金作为行政赔偿的主要方式,操作性强,简便易行。

(二)返还财产

返还财产是指税务机关将违法取得的财产返还给受害人的赔偿方式。返还财产一般是指原物,这是一种辅助性的赔偿方式,只适用于财产权损害。

(三)恢复原状

恢复原状是指税务机关对受损害的财产进行修复,使之恢复到损害前的形式和性能的赔偿方式。只要税务机关认为恢复原状既有可能,又有必要时,就可以采取这种方式进行赔偿。

本 章 小 结

税务行政处罚是行政处罚的重要组成部分。税务行政处罚是指公民、法人或者其他组织有违反税收征收管理秩序的违法行为,尚未构成犯罪,依法应当承担行政责任的,由税务机关给予的处罚,包括税务行政处罚的设定和种类、主体与管辖、程序与执行等规定。

税务行政复议是指纳税人及其他当事人认为税务机关的具体行政行为侵犯其合法权益,可依法向税务行政复议机关申请行政复议;复议机关依法对复议申请内容进行复查并作出裁决的一种司法活动,包括税务行政复议的受案范围、管辖、申请、受理和决定等规定。

税务行政诉讼,是指公民、法人和其他组织认为税务机关及其工作人员的具体税务行政行为违法或者不当,侵犯了其合法权益,依法向人民法院提起行政诉讼,由人民法院对具体税务行政行为的合法性和适当性进行审理并作出裁决的司法活动,包括税务行政诉讼的管辖、受案范围、起诉、受理、审理和判决等。

税务行政赔偿是指税务机关作为履行国家赔偿义务的机关,对本机关及其工作人员的职务违法行为给纳税人和其他税务当事人的合法权益造成的损害,代表国家予以赔偿的制度,包括税务行政赔偿的构成要件、范围和方式等。

思 考 题

一、关键概念

税务行政处罚

税务行政复议 税务行政诉讼

税务行政赔偿

二、简答题

1. 简述税务行政处罚的设定和种类。
2. 简述税务行政处罚的简易程序和一般程序。
3. 简述税务行政复议的受案范围。
4. 简述税务行政复议的管辖。
5. 简述税务行政复议决定的种类。
6. 简述税务行政诉讼的管辖。
7. 简述税务行政诉讼的受案范围。
8. 简述税务行政赔偿的范围和方式。

参 考 文 献

[1] 张鹏飞.税法[M].北京:科学出版社,2011.
[2] 陈荣.中国税制[M].北京:清华大学出版社,北京交通大学出版社,2008.
[3] 中国注册会计师协会.税法[M].北京:经济科学出版社,2011.
[4] 王冬梅.税收理论与实务[M].北京:清华大学出版社,北京交通大学出版社,2011.
[5] 财政部会计资格评价中心.税法[M].北京:经济科学出版社,2011.
[6] 全国注册税务师执业资格考试教材编写组.税法[M].北京:中国税务出版社,2011.
[7] 陈娟.税收理论与实务[M].北京:清华大学出版社,2010.
[8] 李晓红.税法[M].北京:清华大学出版社,北京交通大学出版社 2009.
[9] 杜国良.税务会计[M].北京:中国财政经济出版社,2010.
[10] 叶青.经济法基础应试指南:2012[M].北京:人民出版社,2011.
[11] 中华会计网校.税法经典题解:2011[M].北京:人民出版社,2011.
[12] 李晶.最新中国税收制度[M].北京:中国社会科学出版社,2010.
[13] 孙金彦.彻底搞懂关税[M].北京:中国海关出版社,2009.
[14] 岑维廉.关税理论与中国关税制度[M].北京:格致出版社;上海:上海人民出版社,2010.
[15] 国家税务总局教材编写组.消费税实务[M].北京:中国财政经济出版社,2009.
[16] 马国强.消费税理论与实践[M].北京:中国税务出版社,2010.
[17] 殷强.中国税制[M].北京:清华大学出版社,2011.
[18] 蔡报纯.税法实务与案例[M].大连:东北财经大学出版社,2011.
[19] 李克桥.税法[M].北京:北京大学出版社,2012.
[20] 刘霞.税务培训系列教材:增值税消费税实务[M].北京:中国市场出版社,2011.